Manfred Hoese

Braunes Hemd und leerer Magen

LitRevier 18
herausgegeben von
Werner Boschmann

Einige der handelnden Personen treten nicht
unter ihren historischen Namen auf.

Gerichtsstraße 1, 46236 Bottrop
2. Auflage 2004
ISBN 3-922750-50-8
Herstellung: Westermann Druck Zwickau GmbH
Titelfoto: NW Hauptstaatsarchiv RWB 1448-18

Manfred Hoese

Braunes Hemd und leerer Magen

Roman

HENSELOWSKY BOSCHMANN

Behütet, geliebt

»Verpisst euch bloß, ihr braunen Arschlöcher!«

Voller Wut hatte Gustav aus dem Fenster geschrien, als sie es wagten, wieder einmal durch seine Straße zu marschieren. Die Braunen hasste er wie die Pest, machte sich keine Illusionen, was jetzt passieren würde. Wenn sie ihn erwischten, dann gute Nacht!

Atemlos stand er jetzt auf dem Dachboden. So schnell war er noch nie eine Treppe hinaufgerannt. Horchte kurz nach unten. Eiliges Stiefelgetrampel im Treppenhaus. SA-Stiefel. Wohnungstüren wurden aufgerissen, wieder zugeschlagen, Kommandos durch das Haus gebrüllt. Die hatten es eilig.

Der Lärm kam näher.

Der alte Brosinski war der Einzige, der die Nerven behalten hatte, ihm noch schnell den Schlüssel in die Hand drückte: »Hau schnell ab! Ganz oben rechts, die letzte Dachbude!«

Gustav sah sich um in dem engen Raum. Wo sollte er sich hier verstecken? Die Tür würden die eintreten mit einem Stiefeltritt. Da blieb nur die Flucht übers Dach. Er zwängte sich durch das winzige Fenster. Verschloss es vorsichtig von außen. Spürte die kalten Ziegel.

Mein Heimatort war eine Hochburg der Kommunisten. Als Vierjähriger hatte ich oft ihre Musikkapellen mit den Schalmeien durch die Steinfurtstraße marschieren sehen.

Häufiger als die SA.

Für die war es schon eine Mutprobe gewesen, sich in der »Kommunistenstraße« sehen zu lassen. Eisiges Schweigen schlug ihnen hier entgegen, manchmal wüste Beschimpfungen. Und immer das Zuschlagen von Fenstern.

Aber die Braunen kamen jetzt öfter.

Es war kurz nach dem 30. Januar 1933, Hitlers »Machtergreifung«. Da kam wieder so ein SA-Trupp anmarschiert. Die Hakenkreuzfahne vorneweg.

Nur wenige Leute schauten neugierig zu. Die meisten Fenster waren geschlossen wie immer, und nicht einer hob die Hand zum Hitlergruß. Totale Stille, nur der Gleichschritt der Stiefel war zu hören.

Plötzlich schrie der Gustav aus dem Fenster direkt neben uns: »Verpisst euch bloß, ihr braunen Arschlöcher!«

Wir erschraken. Das konnte ebenso gut von uns gekommen sein.

Die Nazis fackelten nicht lange. Laute Kommandos ertönten, und dröhnendes Stiefelgetrampel erfüllte unser Treppenhaus. Ruckzuck waren sie in unserer Wohnung. Anzuklopfen brauchten die nicht. Wir hatten keine »abgeschlossene« Wohnung, keine Diele, keine elektrische Klingel. Die Tür aufgestoßen, schon waren sie drin. Guckten in den Kleiderschrank, unter die Betten. Unter das Sofa. Sogar hinter den Herd. Uns hatten sie natürlich in Verdacht. Bedrohten auch meinen Vater. Er müsse ja wissen, wer da gerufen hätte.

Aber so schnell, wie sie kamen, waren sie auch wieder weg. Sich entschuldigen? Die dachten nicht dran.

Gekriegt haben sie ihn jedenfalls nicht, den Gustav mit der großen Klappe, der eigentlich nur einen Skat beim Nachbarn spielen wollte. Er war Brosinskis Rat gefolgt, schnell nach oben gelaufen und in unserer alten Dachwohnung flink durch die kleine Fensterluke geklettert. Der Fluchtweg über die Dächer? Kein Problem für ihn, den gelernten Dachdecker. Welcher SA-Mann wollte ihm da schon folgen?

Von einem Haus bewegte er sich vorsichtig zum nächsten. Auf der Hofseite, wo man ihn nicht sehen konnte von der Straße aus. Drei Häuser weiter ist er dann in einem Dachfenster verschwunden. Kommunisten kannte er genug, die ihn versteckten.

Durch jene kleine Dachluke, Gustavs Rettungsloch, dreißig mal fünfzig Zentimeter, hatte ich das Licht der Welt erblickt, wie man so sagt.

Das Zimmer war unsere erste Wohnung. Keine zehn Quadratmeter groß. Die Decke schräg. Steinfurtstraße, das verrufenste Viertel in Rotthausen. Gelsenkirchen-Rotthausen, mitten im Kohlenpott.

Der August 1928 war heiß gewesen. Heiß wie die Liebe von Edi und Emilie, meinen Eltern. Unglücklich waren die zwei gewiss nicht da oben in ihrer mickrigen Dachbude. Allenfalls betrogen. Man hatte sie ins Ruhrgebiet gelockt. Mit falschen Versprechungen. Und mein Geburtsjahr konnten sie nicht aussuchen. Familienplanung, wie denn?

Eine miese Zeit, in die ich da hineingeboren wurde: die zwanziger Jahre, Nachkriegsjahre. Deutschland hatte gerade den Ersten Weltkrieg verloren. Milliarden Goldmark mussten an Frankreich gezahlt werden. Ein Wirtschaftswunder war nicht in Aussicht. Stattdessen kam die Inflation. Das bisschen Geld, das meine Eltern mühsam zusammengespart hatten, ging verloren, und viele junge Ehepaare suchten verzweifelt eine Wohnung. Denn wer konnte jetzt noch ein Haus bauen?

Hier im Ruhrgebiet hausten die Leute immer schon in erbärmlicher Enge. Üblich war die Zweiraumwohnung in drei- oder vierstöckigen Mietskasernen, also nur Küche und Schlafzimmer. Keine fünfundzwanzig Quadratmeter. Gemeinschaftsklo auf dem Flur, eine halbe Treppe tiefer. Das war's. Bad oder Diele? Kannten nur die »besseren« Leute.

Doch nach dem Jawort auf dem Gelsenkirchener Standesamt hätten Edi und Emilie sogar noch laut gejubelt über eine solche Zweizimmerwohnung. Sie hatten viel weniger: nur eins von diesen kleinen Dachzimmern, eine Kostgängerschlafstelle. Steinfurtstraße 21.

Fünf Jahre wohnten wir in dieser Dachbude, und nicht nur das Klo, auch der Wasserhahn war eine Treppe tiefer.

Wie meine Eltern ins Ruhrgebiet kamen?

Den fünfzehnjährigen Edi, pfiffiger Bürolehrling einer Holzhandlung in Weißenburg, einem schönen elsässischen Städtchen, den lockte seine Schwester Hilde nach Gelsenkirchen. Schickte ihm eine Ansichtskarte von Rotthausen. Lange Jahre lag sie noch bei uns in der Küchenschublade. Mit herzzerreißendem Text:

Lieber Edi!

Ich halte es bald nicht mehr aus hier. Bin sooo einsam. Der Anton arbeitet den ganzen Tag auf der Zeche. Wenn er nach Hause kommt, dann schläft er nur. Komm doch bald!

Du kannst hier auch in die Lehre gehen. In der Großstadt ist viel mehr los als in Weißenburg.

Deine Schwester Hilde

Jung-Hilde hatte sich noch in Weißenburg in einen schneidigen Feldwebel verliebt. Hals über Kopf. Auf dem Kasernenhof, wo auch ihr Vater, also mein Opa, die Rekruten herumkommandierte. Siebzehn war Hilde, und sie hatte es ziemlich eilig. Schnell wurde geheiratet. Dann war der Krieg zu Ende. Ab ging's ins Ruhrgebiet. »Nach Essen«, hieß es. Gelsenkirchen? Kannte da unten kein Mensch. Auch nicht Schalke 04.

Ihr Feldwebel Anton kam aus Rotthausen. Und hier erlebte Hilde die große Enttäuschung. Der flotte Anton, Herrscher auf dem Kasernenplatz, hängte in Rotthausen die schicke Uniform an den Nagel und zog das geflickte Grubenzeug an. Kumpel auf Dahlbusch. Schacht VIII.

Nach Hause brachte er außer den üblichen Holzklötzchen für den Ofen pottschwarze Augenränder. Bergmannsaugen. Jeden Tag. Und müde war er auch. Wollte erst mal schlafen. Zwei, manchmal drei Stunden. Auch nicht mehr sooft mit Hilde.

In Rotthausen gab es keine Kompanie mehr, die vor ihm herumkroch. Im Staub des Kasernenhofs. Keine Rekruten, die auf seinen Befehl rannten, sich zu Boden warfen, aufstanden und wieder losrannten: »Jawohl Herr Feldwebel! Zu Befehl, Herr Feldwebel!« Antons Lack war ab.

Hilde war enttäuscht. Was war bloß aus ihrem Backfischschwarm geworden? Sie hatte sich solche Mühe gegeben, diesen schnatzen Kerl zu angeln. Die Dame langweilte sich.

Bald war die enttäuschte Tante Hilde denn auch heftig in einen anderen Bergmann verschossen. Ist mit dem auf und davon. Ins Aachener Kohlerevier. Doch der Neue hatte Pech. Kam schon früh ums Leben. Bei einem Grubenunglück.

Hilde blieb mit vier Kindern zurück.

Wenigstens bei Edi war Hilde erfolgreich. Der Bruder hatte ein gutes Gemüt und viel Mitgefühl mit der armen Schwester. Er gab prompt seine schöne Lehrstelle in Weißenburg auf und machte sich auf die Socken. Nach »Westfalen«.

Geld für die Fahrkarte? Im Bremserhäuschen konnten arme Proleten immer schon umsonst mit der Eisenbahn fahren. Man musste nur ein bisschen aufpassen. Bloß nicht vom Kontrolleur erwischen lassen!

Die versprochene Lehrstelle in Rotthausen war leider nur der Holzplatz auf der Zeche Dahlbusch. Schacht VIII. Edi war jetzt Hilfsarbeiter. Schleppte dicke Kiefernstämme hin und her, Stempel für den Ausbau im Streb. Damit den Bergleuten das Hangende nicht auf den Kopf fiel. Hier verdiente er sein erstes Geld. Zu wenig auf die Dauer.

Nach ein paar Monaten fand Edi sich unter Tage wieder. Zuerst als Lehrhauer. Ede nannten sie ihn. Rau, herzlich und endgültig. Abgesehen von kurzen Abstechern in die saarländische Heimat blieb er für immer hier. Täglich acht Stunden im schwarzen Loch. Als Kohlenhauer. Vierzig Jahre. Bis zur Rente.

Auch die Familie meiner Mutter stammte nicht aus dem Ruhrgebiet. Sie kam aus Ostpreußen. Die Werber der westfälischen Kohlezechen kamen damals bis in die masurischen Dorfgasthäuser und gaben großzügig einen aus. Die Bauernsöhne staunten, waren neugierig. Den elterlichen Hof konnte immer nur einer erben: der Älteste. Die Werber lockten: »Jeder, der mit nach Westfalen kommt, kriegt dort ein kleines Häuschen. Mit Garten und Stall für das Vieh! Wie zu Hause!«

Doch die Wahrheit wurde gern verschwiegen: Nur wenige der Neukumpel kriegten eine solch schöne Hütte. Zuerst kamen die Steiger und ihre Rutschenbäße, die Vorarbeiter, an die Reihe. Die Masse der Bergleute hauste in Mietskasernen. Wohnte in diesen Zweiraumwohnungen wie wir. Wasseranschluss auf dem Flur. Ein einziger Hahn für drei Familien. In den zwei kleinen Räumen drängten sich oft acht oder neun Personen. Sechs, sieben Kinder waren keine Seltenheit. Von den Kanzeln brauchten sie nicht gegen die Verhütung zu wettern. Kondome hießen »Pariser«, taugten wenig und waren zu teuer. Die Leute hatten nur eine Möglichkeit: Wie einst der Onan im Alten Testament. Aber wer das tat, beging eine Todsünde.

Und die große Wäsche der einzelnen Familien? Auf dem Flur, wo sonst? Ehe man die eigene Wohnung betrat, musste man erst durch dichte Dampfschwaden. Wer an deine Türklinke fasste, stand auch schon mittendrin in der Küche. Guckte in deinen Suppentopf. Ob Briefträger, Vertreter oder die Schwatz suchende Nachbarin.

Auch die Familie meiner Mutter hatte den Zechenwerbern geglaubt. War mit Sack und Pack von Masuren nach Gelsenkirchen gezogen. Wohnte in Rotthausen mit neun Personen in den üblichen zwei Räumen. Der Treppenflur so dunkel, dass ich mich als Kind nur schaudernd an der Wand entlang bis zur Wohnungstür der Großmutter durchtastete. Wegen der Ratten.

Petroleum kostete Geld, und Oma Wilhelmine war bitterarm. Besonders nachdem ihr Jakob, also mein Opa, gestorben war. Mit 45 Jahren. Kurz nach der Heimkehr aus dem Weltkrieg. Doch sein Arbeitgeber, die Zeche Bonifatius in Kray, war großzügig. Verpachtete der Oma zwei Stücke »Land«. Für Kartoffeln und Gemüse, damit die Familie satt wurde. Die Rente hätte nicht gereicht.

Uns gegenüber gab es eine Familie mit sechzehn Kindern. Die Lipinskis. In drei Räumen, immerhin. »Alles, wat Lipinski heißt, raufkommen!«, schrie abends der »Vatter« vom Fenster aus auf die Straße, wenn er besoffen war. Und das war er oft.

Bei den Lipinskis hing überm Küchentisch ein einzelner Hering am Bindfaden. Jeder durfte mit seiner Pellkartoffel einmal daran entlangreiben. Erzählten die Leute.

Eine Zeit lang war ich mit Egon befreundet. Egon Lipinski. »Wer mich anpäckt, der kricht se!«, war seine ständige Redensart. Mir gefielen solche Ausdrücke, besonders das »päckt«. Ich übernahm es schnell und bereicherte auch mit anderen Lipinski-Ausdrücken meinen Wortschatz. Nicht zur Freude meiner Mutter.

Der Egon hatte bei den vielen Blagen zu Hause gründlich gelernt, sich durchzusetzen. Doch draußen auf der Straße gegen andere, da hielten die »Pinskis« zusammen wie Pech und Schwefel.

Ein feines Sofa in der Küche, so wie wir, das hatten die Lipinskis natürlich nicht. Die abgewetzte lange Holzbank war auch viel praktischer bei den vielen Blagen. Hab selber gern darauf gesessen. So schön eng mit den anderen.

»Einen Teller Kartoffelsuppe für den Manni?«, da war Frau Lipinski nie kleinlich. Und ich löffelte den auch immer leer. Ratzekahl. Anders als zu Hause. Doch den besagten Hering am Bindfaden überm Tisch, den habe ich nie gesehen.

Hermann, der älteste Lipinski-Sohn, wollte raus aus der Enge und der Armut. Träumte von der Handelsmarine. Wollte die Welt sehen. »Bloß nicht ewig auf Dahlbusch!«

Aufnahmeantrag und Lebenslauf? Schrieb mein Vater. Überhaupt, Gesuche und Behördenbriefe für andere, das machte immer schon »der Ede«, wie sie ihn auf Dahlbusch mit respektvollem Unterton nannten. Hermanns Dank war eine Ansichtskarte aus Rio. Mit dem Zuckerhut und einer seltenen Briefmarke drauf. Ich hab sie lange stolz herumgezeigt. Mit dem »Gruß an meinen kleinen Freund Manfred«. Leider wurde sein Schiff gleich bei Kriegsbeginn versenkt. 1939. Hermann blieb verschollen.

Die große Attraktion bei den Lipinskis war das dritte Zimmer. »Für den ganzen Stall voll Blagen brauchen die auch mehr Platz«, sagte neidlos mein Vater, der selbst immer vom »dritten Zimmer« träumte. Ein drittes Zimmer als »feine Stube« war für ihn das Kennzeichen des sozialen Aufstiegs.

Egon und ich, wir sahen die Sache anders. In der total unaufgeräumten Kammer bei den Lipinskis waren wir unbeobachtet und weit vom Schuss. Höhepunkt unserer Späße war der Sprung vom Kleiderschrank. Quer durch den Raum auf das Bett an der gegenüberliegenden Wand. »Rums!« machte es jedes Mal, kräftig »rums!«.

Boh äh, jetzt gibt's was!, dachte ich anfangs. Doch Frau Lipinski war nicht so pingelig. Die Matratze war längst ausgeleiert. Aber als ich diesen Sprung auch in unserem Schlafzimmer trainieren wollte, erwischte mich meine

Mutter: »Kannst du dir nicht einen anderen Freund aussuchen? Der Egon hat doch nur Blödsinn im Kopp!«

Wenn Lohntag war, ging mein Vater schnurstracks nach Hause. Der brauchte nie von der Zeche abgeholt zu werden. Ums Verrecken wäre er nicht mit dem sauer verdienten Geld in die Kneipe gegangen. Um es zu verjubeln. Wie viele seiner Kumpel. So auch der Olle Lipinski, den seine Kinder immer suchen mussten, wenn er auf Sauftour war. Ich war oft mit dabei. Und wir fanden ihn jedes Mal, obwohl er geschickt die Lokale wechselte.

Meine Mutter ließ auch nie anschreiben in Kleinschnittgers Laden, wo es Marmelade gab in Papier eingewickelt und Mehl aus dem Sack. Lipinskis, die kauften fast nur auf Pump. Kam alles bei Kleinschnittger ins dicke Buch. Doch am Lohntag wurden sämtliche Schulden bezahlt. Auf Heller und Pfennig. Frau Lipinski konnte deshalb auch nicht »nach Stadt gehen«, wenn es Geld gab. Wie andere.

»Stadt«, das war die Gelsenkirchener Bahnhofstraße. Eine gefährliche Meile für Bergmannsfrauen, die plötzlich etwas mehr im Geldbeutel hatten. »Die gehen bei Alsberg im Erfrischungsraum und bestellen sich Sahnetorte!«, empörte sich meine Mutter. »Dabei haben ihre Blagen nix zum Anziehen, nicht mal richtige Schuhe an den Füßen!«

Wir sagten immer noch »Alsberg«, obwohl die jüdischen Besitzer längst in Amerika lebten. Die Nazis hatten das große Kaufhaus schon früh »arisiert«. Enteignet. Also den rechtmäßigen Inhabern weggenommen. »Westfalenkaufhaus« war der neue Name.

Statt der Sahneteilchen bei Alsberg hatte mein Vater einen feinen Anzug. Nur für sonntags. Und einen richtigen Hut. »Keine Schlägermütze, wie die Kommunisten!«

Ein Grund für die allgemeine Armut war die hohe Geburtenzahl. Doch was das anging, hatte mein Vater seine Grundsätze, eiserne Grundsätze, wie er immer sagte. So arm wie die Lipinskis wollte er nicht sein. Also gab's nur ein Kind. Eine Seltenheit bei uns in der Steinfurtstraße. Da konnte ich so viel Zucker streuen, wie ich wollte. Für den Klapperstorch, weil ich gern Geschwister gehabt hätte wie andere Kinder. Mussten ja nicht gleich so viele sein wie bei Lipinskis.

Später verstand ich meinen Vater. Die ärmlichen Verhältnisse kotzten ihn an. Meine Eltern versuchten alles, um aus der kleinen Hucke unterm Dach herauszukommen. Mehrmals gab mein Vater ein Inserat auf:

100 Reichsmark demjenigen, der mir
eine 2-Zimmer-Wohnung vermittelt.

Dabei waren hundert Reichsmark etwa so viel wie tausend Euro heute. Doch er bekam nie ein Angebot.

Eines Tages klopfte eine Nachbarin aus der ersten Etage an die Tür unseres kleinen Dachzimmers. »Ich guck mir das jetzt schon paar Jahre an«, sagte sie, »ihr mit drei Personen auf so eine kleine Bude. Wollt ihr nicht unsere Wohnung haben? Wir ziehen nach Schalke. Da hat mein Mann nicht so weit nach der Arbeit.« Meine Eltern waren glücklich.

Die neue Wohnung lag zwar direkt neben der von der Ollschen Brosinski, die als zänkisches Weib in der ganzen Steinfurtstraße verrufen war. »Die haben nicht nur Kakerlaken, sogar Wanzen haben die inne Betten!«, hieß es. Egal, wir hatten jetzt zwei richtige Zimmer. Nicht mehr die schräge Bude mit zehn Quadratmetern, sondern fast fünfundzwanzig. Schlafzimmermöbel wurden gekauft. Und eine Nähmaschine. Von der Versteigerung im Pfandhaus.

Gegen Brosinskis Kakerlaken schützten wir uns mit einer dicken Leiste, die mein Vater direkt vor der Tür auf den Boden nagelte. Außerdem streute meine Mutter so ein grünliches Gift unter die Wohnungstür.

Eine Zeit lang fürchteten wir uns vor den großen Käfern, die in Rotthausen »Schwaben« hießen. Als der erste in unserer Wohnung auftauchte, schrie meine Mutter, als wäre es eine Maus. Aber bald hatte sie den Dreh heraus. Unter einem feuchten Aufnehmer auf der Türmatte sammelten sich die Viecher gerne. Und das war schon ihr Ende.

Der Südteil von Rotthausen mit seinen Mietskasernen, das war das »Bunkenviertel«, das Proletenviertel.

Bei uns wohnten weder Zechenherren noch Zahnärzte, keine Pastoren, auch keine Lehrer. In der Steinfurtstraße stieß ein Haus ans nächste. Keine Bäume. Trübes Licht. Die Sonne erreichte die Fahrbahn am späten Nachmittag. Und nur für kurze Zeit. Die Leute waren arm, aber sauber. Die meisten jedenfalls. Sprachen alle mit Du an. Außer Steiger und Betriebsführer. Und sie wählten rot. Kommunisten oder Sozis.

Das große Vergnügen, außer Weyreuthers Lichtburg-Kino mit Dick-und-Doof- oder »Koffboy«-Filmen am Sonntag, war »im Fenster liegen«. Ein weiches Kissen für die Ellbogen, mehr brauchte man dazu nicht. Zum Glück lag das Schlafzimmer unserer zweiten Wohnung zur Straße hinaus. Hier gab es immer etwas zu sehen: spielende Kinder, Männer, die betrunken nach Hause torkelten, der neue Mantel der Nachbarin von gegenüber, Familienstreit bei offenem Fenster.

Der Brotwagen kam, der Fischkerl, der Klüngelskerl und der Gemüsefritze. Und der Mann mit dem türkischen Honig. Der Scherenschleifer trat ständig auf einen Hebel und bewegte so den Schleifstein, der durch ein Wasserbett lief. Auch der Drehorgelmann guckte sehnsüchtig zu den Fenstern hoch und hoffte auf ein paar Pfennige. Einmal kam er sogar mit einem richtigen Bären.

Wenn wir mal vom Besuch bei der Oma spät nach Hause kamen, brannte kein Licht im Hausflur. Gewöhnlich stand ein eng umschlungenes Liebespaar in einer Ecke. Genaues war nicht zu erkennen. Was machten die da bloß, so dicht beieinander? Ich hätte es gerne gewusst. Auch bei der Oma im Flur hatte schon ein Pärchen gestanden. Aber keiner klärte mich auf. Doch es nahm auch niemand Anstoß daran. Die Haustüren wurden abends nicht verschlossen.

Die Schalmeienkapellen der Kommunisten hörte man bald nicht mehr. Auch die Nazis marschierten nach dem Januar 33 kaum noch durch unsere Straße. Sie hatten jetzt die Macht. Das genügte ihnen. Und wenn sie doch einmal kamen, wurden die meisten Fenster immer noch schnell zugeschlagen.

Der Gustav verhielt sich jetzt still. Wenn sie ihn erwischt hätten bei seiner Flucht über die Dächer, wäre er nach Börgermoor gekommen. Das erste KZ der SA für so genannte »Staatsfeinde« aus unserer Gegend. So wie der Schuster Hoynacki von schräg gegenüber, den sie nur deshalb »abholten«, weil er sich offen zu seiner polnischen Heimat bekannt hatte. Er kam nie mehr zurück.

Ich hab ihn sehr gemocht, den Hoynacki. Mit seiner blauen Schürze, die Brille auf der Nase, saß er immer etwas gebückt vor seinem Dreifuß. Den Hammer in der Hand, ein paar Nägel zwischen den Lippen. Zwischendurch verkaufte er Schulhefte und Klümpkes. Mir gab er mal einen dicken Karamelbonbon. Für nur einen Pfennig, obwohl der eigentlich zwei kostete. Und ich hatte nur den einen. Später kriegte ich dann fünf Pfennige Taschengeld pro Woche. Manchmal vom Opa noch einen ganzen Tacken dazu, also einen Groschen. Dann war ich reich.

Für drei Pfennige gab es beim Hoynacki so viel Salmiakpastillen, dass ich mir davon zwei schwarze Sterne auf den Handrücken kleben konnte. Einen links, einen rechts. Zum Ablecken. So hatte ich länger etwas davon.

Auf unserem Hof war immer etwas los. Jahrelang spielten die Arbeitslosen Skat auf einer breiten Bank. Schickten mich zum Hoynacki wegen Zigaretten und Bier, wenn sie was gewonnen hatten. Ich war ganz scharf auf die bunten

Bildchen in den Packungen. Mit Segelschiffen und Kriegsschiffen drauf. Zum Sammeln oder Tauschen.

Gab es eine Schlägerei unter den Spielern, verdrückte ich mich schnell. Die Stimmung beim Kartenspiel war meist ein bisschen gespannt. Auch mein Vater kriegte das zu spüren. Wenn er von der Arbeit nach Hause kam, musste er ja an denen vorbei. Und sich manche Sprüche anhören: »Muss ja noch Doofe geben, die arbeiten gehen!« In Wahrheit wären sie selbst gerne »auf Dahlbusch« gegangen.

Der Ede war zum Glück nie arbeitslos, kriegte nie die Fleppen. Er hatte bei Steigern und beim Alten, dem Betriebsführer Gosewinkel, zwar eine große Klappe, aber gleichzeitig auch einen guten Ruf als umsichtiger und zuverlässiger Arbeiter. Die wussten genau: Der schleppt sich nach Dahlbusch »noch mittem Kopp unterm Arm«.

Die Kartenspieler auf dem Hof wurden von Jahr zu Jahr weniger. Selbst der faule Emil aus der Parterrewohnung war eines Tages beim Autobahnbau. Hitler hatte allen Arbeit gegeben. Innerhalb von drei Jahren. Und viele arbeiteten »in der Rüstung«. Durften nicht erzählen, was sie da machten. Taten sich wichtig.

Von den Kommunisten hörte man nichts mehr. Nur ihre Parolen konnte man noch an Mauerwänden lesen. Besonders dann, wenn der Regen die Übermalung der SA mal wieder abgewaschen hatte. Ich weiß noch, dass ich mich immer schnell abwendete, wenn an der Sportplatzwand in der Elsässer Straße verbotene Wörter wie »Rotfront« in großen Lettern auftauchten. So, als hätte ich einen sündigen Blick getan.

Trotzdem, richtige Nazis gab es in unserer Straße immer noch nicht. Keinen SA-Mann und kein Mitglied der NSDAP. Nie sahen wir einen braun Uniformierten und auch keinen mit dem runden Parteiabzeichen durch die Steinfurtstraße gehen.

Bei der letzten halbwegs demokratischen Wahl im März 33 stießen die Braunen abends um halb sechs einfach unsere Wohnungstür auf. Warfen ein Flugblatt in unsere Küche. Mit blutroten Lettern. »Sie haben noch nicht gewählt!« Dann brüllten sie »Heil Hitler!« und knallten die Tür wieder zu.

»Der stinkt nach Krieg!«, meinte Ede. »Den wähl ich nicht!« Meine Eltern gingen zwar noch schnell ins Wahllokal bei Steinfurt in der Wirtschaft. Doch gewählt wurde rot.

Als die beiden einmal, wie damals üblich, per Arm durch die Schonnebecker Straße gingen, mussten sie an einem SA-Trupp vorbei. »Heb bloß den Arm, Edi!«, bettelte meine Mutter. Aber der Ede blieb stur, drehte der Fahne den Rücken zu, als ob er sich für die Vorhänge einer Parterrewohnung interessiere. Sofort bauten sich zwei SA-Männer vor ihm auf: »Wollen Sie die Fahne nicht grüßen?« Ede tat erstaunt: »Wie, welche Fahne?« – »Das werden Sie auch noch lernen!«, drohten sie ihm. Meine Mutter zitterte am ganzen Körper.

Auf unserem Hof stand ein langes Gebäude: die Stallungen für Schweine, Hühner oder Kaninchen. Davor jeweils ein gemauertes Verlies. Für Mist und Jauche. Abgedeckt mit Brettern.

Es stank wie auf dem Bauernhof, und bei Kleinschnittger verkauften sie viele Fliegenfänger. Oft hatten wir kein Geld dafür. Dann mussten die Fliegen eben mit der Hand gefangen werden. Ede konnte das am besten. Er pustete die armen Viecher zuerst vorsichtig an. Die Fliegen hielten das für einen aufkommenden Wind und krallten sich erst mal fest. Beim Abflug fehlte ihnen der entscheidende Vorsprung. Das war ihr Pech.

Auf dem Hof scharrten den ganzen Tag die Hühner. Alle durcheinander. Doch abends, wenn es dämmerte, fand jedes Huhn immer das richtige Loch über der Stalltür.

Der kleine Hof war zugleich unser Spielplatz. Für zwanzig Kinder und mehr. Und so traten wir immer irgendwo voll in die Hühnerscheiße.

Die Mädchen waren in der Mehrzahl. Dadurch kam es zu Reigenspielen und Volkstänzen. Am liebsten sangen wir:

Es scheint der Mond, wo geht er hin?
Er geht alle Tage über Lipinski ihr Haus.
Im Brief, da steht geschrieben:
Ich liebe dich so sehr.
Ich liebe keinen anderen als dich,
mein goldner Stern.

Der Ausgeguckte musste das betreffende Mädchen auf die Backe küssen, also auf die Wange.

Mich brachten sie gern mit Lene zusammen, Lenchen Reichert. Ich kriegte eine heiße Birne und spürte, wie ich rot wurde. Doch nur beim ersten Mal. In der Dämmerung sah es auch keiner. Aber von jetzt an ließ ich Lenchen immer an meinen Salmiaksternen lecken, wenn ich vom Hoynacki kam. Einmal links und einmal rechts.

In der dunklen Jahreszeit, wenn es dämmerte, zog die ganze Kinderhorde hinter dem Laternenmann her, bis der alle drei Gasleuchten in unserer Straße angezündet hatte.

Wir waren arm, alle, aber nicht so schlecht dran wie die fahrenden Sänger, die sich in unseren Flur stellten und mit Gitarre, Zither oder Laute ihre Lieder begleiteten. Wir Kinder saßen dann auf der Treppe, lauschten dem Gesang. Kriegten natürlich mit, wie sich schon bei den ersten Tönen die Schlüssel der Wohnungstüren von innen zudrehten. Lauter »abgeschlossene« Wohnungen. Wenn auch ohne Klingel.

Auch bei Regenwetter setzten wir uns einfach im Hausflur auf die Holztreppe. Es wurde gemalt und gesungen. Trude war die älteste und gab den Ton an. Einmal hat sie einen Kirschbaum gemalt. Jedes Blatt genau und die Kirschen einzeln.

Als ich eines Tages stolz ein lila Pfadfinderhemd trug, das meine Mutter nichts ahnend bei Alsberg gekauft hatte, wusste Trude ganz genau, dass diese Kluft jetzt verboten war. »Da wirst du verhaftet, wenn du das anhast!« Ich verstand zwar nicht warum, wunderte mich aber, weil ich das neue Hemd plötzlich nur noch zur Gartenarbeit anziehen sollte. Ohne die gelbe Halskordel.

In der Steinfurtstraße lebten wir eng zusammen wie eingelegte Heringe. Kriegten auch von den Nachbarn alles mit. Ob jemand Waschtag hatte oder Besuch aus Ückendorf, alles spielte sich ab wie in der eigenen Wohnung. Auch der Familienkrach. Wenn der Ehemann besoffen nach Hause kam oder ein Kind verprügelt wurde, wenn kein Geld mehr da war, nichts blieb geheim. Spätestens, wenn bei Kleinschnittger angeschrieben wurde, wussten auch die Nachbarn, wer keine Pieselocken mehr hatte.

»Sei mal still, jetzt verhaut die Ollsche Brosinski wieder ihrn August!«, zischte meine Mutter. August war der Ehemann. Auf dem Gemeinschaftsklo hinterließ der immer so eine miese Geruchsmischung aus Machorka und Alkohol.

Die Ollsche Brosinski mochten wir nicht. Immerhin, ihre große Zeit hatte sie im Sommer, wenn Kinderschützenfest war. Dann jagte sie meterweise Krepp-Papier durch die Nähmaschine: Papierkleider für ihre Tochter, die mehrmals Schützenkönigin war. Beim Festzug ging Edelgard dann mit einem Jungen unter einem blumengeschmückten Bogen her. Wir folgten zu zweit dahinter und sangen:

Wir haben einen König
und eine Königin.
Wir führen sie spazieren
vor aller Leute Türen
im gleichen Schritt und Tritt.

Nach einem solchen Schützenfest kam Egon Lipinski auf die glorreiche Idee, die neue Königin zu küssen. Unser Plan: Wenn Edelgard bei Kleinschnittger einkaufen geht, wollten wir vor der Tür lauern. Doch als sie dann plötzlich vor uns stand, wussten wir nicht mehr so recht, wie wir es anstellen sollten. Egon versuchte es von rechts, ich von links. Aber Edelgard war wohl nicht scharf auf unsere Küsse, und außerdem hielt sie gerade zwei Eier in der Hand. Die platschten prompt auf Kleinschnittgers Treppe und ließen sich auch nicht mehr aufsammeln. Es gab ziemlichen Ärger zu Hause, denn ein Ei war eine Kostbarkeit. Ich musste Ersatzeier kaufen und, was schlimmer war, sie mit einer gestammelten Entschuldigung bei der Ollschen Brosinski abliefern. Edelgard stand dabei und grinste.

Danach gingen Egon und ich der Schützenkönigin möglichst aus dem Weg und vergnügten uns lieber in unserem Schweinestall. Da war genügend Platz, denn außer ein paar Kaninchen hielten meine Eltern kein Vieh. Wir fühlten uns darin wie »Koffboys«, die durch die Astlöcher der Stalltür auf die Indianer im Hof schossen.

Eines Tages machten wir eine interessante Entdeckung. Unter dem Holzklötzchenvorrat fanden wir eine SA-Mütze und ein Braunhemd. Dazu Schulterriemen und Koppel. Das muss 1934 gewesen sein. Abwechselnd schmückten wir uns mit der braunen Uniform, und ich posierte gerade stolz über den Hof, als mein Vater von der Arbeit kam.

So wütend, aber auch erschrocken hatte ich ihn selten gesehen. Ich kriegte zwar keine Ohrfeige, doch eine ziemlich ernste Predigt. Oben in der Wohnung

Die braune Uniform gehörte Onkel Willi, dem jüngeren Bruder meiner Mutter, der als Sohn eines Frontkämpfers Mitglied beim »Stahlhelm« war, dem großen Verband ehemaliger Weltkriegssoldaten. Die Nazis hatten diese Organisation nach der Machtübernahme zwangsweise aufgelöst und allen Mitgliedern einfach eine SA-Uniform verpasst.

Onkel Willi wollte das Braunhemd aber nicht tragen, versteckte es samt Mütze und Gürtel ausgerechnet bei uns im Stall, und wegen seines Umzugs nach Kray hielt er die Sache für erledigt. War sie auch, denn am neuen Wohnort fragten die Nazis nicht mehr nach ihm. Sie hatten ihn vergessen.

Aber mein Vater fühlte sich erst wieder wohl, nachdem er Willis »Senfhemd«, wie er es nannte, endgültig verbrannt hatte, samt Zubehör. Abends, auf unserem Stück »Land« an der Schonnebecker Straße.

Dramatischer Höhepunkt in unserem Haus war immer der Streit zwischen zwei Familien. Eine spannende Sache und gar nicht so selten. Natürlich in voller Lautstärke und bei offenen Wohnungstüren. Wenn der Zank mal auf einer anderen Etage stattfand, brauchten wir bloß die Wohnungstür einen kleinen Spalt zu öffnen, um alles mitzukriegen. Wie aus Versehen, versteht sich. »Verkommene Schlampe«, »alte Vohse«, »Du versoffener Scheißkerl« waren noch die gemäßigten Kraftausdrücke. Danach sprach man zwei Wochen nicht mehr miteinander. Aber zu Handgreiflichkeiten kam es selten.

Unser Haus Nr. 21 war wirklich kein feines Haus. Meine Eltern rümpften oft die Nase: »Pack schlägt sich, Pack verträgt sich! So etwas täten wir doch nie!« Und doch kam es einmal zu einem saftigen Krach zwischen Lenchens Eltern und uns. Eine spannende Vorstellung für die übrigen Nachbarn. Und es war auch der einzige Streit, an dem wir je beteiligt waren.

Den Anlass weiß ich nicht mehr. Plötzlich ging es rund. Da brauchte niemand seine Tür zu öffnen. Die Reicherts schrien von oben herab, wir ebenso lautstark von unten hinauf. Mit erhobenen Fäusten, versteht sich. Ich erkannte meine sonst so friedlichen Eltern kaum wieder, wollte aber nicht hinter ihnen zurückstehen und schleuderte auch ein paar »Ausdrücke« nach oben. Doch Lenchen beschimpfte ich nicht.

Anschließend gingen die beiden Familien grußlos aneinander vorbei. Länger als zwei Wochen. Auch wir Kinder sprachen nicht miteinander. Und eine Heirat zwischen Lenchen und mir kam jetzt nicht mehr in Frage. Außerdem zog ihre Familie bald nach Ückendorf.

Einmal im Jahr kam der Zirkus nach Rotthausen. Na ja, nur ein kleiner Wanderzirkus. Der passte gerade mal in die Baulücke gegenüber von Pfülbs Kneipe.

Ein wahrer Muskelprotz war das, den sie da in die Arena stellten. »Der stärkste Mann der Welt! Wer den beim Ringkampf besiegt, kriegt zwanzig Mark!« stand auf den Plakaten. Also den Lohn von drei Schichten unter Tage.

Der Zirkusdirektor mochte wohl geglaubt haben, dass sein Kaffenzmann jeden Kampf gewinnen würde gegen die ausgemergelten Rotthauser Bergleute. Er kannte den Otto nicht. Otto Muskulus aus der Hilgenboomstraße. Hauer auf Schacht VIII. Der Name passte zu ihm wie das Schalholz zum Stempel, denn er war ein Kerl wie ein Kleiderschrank, mit mächtig breiten Schultern.

Der Otto sprang also in den Ring, lieferte einen spannenden Kampf und legte seinen Gegner schließlich aufs Kreuz. Wir klatschten wie verrückt, und der Direktor musste die zwanzig Mark herausrücken. Wohl oder übel.

Im nächsten Jahr wollte er Revanche. Kam mit zwei Muskelmännern wieder. Der Otto gewann auch diesmal seinen Kampf. Danach winkte er lässig seinen Bruder in den Ring: »Pidder, komm mal rauf!« Der Pidder kletterte durch die Seile und legte seinen Gegner genauso auf die Matte wie sein Bruder. Rotthausen jubelte.

Hatten wir uns zu früh gefreut? Der Zirkusdirektor wollte die Schlappe nicht einstecken. Im nächsten Herbst kam er wieder. Diesmal mit einem Bären. Einem großen Bären. Mit abgefeilten Tatzen und einem Maulkorb. Unser Otto, nicht feige, kletterte wieder in die Arena.

Wir klatschten wie besessen. Der Zirkus war proppenvoll. Der Direktor im Frack und mit Zylinder führte das Tier in die extra gesicherte Arena und verkündete die Attraktion: fünfzig Mark für den Sieger. Auf einem großen Schild stand: »Nich am Bär packen!«

Ein Gong ertönte, und der Direktor ließ das Tier von der Leine. Langsam tapste der Bär auf Otto zu. Dann blieb er stehen. Totenstille im Zirkus. Plötzlich sprang Otto auf den Bären zu. Wollte er ihn umarmen mit der Linken? Ein kurzes Gerangel. Dann hörten wir ein lautes Quieken. Fast so wie von einem Schwein. Der Bär quiekte, ja, er quiekte.

Dann fiel er um. Das Riesentier kippte einfach nach hinten. Lag auf dem Rücken. Otto obendrauf. Wollte partout nicht loslassen. Krallte sich an dem Bären fest. Der Direktor hielt ihm den versprochenen Fuffziger vor die Nase und führte dann das Tier hinter die Kulissen.

Die Muskulusbrüder aus der Hilgenboomstraße wurden die Helden der nächsten Jahre. Doch beide hauten nie damit auf den Putz. Sprachen nur selten über ihren Erfolg. Und wenn der Otto bei Pfülb an der Theke stand und mal wieder »nachem Bär« gefragt wurde, meinte er trocken: »Weiße Kumpel, da gibtet einen töften Kniff. Den musse eben kennen!« Aber erst, wenn der Frager eine Thekenrunde bestellte, erzählte Otto weiter: »Du muss sofort drauf auf dat Vieh! Hinpacken, als wenne den Boxer inne Faust hättest. – Wohin du packen muss?«

Doch darauf gab der Otto nie eine Antwort. Grinste nur über sein breites Muskulus-Gesicht.

Vor dem Krieg kannten wir zum Glück noch keinen Hunger. Aber das Schlachtfest bei meiner Oma war trotzdem ein besonderer Tag.

Dann war der Hof erfüllt vom Quieken eines Schweins. Irgendein Katzow, also ein Metzger, oder wer sich das sonst zutraute, schlug dem Tier mit dem Hammer gegen den Kopf und schnitt ihm den Hals auf. Jemand hielt geschickt eine Schüssel darunter. Für das Blut.

Danach wurde das Schwein aufgeschlitzt und auf eine schräge Leiter gebunden. Ein Eimer darunter, versteht sich. Für das Wursten war meine Mutter zuständig. Ich rührte das Blut. Eine richtige Großfamilie waren wir dann.

Bei der Oma war ich »unsern Manni-Schatzi-Guddi«. Von ihr und ihren jüngeren Töchtern Hanni und Klärchen, meinen Tanten, behütet und herzlich geliebt. So hatte ich ein doppeltes Zuhause, aß mal hier, mal dort. Feierte zweimal Weihnachten und suchte viele Ostereier. Weil ich allmählich zu dick wurde, steckten sie mir einen Zettel in die Schürze: »Manfred hat schon gegessen!«

Als Muttersöhnchen brauchte ich auch nicht in die »Verwahrschule«, den Kindergarten. Zwei-, dreimal ging ich da hin, sah die Kinder stramm in der Reihe sitzen. Das gefiel mir nicht. Auch die Nonne war mir zu streng. Und der große Hund, den ich auf dem Hinweg gesehen hatte, genügte als Ausrede. Ich durfte endgültig zu Hause bleiben.

Vierbeiner müssen einen großen Eindruck auf mich gemacht haben. »Wauwau dicken Arsch hat«, soll denn auch mein erster überlieferter Satz gewesen sein. Gemeint war das Pferd von Bäcker Nolte.

Meine Oma starb viel zu früh, schon 1937 mit sechsundfünfzig Jahren. Abgearbeitet und blind.

Als Opa Jakob an der Westfront kämpfte, vierzehnachtzehn, hatte sie aus finanzieller Not auf der Kokerei gearbeitet. Zeche Bonifatius, hinterm Mechtenberg. Es gab nur eine winzige Unterstützung, wenn der Ernährer an der Front stand. Entsprechend klein war auch die Witwenrente, als der Opa tot war.

Oma war arm, doch herzensgut. Ihr einziges Vergnügen: der gelegentliche Besuch von anderen Masurenfrauen. Dann wurde stundenlang Polnisch gesprochen. Weil ich nichts verstehen sollte oder wegen der heimatlichen Klänge? Alle Frauen trugen aus Tradition noch die Schuska, das landsmannschaftliche Kopftuch. Gehäkelt aus schwarzer Wolle. Nur meine Oma weigerte sich. Trug keine Schuska. Als Einzige.

Aber sie ließ sich nicht lumpen, wenn heimatlicher Besuch kam. Mit einer leeren Flasche und dem letzten Geld wurde ich runtergeschickt zum dicken Boes ins »Rheinische Kaufhaus«. Das war der großartige Name für das kleine Gemischtwarengeschäft unter Omas Wohnung. Und weil der Laden im Winter kaum geheizt wurde, war auch Omas Fußboden immer ziemlich kalt. Die Verkäuferinnen froren aber nie, denn der Boes hielt sie ganz schön auf Trab. Nur in den Keller, wo die Weinfässer standen, dahin stieg er immer selber. Gemütlich machte er die Bodenklappe auf, verschwand nach unten, und es dauerte eine Ewigkeit, bis er mit dem abgefüllten Samos wieder raufkam. Ein Gläschen für jeden. Aber vorher erst mal eins für den dicken Boes. Oder auch zwei.

Meine Großmutter war mit einundzwanzig ins Ruhrgebiet gekommen. Gerade mal zwölf Jahre verheiratet, sieben Kinder, dann der Krieg, Hunger und Entbehrungen. Und ständig diese Armut. Mit einundvierzig war sie schon Witwe. Das Ruhrgebiet muss eine einzige Enttäuschung für sie gewesen sein.

Doch sie erlebte es anders. Erzählte oft von der noch viel größeren, schrecklichen Armut in Ostpreußen. Nie würde sie einen Besuch in Masuren machen. Anders der Jakob, mein Opa. Als er noch lebte.

Bei der Volksabstimmung 1920 ging es um die alte Heimat. Sollte Masuren zu Polen kommen oder zu Deutschland?

Opa Jakob ließ sich die kleine Lebensversicherung auszahlen, kaufte neue Kleidung, auch einen Matrosenanzug für den einzigen Sohn, den er unbedingt vorzeigen wollte, und fuhr nach Ostpreußen. Neben sich mit breitem Florentinerhut vornehm die Schwester aus Schonnebeck, Tante Maria. In der ganzen armseligen Verwandtschaft war die Metzgersgattin so eine Art Paradiesvogel. Die Drei werden großen Eindruck gemacht haben in dem kleinen masurischen Dorf.

Als ich fast siebzig Jahre später mit Tante Klärchen dort hinkam, das war 1993, fanden wir nur zwölf ärmliche Hütten. Vor der Kirche stand aber noch der große Stein, in den sie damals, 1920, das Wahlergebnis eingehämmert hatten.

Jetzt war die Schrift von den neuen Bewohnern Ostpreußens fein säuberlich herausgemeißelt worden. Doch abends im Hotel zeigte mir einer der Heimwehtouristen ein Foto vom Originalzustand des Gedenksteins mit dem Abstimmungsdatum darunter:

Alle 121 Stimmen
für die Heimat,
für Deutschland!

Die Kate der Familie Glinka, Opa Jakobs Elternhaus, lag außerhalb des Dorfes. Die Russen hatten sie bei Kriegsende niedergebrannt, wie uns eine alte Frau erzählte. Wir fanden nur noch die Grundmauern, ein paar ausgewachsene Stachelbeersträucher und einen richtigen Kirschbaum, Schattenmorellen. Mitten im Kiefernwald, der darüber gewachsen war. In einem halben Jahrhundert.

Dreimal bin ich hingefahren in den neunziger Jahren. Ein schönes Land. Masuren mit seinen vielen Seen und den dunklen Wäldern. Den Störchen auf den Wiesen. Aber als ich in ihrem Heimatdorf stand und diese Armut sah, da wusste ich, warum Oma nicht zurückwollte.

Nie mehr.

Unterm Hakenkreuz

Ostern 34 kam ich in die Schule. In die Hindenburgschule an der Steeler Straße. Baujahr 1914. Ein Riesenportal mit wuchtigen Säulen. Mächtige dunkelgraue Quadersteine. Ein Koloss von einem Haus.

Der Unterricht gefiel mir, obwohl wir eng eingepfercht in Viererbänken hockten, in denen man sich kaum rühren konnte. Wer zum Klo wollte, musste erst mal mühsam da herausklettern. Stramm hintereinander saßen wir, guckten wie befohlen dem Vordermann in den Nacken, die Hände brav gefaltet vor uns auf dem Tisch.

Der Herr Begall war ein freundlicher Lehrer. Irgendwann muss er mein Erzähltalent entdeckt haben. »Kennst du noch ein Märchen?«, fragte er manchmal. Ich durfte mich dann auf die erste Bank setzen und der Klasse etwas vortragen: Schneewittchen, Hänsel und Gretel, Frau Holle, alle Geschichten, die ich zu Hause gehört hatte. Wenn ich mich dann aber zum Pult hin umdrehte beim letzten Satz: »... und wenn sie nicht gestorben sind, dann leben sie noch heute.«, freute ich mich vergeblich auf ein Lob. Es gab keins. Herr Begall las die Zeitung.

Diesen Lehrer mochte ich sehr. Er war der Einzige, der mich jemals in der Schule bei meinem Vornamen genannt hat. Sonst war ich immer nur »der Hoese«.

Schon in Klasse zwei beim Lehrer Wahrmann. Der war strenger als Begall, thronte hoch oben auf dem Katheder und stieg nur selten da herunter. Schülerarbeiten, auch die Hausaufgaben, alles kontrollierte er am erhöhten Pult. Und jeder, der etwas vorzuzeigen hatte, musste erst mal zu ihm emporsteigen.

Bei Wahrmann gab es auch diesen eigenartigen Rechtschreibunterricht. Er diktierte ein paar Sätze vom Katheder herunter, und wir schrieben eifrig mit dem Griffel auf unsere Schiefertafel. Anschließend wurde getauscht. Nachbarkontrolle. Dann kam die Abrechnung. Pro Fehler kriegte man eins mit dem Rohrstock auf die Hand.

Zum Glück machte ich kaum Fehler. Doch eines Tages stand ich auch mal in der Schlange vor dem Lehrerpult, um mir zwei Schläge abzuholen. Einen links und einen rechts. Die Hände brannten danach wie Feuer.

Dass meine Strafe unverdient sein könnte, darauf wäre ich nie gekommen. – War sie aber doch. Mein Nachbar hatte nämlich gemogelt, mir beim Tafeltausch schnell ein zweites »t« dahin geschrieben, wo nur eins stehen durfte. Und das gleich zweimal. Mir war das nicht aufgefallen. Doch sein Griffel war dicker als meiner. Das war sein Pech. »Herr Lehrer, ich weiß was!«, hieß es plötzlich hinter mir. Ein Mitschüler hatte den Betrug bemerkt und verpetzte den Übeltäter.

»Rauskommen!«, tönte es mit Donnerstimme, und der Sünder kriegte meine zwei Hiebe noch einmal dazu.

In Klasse drei hatten wir dann den dritten Lehrer, Herrn Chmiel. Wir nannten ihn nur den »Knacker«, weil er im Vergleich zum jungen Begall sehr alt schien. Doch älter als Mitte vierzig wird er damals wohl nicht gewesen sein.

Auch Chmiel schlug gern mit dem Stock auf die ausgestreckten Hände. Aber weil wir oft die Hand genau in diesem Moment zurückzogen, täuschte er erst mit ein paar Luftschlägen, ehe er richtig zuschlug. Und beim Chmiel war's langweilig. Mit Alfons, meinem Freund, produzierte ich massenhaft Papiertiere: Löwen, Bären oder Giraffen. Während des Unterrichts. Dafür brauchten wir nicht viel. Nur Schere und Kohlepapier. Was der Lehrer machte da vorn an der Tafel, interessierte uns wenig.

Eines Tages fragte der Chmiel, wer denn von uns auf die »höhere Schule« wolle. Ich unterbrach meine Tierproduktion. Schaute mich um. Vier oder fünf Finger sah ich, die da emporschnellten. Von fünfzig Jungen. Mein Exfreund Josef war dabei. Der Vater Vorarbeiter in Friedbergs Schraubenfabrik. Die hatten damals schon drei Zimmer, also ein richtiges Wohnzimmer, eine gute Stube. Auch der Sohn von Strickling meldete sich. Die mit dem Textilgeschäft an der Kirche. Und der Friedel vom Hördeweg. Fahrsteiger der Vater.

Als ich zu Hause davon erzählte, wer sich gemeldet hatte, nickten meine Eltern nur, und es wurde nicht weiter darüber gesprochen. Auch ich hatte nicht das Gefühl, etwas zu verpassen. Die »höhere Schule« war kein Thema bei uns zu Haus. Zu teuer! Trotz meiner guten Zeugnisse.

Freitags wurde gebraust in der Schule. Wohl in einem Anfall von sozialem Denken hatte der Architekt eine Duschanlage im Keller der Schule einbauen lassen.

Hatte ihm jemand erzählt, wie die Wochenendreinigung in Arbeiterfamilien funktionierte, ohne richtiges Bad? Das ging so: Am Freitagabend wurde auf dem Herd zuerst das Wasser erhitzt. Dann kamen die Kinder nacheinander in die Zinkwanne, anschließend ins Bett. Manchmal wurde der Schmand abgeschöpft. Zuletzt badete die Mutter. Alle im »selben Wasser«. Zum Schluss kam noch das Grubenzeug hinein. Die Väter hatten es einfacher. Die duschten jeden Tag auf der Zeche. In der Waschkaue. Nackt habe ich meine Eltern allerdings nie gesehen.

Die Brausestunde beim Chmiel mochte ich nicht. Als verwöhntes Einzelkind war ich meist der Letzte beim Anziehen. Hatte immer Schwierigkeiten mit dem blöden Leibchen. Das war so ein kurzes, gestricktes Überhemd ohne Ärmel und mit Knöpfen fürs Gummiband. Zum Befestigen der langen, kratzigen Strümpfe. Auch für Jungen.

Außerdem hasste ich das Abspritzen. »Knacker« Chmiel liebte es, nach dem Waschen den strammen Wasserstrahl auf uns zu richten. Eiskalt natürlich. Wir flohen im Brauseraum von einer Ecke in die andere. Chmiel mit dem Schlauch immer hinter uns her.

1935 war die Volksabstimmung im Saarland. Die Heimat meines Vaters mit den vielen Zechen und Stahlwerken stand lange unter französischer Verwaltung. Schon seit dem Ersten Weltkrieg. Jetzt, fünfzehn Jahre später, durfte die Bevölkerung entscheiden: Wollten sie Franzosen werden oder Deutsche bleiben? Frankreich hatte jahrelang versucht, sich beliebt zu machen bei den »Saarfranzosen« und sie heftig umworben. Doch die Mühe war umsonst, das Wahlergebnis konnte sich jeder an den fünf Fingern abzählen: Die Saarländer wollten »wieder hemm«. Heim ins Reich. Dort regierte inzwischen Hitler und machte aus dieser Heimkehr einen außenpolitischen Erfolg. Seinen Erfolg. Den ersten.

Doch bevor es soweit war, lief die braune Propaganda im kleinen Saarland auf Hochtouren. Selbst im kleinsten Dorf sprachen die Redner der NSDAP. Überall konnte man auf großen Transparenten lesen: »Wir wollen heim ins Reich!«

Auch jene gebürtigen Saarländer, die »im Reich« wohnten, galten als wahlberechtigt. Also brachten wir im Januar 35 meinen Vater und den Opa zum Gelsenkirchener Hauptbahnhof. Unter den Klängen einer SA-Kapelle bestiegen sie einen Sonderzug nach Saarbrücken. Ohne Fahrkarte, versteht sich. Auf Staatskosten.

Über zehn Jahre war mein Vater nicht mehr »unten« gewesen in der alten Heimat. Nach seiner Rückkehr erzählte er stundenlang von der Saar-Abstimmung.

Schon unterwegs im Zug waren sie reichlich beschenkt worden, wenn auch nicht gerade mit alkoholischen Getränken, was der Opa sehr bedauerte. Schließlich sollten sie bei der Ankunft einen guten Eindruck machen und nicht betrunken auf den Bahnsteig torkeln.

Auf dem Saarbrücker Bahnhof gab es einen begeisterten Empfang. Immer wieder hörten sie das Lied, gespielt von den heimischen Zechenkapellen: »Deutsch ist die Saar, deutsch immerdar!« Nach der Melodie des alten Bergmannsliedes »Glück auf, Glück auf, der Steiger kommt«. – »Dieses Lied kannten ja alle, auch wir von der Ruhr. In den Straßen ein nie gesehenes Fahnenmeer, als ob die Leute alle Nazis wären!«, erzählte mein Vater. Dabei durften im Saarland damals auch die Sozis und die Kommunisten noch eine große Lippe riskieren. Die vom Völkerbund passten schön auf.

Nach der Ankunft wurden die Gäste in Privatquartieren untergebracht und verpflegt. Opa landete mit meinem Vater in einer richtigen Villa. Piekfein. Mit Dienstmädchen. Jeder kriegte eins der Gästezimmer, und die beiden sahen zum ersten Mal ein richtiges Bad.

Es war kalt im Januar 1935. Mein Vater trug seinen neuen Wintermantel. Gekauft vom Nazi-Kleidergeld. Ausgezahlt vier Wochen vorher. Alles wegen des guten Eindrucks.

Mein Opa aber, immer schon ein bisschen leichtsinnig, kaufte sich keine neuen Klamotten, trug sein Kleidergeld lieber in die Kneipen von Altenkessel, wo die Familie früher gewohnt hatte, bevor sie nach Weißenburg ging. Großzügig hielt er hier die alten Freunde frei. Mein Vater schimpfte, musste im Heimatdorf wieder alle Saufkneipen abklabastern. Wie damals als Kind, als die Mutter ihn losschickte, den Vater zu suchen.

»Hab ich euch endlich gefunden!«, stöhnte er, nachdem er den Alten endlich an irgendeiner Theke entdeckt hatte. Er siezte seinen Vater nicht, aber zu duzen wagte er ihn noch lange nicht. Dann schleppte er den Alten mühsam in die vornehme Villa zurück.

Am nächsten Tag steckte sich der Opa das Eiserne Kreuz erster Klasse an die Brust und ging in seinen abgewetzten Klamotten ins Wahllokal. Stimmte natürlich für Deutschland, »aber nicht für diesen Gefreiten da«. Den Hitler konnte er nicht verknusen.

Selbst auf der Rückfahrt wurden sie noch für die Nazipropaganda eingespannt. An den großen Bahnhöfen standen SA-Kapellen und spielten so oft »Deutsch ist die Saar«, dass es ihnen zu den Ohren herauskam.

Auch am Gelsenkirchener Bahnhof stand die SA Spalier, um die treuen Saarländer zu empfangen. Wir hatten ziemliche Mühe, die beiden in dem braunen Gewühle zu erkennen. Schon der Bahnsteig war abgesperrt. Meine Mutter konnte ihren Edi nicht mal in die Arme nehmen. Wir kamen erst gar nicht an ihn heran, denn die SA nahm die »Saarländer« sofort in ihre Mitte, die Musikkapelle legte los, und ab ging's kreuz und quer durch die Gelsenkirchener Innenstadt. Erst später zog mein Vater uns zu sich in die Marschkolonne, und jetzt gehörten wir auch zu den siegreichen Saarländern, sangen begeistert mit: »Deutsch ist die Saar!«

Links und rechts von uns marschierten SA-Männer mit brennenden Fackeln. Den »Sturmriemen« unterm Kinn. Ab und zu brüllten sie im Sprechchor: »Deutschland erwache, Juda verrecke!« Der Marsch schien endlos.

Als die Kolonne sich etwas auseinander zog, wollten wir uns nach Hause verkrümeln, aber jetzt spielte der Opa nicht mit. Er spekulierte auf das angekündigte Freibier.

Schließlich landeten wir in einem Saal am Alten Markt, wo auch eine Musikkapelle dröhnte, natürlich »Deutsch ist die Saar«.

Ich kriegte meine Limonade, und wir hörten die Rede irgendeines Bonzen. Opa kippte seine Bierchen, faselte unaufhörlich von seiner Heimat und zeigte immer wieder auf sein Eisernes Kreuz.

Irgendwann putzten wir dann doch die Platte und stolperten mit dem besäuselten Opa durch die Nacht. Richtung Rotthausen.

1937 ging ich zur Kommunion. Damals schickten sie mich noch regelmäßig in die Kirche. Sonntags. In die »Kostgängermesse« um elf für die Spätaufsteher. Mir gefielen die farbigen Priestergewänder, der Weihrauch, die Messdiener. Besonders Pius, der Oberministrant. Wenn der beim Hochamt aus der Sakristei herauskam, herausschritt mit gefalteten Händen, hinter ihm mit brennenden Kerzen zehn oder zwölf Messdiener. Ich war hingerissen. So schön muss Jesus gewesen sein.

In der Kirche gab es nicht nur am Altar etwas zu sehen. Manchmal wurde noch während der Messe gebeichtet. Rotthausen war eine große Gemeinde. An den Wänden waren sechs Beichtstühle aufgestellt. Der sechste für die polnische Minderheit, für die extra ein Pater angereist kam, der deren Sprache verstand.

Während der Messe riskierten wir gern mal einen Blick zur Mädchenseite hinüber. Ehrlich gesagt, ziemlich oft sogar. Freund Alfons schwärmte für die »große Blonde« hinten in der elften Reihe, ich für »die kleine Schwarze« in der sechsten. Er liebte also »die Elf«, ich »die Sechs«.

Bald fand ich heraus, wo sie wohnte, umkreiste mit Hannis Fahrrad stundenlang ihren Wohnblock beim Bäcker Michaelis in der Rotthauser Straße. Hörte auch, wie jemand ihren Namen rief: »Christel!« – Hach!

Ich war neun. Träumte von bösen Jungs, vor denen ich sie beschützen wollte. Aber ich wagte nicht, sie anzusprechen.

So eine Kommunion war ein richtiges Familienfest. Die ganze Verwandtschaft in unseren zwei Buden – eigentlich eine Katastrophe. Wir traten uns fast auf die Füße. Doch alle waren zufrieden.

Tage vorher wurde geputzt und gebacken. Und am Sonntagmorgen lagen die Leute in den Fenstern. Alle. Die ganze Steinfurtstraße. Um den Einmarsch der jeweiligen Sippe zu begutachten.

Wir waren arm, Zweizimmerproleten. Aber jeder wusste, was sich an einem solchen Tag gehörte. Die besten Klamotten wurden aus den Schränken geholt. Da wurde genäht, gewaschen, gebügelt. Mancher holte sich den feinen Anzug aus dem Leihhaus. Nur für den Weißen Sonntag.

Um ein Haar hätte ich meinem Vater die ganze Schau verdorben. Mit der Verwandtschaft stand er nach der Messe vor der Kirche, um das frisch gesegnete Kind in die Mitte zu nehmen. Für den Einmarsch in unsere Straße. Aber das Kommunionkind war verschwunden.

Die Sippe stand, wartete, mein Vater wurde nervös: »Wo bleibt der Junge nur?« Schließlich suchte er in der Kirche nach mir. Doch die war schon leer. Bis auf den Küster, der gerade die Kerzen löschte. Die anderen Familien waren mit den engelhaft gekleideten Mädchen oder den Jungen im dunkelblauen Bleyle-Anzug längst abmarschiert. Was sollte bloß werden aus dem Einmarsch in die Steinfurt-Arena ohne das Gnadenkind?

Ich war inzwischen ahnungslos anderswo aktiv. Mit Alfons. Nach der Messe hatten wir uns mal wieder für die beiden Mädchen interessiert. Für »die Elf« und »meine« Christel. Waren denen hinterhergelaufen. Bis zum Luftschacht von Dahlbusch. Die Sippe hatte ich total vergessen.

Immerhin erreichte ich die Steinfurtstraße noch vor der empörten Verwandtschaft. Lief zum Glück Tante Klärchen in die Arme, die gerade der Sippe entgegenging, um sich ihr anzuschließen. Für den Einmarsch.

Klärchen hatte schon Mitleid mit dem armen Kommunionkind, das ihr so ganz allein und ohne Familie entgegenkam. Bis sie mich erkannte. »Bist du denn bekloppt? Du kannst doch jetzt nicht allein nach Haus gehen!«

Energisch drehte sie mich um und brachte mich wieder zurück in Richtung Kirche. Schon bald trafen wir auf die Familie. Der Einmarsch war gerettet.

Mein Vater war wütend. Warum bloß?

Es war schon ein eigenartiges Doppelleben, das wir in diesen frühen Nazijahren führten. Inbrünstig sang ich in der Kirche unter brausender Orgelbegleitung:

Fest soll mein Taufbund immer stehen.
Ich will die Kirche hören!
Sie soll mich allzeit gläubig sehen
und folgsam ihren Lehren.

Doch ab 1938 marschierte ich stramm in der Hitlerjugend mit, ging mittwochs und samstags begeistert zum »HJ-Dienst«. Und da sangen wir ganz andere Lieder.

Wenn der ganze »Jungstamm«, das waren etwa 400 Jungen, in Viereckformation auf dem Rotthauser Marktplatz angetreten war, dann gehörte ich gerne dazu, bestaunte die Jungzugführer mit den grünen Kordeln und die Fähnleinführer mit den grünweißen, wie sie ihre Kommandos über den Platz schrien: »Stillgestanden! Richt euch! Augen gerrrade aus!« So einer wollte ich auch mal sein.

Wenn wir dann brav ausgerichtet in Dreierreihen standen, möglichst zentimetergenau, kam der Auftritt des Stammführers. Der mit der seltenen weißen Führerschnur. Zackig wurde ihm mit Hitlergruß gemeldet, dass wir jetzt alle an Ort und Stelle wären: »Jungstamm vier mit soundsoviel Mann angetreten!«

Mann, das waren wir!

Danach war der Stammführer mit dem Schreien an der Reihe. Meistens brüllte er nur: »Rührt euch!« Das war schön, denn jetzt durften wir das linke Bein ein bisschen zur Seite stellen, die gestreckten Hände von der Hosennaht nehmen, sie als Faust geballt auf die Oberschenkel legen und auf das nächste Kommando warten.

Meistens zog unser »Fähnlein«, etwa einhundert Jungen, vom Markt in die ehemalige Polizeiwache an der Schonnebecker Straße. Da war unser Pimpfenheim. Stolz marschierten wir durch Rotthausens Geschäftsstraße. Die Hitlerfahne vorne weg.

Einmal sah ich aus der Kolonne heraus meinen Vater. Seltsam, er winkte mir nicht zu. Zu Hause erzählte er mir später, im Keller unseres HJ-Heimes wären früher die Kommunisten von der SA verprügelt worden: »In der Gummizelle, damit man draußen nix hört!« Daran musste ich oft denken, wenn ich im HJ-Dienst war. Doch ich sprach nicht darüber. Mit keinem.

Bei der Pimpfenprobe konnte ich Hitlers Lebenslauf auswendig aufsagen. Auch die Namen der sechzehn »Blutzeugen«. Das waren die Toten vom erfolglosen Naziputsch 1923. Wir trugen das braune Hemd und das Fahrtenmesser am Koppel. »Blut und Ehre« stand darauf. In Stahl geritzt. Eine Zeit lang blies ich mit Freund Rudi stolz die Fanfare. Begleitet von diesen lauten Trommlern.

Begriffen haben wir nichts.

Wir liebten die Heimabende, gingen auf Fahrt, in die Jugendherberge nach Hattingen oder auch mal für eine ganze Woche nach Bürenbruch im Sauerland.

Bei einigen HJ-Führern, nicht bei allen, sangen wir:

Krumme Juden ziehn dahin, daher,
sie ziehn durchs Rote Meer,
die Wellen schlagen zu,
die Welt hat Ruh!

Wir grinsten uns an bei dem Text, hatten das Gefühl von etwas, das sich nicht so ganz gehörte. Aber wir schwärmten heftig für unsere jugendlichen Anführer. Für den Fritz, unseren Fähnleinführer, oder den langen Lomberg. Der ließ uns einmal auf dem Sportplatz neben der Hindenburgschule exerzieren: »Rechtsschwenkt! Linksschwenkt! Abteilung haaalt!« Anschließend marschierten wir vor das Säulenportal der Hindenburgschule, formierten uns zum offenen Karree und sangen in Richtung der gegenüberliegenden katholischen Kirche:

Vorwärts, vorwärts, schmettern die hellen Fanfaren!
Vorwärts, vorwärts, Jugend kennt keine Gefahren!
Ist das Ziel auch noch so weit,
Jugend zwingt es doch!
Unsere Fahne flattert uns voran.
Unsere Fahne ist die neue Zeit.
Und die Fahne führt uns in die Ewigkeit,
Ja, die Fahne ist mehr als der Tod!

Und in der zweiten Strophe hieß es:

Führer, dir gehören wir,
wir Kameraden dir.
Unsere Fahne flattert uns voran.
Unsere Fahne ist die neue Zeit.
Wir marschieren für Hitler durch Nacht und durch Not
mit der Fahne der Freiheit getreu bis zum Tod!

»Los, singt mal lauter!«, forderte uns der Fähnleinführer auf, »dass dem Pastor drüben die Bratkartoffeln im Hals stecken bleiben!«

Wir grinsten uns an und brüllten aus Leibenskräften das Lied noch einmal, gingen aber brav jeden Dienstag ins Pfarrhaus. Zum katholischen Religionsunterricht.

Im Sommer 37 besuchte ich mit meinen Eltern die Ausstellung »Schaffendes Volk« in Düsseldorf. Neue Erfindungen wurden hier vorgestellt, die Deutschland unabhängig machen sollten von der Einfuhr aus dem bösen Ausland: Buna statt Kautschuk, Kleiderstoffe aus Holz. Auch von »Butter aus Kohle« war immer die Rede. Um diese Zeit war der dicke Göring gerade mit dem Vierjahresplan beauftragt worden. In vier Jahren sollte Deutschland kriegsbereit sein. »Kanonen statt Butter« war sein Wahlspruch.

Uns regte das nicht auf. Wir kannten sowieso nur Margarine. Richtige Butter hieß bei uns »gute Butter«. Und die war nicht für uns. Auf meinem Schulbrot hatte ich immer nur Margarine. Manchmal mit Zucker bestreut. Lecker!

Nach der Ausstellung besuchten wir dann am Nachmittag Tante Friedel, die Schwester meiner Mutter, in ihrer Dachwohnung. Sie war Putzfrau in einer großen Düsseldorfer Bank. Auf mich wirkte sie immer wie eine Tante aus Amerika, denn Düsseldorf, das war die große weite Welt.

An jenem heißen Nachmittag in der Friedrichstraße war mir nicht langweilig. Die Erwachsenen sprachen noch lebhaft über die Ausstellung, diskutierten über »Anzugstoffe aus Holz«. »Ich trau dem Göring nicht!«, sagte mein Vater, »der will nur Devisen sparen, dann kann er damit Eisenerz kaufen für seine Kanonen. Und wir müssen in kratzigen Klamotten herumlaufen. Stoff aus Holz, ist doch Kappes!« Meine Mutter konnte sich nicht beruhigen über die Margarine aus Kohle: »Was die jetzt alles können!«

Tante Friedel war ein bisschen stolz auf ihre Einzimmer-Dachwohnung, hatte zur Feier des Tages »echten« Bohnenkaffee aufgefahren. Dazu gab es Rodonkuchen.

Um mich brauchte sich keiner zu kümmern. Nebenan auf dem Speicherboden hatte ich alte Zeitungen entdeckt. Jede Menge. Keiner achtete darauf, was ich da las. Es waren »Stürmer«-Exemplare. Ein ganzer Haufen der ekelhaften Hetzzeitschriften des unseligen Julius Streicher. Damit war ich beschäftigt. Den ganzen Nachmittag.

Ich las schon ziemlich schnell damals, interessierte mich heftig für die sexuellen Anspielungen und die bösen Karikaturen. Auch wenn ich nicht alles verstand.

Zu Hause hatte ich zu wenig zum Lesen. Wir besaßen nur ein Buch. Ein einziges. Eigentlich nur ein halbes. In Gottfried Kellers Roman fehlten viele Seiten. Vergeblich versuchte ich mir vorzustellen, was wohl auf den herausgerissenen Blättern gestanden hatte.

Irgendwann war es mir egal und ich las stattdessen begeistert die Schulbibel. Besonders das Alte Testament. Das war spannender. Allein schon wegen der beigefügten Zeichnungen. Auf einer blieb irgendein Bösewicht beim Reiten mit seinen Haaren im Geäst eines Baumes hängen, während das Pferd unter ihm weitergaloppierte.

Als die Düsseldorfer Patentante meine Lesewut bemerkte, brachte sie mir bei ihren Besuchen manchmal ein neues Buch mit: »Jack, die Bärenklaue«, »Münchhausens Abenteuer«, später Karl Mays »Am Rio de la Plata«. Jedes Buch las ich zwanzig-, dreißigmal. Mein Vater baute mir ein kleines Regal, ich stellte stolz mein Schätze hinein, auch meine Schulbücher, saß begeistert davor und fühlte mich reich.

In der Steinfurtstraße wohnten wir zwölf Jahre. Davon fünf in der besagten Dachbude. Die Hoffnung auf eine andere Wohnung hatten wir schon fast aufgegeben. Da hoben sie in der Achternbergstraße eine Baugrube aus. Für ein großes Mietshaus. Dahinter Äcker, Wiesen und das Riesenloch von Spiekers Ziegelei. Hier war Rotthausen zu Ende. In der Ferne sah man schon Kray. Essen-Kray.

Kaum zu glauben, aber der Bauherr arbeitete selbst als Bergmann auf Dahlbusch. Und mein Vater kannte ihn, den Karl. In der Waschkaue wurde das Mietverhältnis per Handschlag besiegelt. »Steig mal in den Rohbau, Ede, such dir eine Wohnung aus!«, meinte großkotzig der junge Bauherr.

Der Karl genoss seine neue Rolle, führte die Besucher jedes Mal bis hinten zur Grundstücksgrenze, wo Brandhoffs Acker anfing. Redete ständig von den vielen Hühnerställen, die er noch alle bauen würde. Dabei rauchte er wie ein Schlot und schickte mich oft »anne Bude«. – »Holst du mal ne Packung Overstolz?« Ich rannte sofort los, denn ich war scharf auf die »Schecks«, die Gutscheine in den Schachteln, kriegte dafür eines Tages ein Päckchen von der Zigarettenfabrik in Hamburg. Mit einer großen Fotosammlung zur

Olympiade 1936. Zusammen mit einer Packung Hitlerbilder. Gestochen scharf. Adolf auf Hochglanz in allen Posen. Fünfundzwanzig Stück. Mein Vater war nicht begeistert. Beim nächsten Mal bestellte ich die Bilderserie »Aus Wald und Flur«.

»Wie der Karl, dieser Schlawiner, bloß an so viel Geld für das Haus gekommen ist? Sechsunddreißigtausend Mark! Und das bei zweihundert Piepen im Monat!« Meine Mutter konnte sich nicht beruhigen. »Frag ihn doch, den Karl, wenn du den mal wieder in der Kaue triffst!«, drängte sie ihren Edi, und bald wussten wir es ganz genau.

»Bei der Wahl von einer Frau kannst du nie vorsichtig genug sein!«, erzählte der Karl, grinste auf seine unnachahmliche Weise und zog dabei mit dem Zeigefinger das untere Augenlid ein bisschen herunter. Seine Frau war wirklich eine liebe Person und hatte außerdem schwer was an den Füßen. Ihre Eltern besaßen ein großes Mietshaus im Düppel. Hinter Schacht VI.

Wir bezogen die neue Wohnung kurz vor Weihnachten 37. Und waren glücklich!

Die Monatsmiete stieg von dreiundzwanzig auf einunddreißig Reichsmark. Viel Geld bei den üblichen zweihundert Mark Bergmannslohn. Aber dafür wohnten wir jetzt »privat«. Nicht mehr im Zechenhaus. Auch nicht mehr mitten im Bunkenviertel, sondern an dessen Rand. Zwar immer noch in zwei Räumen, doch die waren jetzt größer. »Fünfeinviertel mal viereinhalb«, sagte mein Vater stolz.

Wir hatten ein eigenes Klo, ohne den Machorka-Mief vom alten Brosinski. Eine Diele von zwei Quadratmetern. Und eine richtige Klingel an der Tür. Das Namensschild aus Messing. Von meiner Mutter stets liebevoll blank gewienert. Dazu einen Knopf als elektrischen Öffner. Für die Haustür. Die war hier geschlossen. Immer. Kein Platz mehr für Liebespärchen.

Hier konnte man auch nicht mehr »im Fenster liegen«. Dies war ein »feines« Haus. Und an jedem Nazi-Feiertag flatterte die Hakenkreuzfahne an unserem Flurfenster. Denn der Karl war »inne Pattei«.

Vorbei die Zeit, wo jeder Vertreter mit seinem Bauchladen nach kurzem Anklopfen sofort in unserer Küche stand. Kein SA-Mann würde hier mal eben die Tür aufreißen, um seine Parolen in unsere Wohnung zu brüllen. Selbst der Blockwart musste brav klingeln, um seine Zwangsspende fürs Winterhilfswerk abzuholen.

Unser Haus hatte sogar einen richtigen Luftschutzraum. Mit dicken Stahltüren und einer Gummiabdichtung gegen Giftgas. Das Schönste aber war der unverbaute Blick über die Felder und Wiesen in Richtung Süden. Man sah die Kirchtürme von Kray, die Schornsteine und Kühltürme der Zeche Joachim. Und zur Erntezeit die Garben auf den Feldern. – Die Steinfurtstraße war vergessen. Wollten wir vergessen.

Die Wiesen und Felder hinterm Haus, das Gelände der Ziegelei und die Zechenbahn, das war für mich das Paradies. Schöner und größer als der kleine Hühnerhof in der engen Steinfurtstraße. Ich war zehn, hatte im Nu meine Bande zusammen, die Ziegelei-Bande: Fast alle in meinem Alter. Dazu Gerd und Theo, zwei Jahre jünger als ich, beide aus »unserem Haus«.

Im Sommer wuchs Kamille auf dem frischen Lehm. Überall Kamille. Wir sammelten sie säckeweise. Sooft konnte keiner krank werden, um die alle zu verbrauchen. Im Sommer lag der Kamilleduft wochenlang über Brandhoffs Feldern und über Spiekers Ziegelei. Bis hin zum »Franz sein Haus«. Bevor wir es abends wieder betraten, bürsteten wir brav den Ziegelei-Lehm von unseren Schuhen. War ja ein feines Haus.

Wo die riesige Lehmgrube fast an Brandhoffs Bauernhof heranreichte, war eine Steilwand von vielleicht sieben oder acht Metern Höhe entstanden. Mitglied der Ziegelei-Bande wurde nur, wer wenigstens einmal da hinunter gesprungen war. Hinein in den weichen Lehm. Wir nannten sie nur die »Elfmeterwand«. Der Helmut traute sich erst nicht, zögerte lange, erst als ein paar Mädchen auftauchten, war er ruckzuck unten.

Höhepunkt unserer Abenteuer war die rasante Talfahrt auf einer Lore. Die ganze Bande schob den eisernen Lehmwagen auf der Teckelbahn aufwärts. Immerhin so zwanzig Grad Steigung. Da mussten schon alle kräftig schieben. »Hau ruck!«, schrien wir, jemand legte einen Knüppel hinter die Räder, und weiter ging es, bis wir die Lore oben hatten. Dann stiegen wir ein und rollten unter großem Gejohle abwärts.

Unten schlug der Teckel mit Karacho gegen die Lehmwand. Aber ohne uns. Wir waren schon vorher ausgestiegen. Rausgesprungen im letzten Moment.

Die längliche Narbe in meinem Gesicht halten viele für eine Lachfalte.

Ist aber keine.

Hinter der Ziegelei an der Zechenbahn hatte sich ein großer flacher Teich gebildet. Im Sommer quakten da so viele Frösche, dass man sie abends weit nach Rotthausen hinein hören konnte. Und im Winter bei Frost war das Eis genau richtig für uns Kinder. Da tummelten sich alle: die Blagen aus dem Negerdorf und die aus der Pappschachtelkolonie. Dazwischen wir vom Achternberg.

Wie die Zechensiedlung neben der Achternbergstraße an den Namen »Negerdorf« kam?

Das wusste ich von meiner Oma: Beim Bau der Häuser zu Anfang des Jahrhunderts fehlte das Geld für feste Straßen. Die Leute mussten bei Regenwetter durch die Matsche laufen. Die Zechenverwaltung wollte Abhilfe schaffen. Kam auf die glorreiche Idee, den unverkäuflichen

Grus, also den schwarzen Kohlenstaub in die Straßen zu kippen. Die barfuß laufenden Kinder kamen also immer mit schwarzen Füßen in die Schule. »Die aussem Negerdorf«, hieß es von da ab in Rotthausen.

Pünktlich um acht, nach den Radionachrichten, begann bei uns die abendliche Hausmusik. Nachbar Brodesser in der Wohnung über uns spielte meisterhaft auf dem Bandoneon. Das Instrument hörte man im Ruhrgebiet öfter.

Der Olle Brodesser hatte alles in den Fingern. Von Wagners »Pilgerchor« bis zu Schumanns »Träumerei«. Er spielte mit einer Hingabe, die ihresgleichen suchte. Manchmal sang er noch dazu. Völlig selbstvergessen. Doch das hätte er besser bleiben lassen! Er konnte den Ton nicht halten.

»Der Olle kann singen, wie er will. Hauptsache, er spielt jeden Abend was Anständiges auf dem Bandoneon!« Meine Mutter ließ nichts auf ihn kommen. Ich durfte auch keinen Witz über seinen Namen machen, obwohl die Betonung auf der ersten Silber lag: *Brod*esser!

»Ist doch ein ganz anderes Haus als in der Steinfurtstraße! Hier gibt's richtige Kultur!«, schwärmte meine Mutter. Zwar ließ die übliche Holzbalkendecke auch hier alle Geräusche durch. Jeden Rülpser und noch mehr. Aber wir hörten wenigstens nicht mehr das Geschrei der alten Brosinski, wenn sie ihrem August die Hucke voll haute. Stattdessen die Ouvertüre von »Dichter und Bauer«.

Ab und zu schickte meine Mutter mich rauf zum Brodesser, den Namen eines gerade gespielten Musikstücks zu erfragen. Bald kannten wir sein ganzes Repertoire und hielten uns für richtige Musikkenner.

Ein Jahr später, ich war elf, kauften sie mir ein Akkordeon. Marke »Royal Standard«. Achtzig Bässe. Kostenpunkt 210 Reichsmark. Ein ganzer Kohlenhauermonatslohn. Plus Überstunden. – So viel Geld für ein Instrument? »Dafür muss eine Omma lange stricken!« Ich war überrascht, hätte nie gewagt, einen solchen Wunsch zu äußern. Außerdem hielt ich mich nicht für besonders musikalisch. Edes größte Sorge war denn auch, die Quetsche könnte irgendwann unbenutzt in der Ecke stehen. Und der Monatslohn wäre für die Katz.

Mein Akkordeonlehrer, ein Hobbyspieler aus der Schonnebecker Straße, nahm eine Reichsmark für die Stunde. Aber nicht lange. Schon nach einem Monat wurde er zur Wehrmacht eingezogen, kämpfte im »Polenfeldzug« und fiel vor Warschau.

Ich war traurig. Kriegte nie mehr Akkordeonunterricht. Doch ich nahm das Übungsheft und spielte trotzig weiter. Allein, ohne Lehrer. Beanspruchte bald von der abendlichen Vorspielzeit meine halbe Stunde. Genau von 7.30 Uhr bis um 8 Uhr. Dann war oben das Bandoneon dran. Beides zusammen ging nicht. Wegen der Holzdecke.

Mittags, wenn Herr Brodesser noch in der Schraubenfabrik von Friedberg arbeitete, als Vorarbeiter, übte ich ehrgeizig meine Stücke. Wollte mich abends beim »Vorspiel« nicht blamieren vor dem Alten.

Für ein Lob vom ollen Brodesser hätte ich weiß Gott was gegeben.

Doch der verlor darüber nie ein Wort.

An heißen Tagen fuhren wir ins Strandbad. Für die Anfahrt am frühen Sonntagmorgen leisteten wir uns ab Rotthausen die Straßenbahn. Linie vier bis Steele. Stiegen schon an der Zahlgrenze Spillenburg aus und sparten so zehn Pfennige. Den Rest des Weges liefen wir zu Fuß und schmetterten »Das Wandern ist des Müllers Lust« in den frühen Morgen.

Mein Vater fuhr mit dem Fahrrad. Hatte bei unserer Ankunft das Zelt aus Betttüchern schon aufgebaut. In der Heisinger Ruhraue. Gegenüber von Zeche Heinrich lagerten sonntags ein paar tausend Menschen. Auf Decken oder in primitiven Zelten.

Gebadet wurde in der Ruhr. Lange Holzbalken teilten den Fluss in Stromrichtung für Schwimmer und Nichtschwimmer. Über die Qualität des Wassers machten wir uns keine Gedanken, obwohl das Ruhrwasser so einen eigenartigen Geruch hatte. Egal, wir Kinder blieben so lange drin, bis wir blaue Lippen kriegten. Zwischendurch gab es den mitgebrachten Kartoffelsalat und zwei, drei Scheiben Fleischwurst. Richtige Knackwürstchen kannten wir nur zu Silvester.

An Werktagen fuhren wir nie ins Strandbad. Ohne den Vater? Undenkbar! Nicht mal an seinen Urlaubstagen kam das in Frage, denn nur sonntags waren sie alle im Heisinger Strandbad: seine Freunde, die Nachbarn, halb Rotthausen. Auch meine jungen Tanten, auf die er als Vormund achten musste, solange sie noch nicht einundzwanzig waren. Hanni und Klärchen, waren beim Tod der Oma fünfzehn und achtzehn gewesen, einige Berichte an das Amtsgericht waren also fällig. »Für einen Bergmann ganz anständig geschrieben!«, soll der zuständige Richter gesagt haben.

Manchmal ließen mich Hanni oder Klärchen im Paddelboot mitfahren. Die beiden hatten immer irgendwelche Verehrer, »Freier« sagten wir, Bootsbesitzer, die sie gern ein Stück entführen wollten. Etwa in die Büsche gegenüber von Zeche Heinrich. »Willst du mal mitfahren?«, lockten sie. Wenn ich als Anstandswauwau dabei war, blieb es ungefährlich.

In der Ruhr lernte ich schwimmen. Ziemlich spät, erst mit elf, denn mehr als vier oder fünf Strandbadtage in einem Sommer konnten wir uns nicht leisten.

Oft stand ich als Zuschauer auf jener glatt zementierten Fläche, die überdacht war. Als Regenschutz wahrscheinlich. Genutzt wurde sie auch als Tanzfläche. Ein paar Tische standen hier und Bänke. Interessiert beobachtete ich den Akkordeonspieler, der da zum Tanz aufspielte:

Eine Insel aus Träumen geboren ist Hawaii.
Wer sie kennt, ist für alle Zeit verloren an Hawaii.
Übers Meer, übers Meer klingt ein Lied,
und das ruft dich zurück
nach der Insel, aus Träumen geboren,
nach Hawaii ins Glück.

So gut wollte ich auch mal auf meinem Akkordeon spielen können.

Getanzt wurde in knapper Badekleidung. Eine sündige Sache zu jener Zeit. Der »Zwickelerlass« war damals gerade ein paar Jahre alt. Danach durfte Badekleidung nur mit angesetzten Hosenteilen benutzt werden. Knappe Bikinis? Unvorstellbar. Aber ins Strandbad kam kein Pfarrer, kein Staatsanwalt und auch nach 33 kein Nazi. Jedenfalls nicht in Uniform. Für Aufmärsche waren die Wiesen kaum geeignet.

Das Strandbadvergnügen dauerte bis weit in den Zweiten Weltkrieg hinein. Erst mit den häufigen Tagesangriffen der Amerikaner war dann Schluss. Die Menschenmassen könnten sich bei plötzlichem Fliegeralarm nicht schnell genug in Sicherheit bringen, so hieß es.

Zum letzten Mal »nach Strandbad« waren wir am 22. Juni 41. Ein heißer Tag. Ich hatte gerade meinen üblichen Tacken, also einen Groschen bekommen und ihn schnell auf der Terrasse, dem einzigen Restaurant, in Eis umgesetzt, da tönte aus dem Lautsprecher die Stimme des Propagandaministers Goebbels: Krieg mit Russland!

Mein Vater machte ein bedenkliches Gesicht: »Der Napoleon ist auch auf die Schnauze gefallen in Russland.«

Bald sammelten sich in unserem Zelt ein paar Dahlbuscher Kumpel. »Pass mal auf«, meinte einer, »jetzt packt der Japaner den Russen von hinten an! Von Sibirien aus.« Ein anderer wusste, dass es in der Ukraine auch Kohlengruben gibt: »Uns brauchen sie da als Steiger. Dann müssen wir nicht mehr malochen!«

Aber die Stimmung war hin. Früher als sonst packten wir unsere Sachen und fuhren nach Hause. Und unsere vom vielen Waschen dünn gewordene braune Decke, auf der wir immer zufrieden den Kartoffelsalat gegessen hatten, spendeten wir ein paar Monate später für die Wintersachen-Sammlung, als die deutsche Wehrmacht in der ungewohnten Kälte vor Moskau stecken blieb. Goebbels hielt eine Rede im Radio, und die Leute gaben Handschuhe, Schals und andere Kleidung. Wir unsere Strandbaddecke.

Auf Dahlbusch bedrängten sie meinen Vater, in die Nazipartei einzutreten. Schon kurz nach 33 ging das los. Besonders zwei seiner Kumpel, die beiden einzigen Nazis im Revier sechs, ließen nicht locker: »Du gehörst zu uns! Mit deiner Rednergabe und deiner nationalen Einstellung! Bei uns kämst du bestimmt bald für höhere Aufgaben in Frage. Endlich raus aus der Maloche hier!«

Doch der »Ede« ließ sich nicht bequatschen: »National seid ihr wohl, aber das Soziale, das fehlt euch völlig! Euer Ley, der Doktor Leistung, knallte uns fast eine ganze Stunde mehr auf die Schicht. Tag für Tag. Für den gleichen Lohn! Ist das euer Sozialismus?« Und dann setzte er noch einen drauf: »Seid bloß ruhig mit eurem Ka-de-äff! Wer darf da schon mitfahren? Und die zehn Tage Urlaub im Jahr? Die gab es doch längst bei den Sozis!«

Einmal haben sie ihn mit zu Wernscheid genommen, in das SA-Sturmlokal. Da saß er mit der ganzen SA-Korona am Stammtisch und erklärte ihnen den Nazismus nach Kumpelart: »Wenn sie dir einen Brocken Kohle inne Hand drücken und dein Adolf sagt, das wär Butter, und du glaubst das, dann bist du erst ein richtiger Nazi.«

Mein Vater ging danach nie mehr zu Wernscheid in die Kneipe. War vielleicht sein Glück. 1942, bei einem Fliegeralarm, flüchteten Gäste und Wirtin in den Luftschutzkeller. Umsonst. Das Haus erhielt einen Volltreffer. Eine

Zwanzigzentnerbombe. Wernscheid war ein Trümmerhaufen. Die Eingeschlossenen ertranken. Ein Wasserrohr war geplatzt.

Mein Vater ließ sich nie zum Nazismus bekehren, aber trotz der jahrelangen Sympathie für die Sozis war da etwas, das er immer seine »nationale Einstellung« nannte. So konnte er sich mächtig darüber aufregen, welche Gebiete Deutschland alle verloren hatte. Durch den Vertrag von Versailles. Westpreußen, Oberschlesien, besonders aber das Elsass und die schöne Stadt Weißenburg, seine zweite Heimat. »Da regiert jetzt der Franzmann, und mein Freund, der Emil, muss sich jetzt Emile nennen!«, pflegte er zu sagen.

Mein Vater ließ sich auch später nicht überzeugen vom braunen Ideal. Nicht mal durch seinen Bruder Otto, der in Dortmund als Sturmführer der SA eine große Nummer war. Er war mein Patenonkel, und ich trage seinen Vornamen als Zweitnamen mit mir herum.

Manchmal kam Onkel Otto nach Rotthausen, uns zu besuchen. Auch 1937. Bei Kirdorfs Beerdigung. Kirdorf war einer der wenigen Industriebosse, die schon in den zwanziger Jahren die Nazipartei finanziert hatten. In der so genannten »Kampfzeit«.

Stundenlang warteten wir auf den Trauerzug. Mussten Spalier bilden. Zusammen mit unseren Lehrern. Die ganze Hindenburgschule stand da. In Fünferreihen. Klasse für Klasse. Dazu noch andere Gelsenkirchener Schulen, SA und SS. Alles, was die Nazis aufzubieten hatten. Hitler selbst sollte den Trauerzug anführen.

Nach vier Stunden Wartezeit kamen die ersten Musikkapellen und die Wagen mit den Kränzen. Schließlich der Leichenwagen. Aber kein Adolf. Der hatte es sich anders überlegt und war nach der Trauerfeier auf der Zeche Hibernia schnell wieder verschwunden. Der »Führer« hätte andere Termine, trösteten uns die Lehrer.

Hitler änderte ja oft seine Pläne aus Angst vor einem Attentat. Er wusste, dass sie ihn hier im Ruhrgebiet nicht so mochten wie anderswo in Deutschland. Bei uns im Stadtteil schon gar nicht. »Rotthausen ist in Berlin rot angeschrieben!«, pflegte mein Vater zu sagen. »Rothausen« müsste es heißen. Hitlers Kurzbeteiligung an Kirdorfs Beerdigung blieb denn auch dessen einziger Besuch in Gelsenkirchen.

Als ich hundemüde zu Hause ankam, standen zwei SA-Männer an der Haustür. Später stellte sich heraus: So eine Art Ehrenwache war das, denn aus unserer Wohnung dröhnte eine Stimme: »Wir haben jetzt die Macht. Sitzen fest im Sattel. Wer auf unsern Zug jetzt nicht aufspringt, der ist es selber schuld. Überleg dir das gut, Edi!«

Es war Onkel Otto in SA-Uniform. Mit Sturmführerstern auf den Kragenspiegeln saß er gestiefelt und breitbeinig in unserem einzigen Sessel. Hielt dem jüngsten Bruder mal wieder eine Standpauke. Doch mein Vater schwieg. Ottos lautes Organ war ihm peinlich. Es dröhnte durch die Decke. Was würden die Nachbarn denken? Der Otto hörte immer schon schlecht. War im Ersten Weltkrieg bei der Artillerie gewesen. Da hatte sein Gehör gelitten.

Während der Trauerfeier für Kirdorf, erzählte Onkel Otto, hätte er mit seinen Männern bei Hitler gestanden. Ganz nahe. Wäre sogar von Adolf angesprochen worden. Zehn Minuten lang.

Boh äh! Ich hatte einen Onkel, der eine Pistole am Gürtel trug, von zwei Adjutanten begleitet wurde und sogar mit Hitler gesprochen hatte. Zehn Minuten lang.

»Angeblich«, sagte mein Vater nachher.

Als der Onkel weg war, fragten die Nachbarn, warum der denn so geschrien hätte. Schließlich hatten sie jedes Wort verstanden. Meine Mutter erklärte es mit der Artillerie.

Onkel Ottos Pistole hätte ich gerne mal angefasst. Traute mich aber nicht, ihn danach zu fragen. Ganz anders sein vierzehnjähriger Sohn. Mein Vetter Siegfried durfte das Ding sogar auseinander nehmen, reinigen und wieder zusammensetzen. Hinterher blickte er immer noch mal in den Lauf. Ob der auch blitzsauber war.

Einmal hat er dabei abgedrückt. Ist ja keine Kugel drin, wird er wohl gedacht haben. Das war ein Irrtum. Das Geschoss drang durch das Auge in den Kopf, und mein Vetter Siegfried war tot. »So ein hübscher Junge!«, sagten die Leute.

Bei der Beerdigung in Dortmund regnete es heftig. Der Friedhof war braun vor lauter Uniformen. Der ganze SA-Sturm marschierte heran. Trauerflor über der Hakenkreuzarmbinde.

Onkel Otto trug ein braunes Regencape über der Uniform. Stolz trat er mit einem der Söhne, der in Luftwaffenuniform, an das offene Grab und riss hackenschlagend den rechten Arm hoch zum Hitlergruß. Dreimal.

Bei der Rückfahrt kotzte ich in der Straßenbahn. Linie sieben. Eine Mark Strafgebühr. Auch im Krieg.

Danach hörten wir lange nichts vom »ewigen Onkel«. Diesen Spitznamen gaben wir ihm, weil er seine Weihnachtskarten und Briefe immer so ähnlich unterschrieb wie der Kaiser: »Ew. Wilhelm«. »Euer Wilhelm« sollte das heißen. Also »Herzliche Grüße Ew. Otto«.

Sein nächstes Lebenszeichen, ein ausführlicher Brief, kam aus Stalino, heute Donezk. Mitten im russischen Kohlenrevier. Otto war Betriebsführer einer Zeche in der besetzten Ukraine geworden. Mit den technischen Kenntnissen eines Bergarbeiters aus Dortmund. Immerhin.

Das war 1943 und die deutsche Armee seit Stalingrad schon wieder auf dem Rückzug. Ottos Brief klang wie das Pfeifen im Walde. Er schrieb vom »unerschütterlichen Glauben an den Sieg«. Von dem »strengen Gericht über diejenigen, die dem Führer nicht folgen«. Sollte wohl eine Warnung sein.

Drei Jahre später, inzwischen schrieben wir 1946, kam eine Ansichtskarte aus Bayern, aus Bad Wiessee. Dahin hatte sich Tante Hildegard rechtzeitig evakuieren lassen. Aus dem zerbombten Ruhrgebiet. Hier war auch der »ewige Onkel« untergetaucht. Als Hildegards Ehemann. Niemand kannte ihn dort als Nazi. »In Russland war ich. Bin zum Glück noch mal rausgekommen. Schwein muss man haben!« Das wird er den Leuten erzählt haben.

Dann kam das Heimweh nach Dortmund. Es sprach sich schnell herum, dass keinem Nazi der Kopf abgerissen würde, wenn er zurückkäme. Aber Vorsicht ist die Mutter der Porzellankiste. Otto meldete sich erst mal auf einer Zeche in der Nachbarstadt. Wir besuchten ihn mal in Bochum, wo ihn keiner kannte.

Erst als Rentner zog er wieder nach Dortmund. Da war seine braune Vergangenheit so gut wie vergessen. Im Gegenteil, er wurde wieder geschätzt. Als reumütig zurückgekehrtes Schaf seiner Kirche und engagiertes Mitglied der katholischen Arbeiterbewegung KAB. Mehrfach war er Reiseleiter zwischen Dortmund und Rom. Audienz beim Papst inklusive. Auch Seine Heiligkeit sprach mit ihm. Wenn auch nicht so lange wie Adolf.

1938 hatte ein Atlas für mich unterm Weihnachtsbaum gelegen. Ich war begeistert. Konnte stundenlang darin »lesen«. England besaß ein Fünftel der Erde. Und Deutschland war sooo klein.

Von jetzt an freute ich mich über alle Gebiete, die Hitler »heim ins Reich« holte: Österreich, das Sudetenland, Memelland. In unserer Küche durfte ich eine Landkarte an die Wand hängen, aber die war schnell überholt. Großdeutschland wurde immer größer.

Im Sommer nahm ich den Atlas mit in die Gartenlaube, wohin wir uns bei Regenwetter gern zurückzogen, legte ihn aufgeschlagen auf meinen Notenständer und erklärte der Ziegelei-Bande den künftigen Ablauf der europäischen Geschichte. Natürlich aus der Sicht meines Vaters: »Zuerst kommen die Tschechen dran. Dann die Polen. Die müssen alles wieder herausrücken, wo Deutsche leben! Wir holen uns Westpreußen wieder, Oberschlesien und den ganzen polnischen Korridor.«

Gerd und Theo, die beiden Jüngsten, mussten die wichtigsten Städte und Provinzen auswendig lernen. Wer eine nicht richtig zeigen konnte, wurde bestraft. Musste einen Holzklotz mit ausgestreckten Armen vor sich halten und dabei zehn Kniebeugen machen. Den Strafkatalog kannte ich aus der Hitlerjugend.

Als sich im Herbst 38 während der Sudetenkrise die Meldungen aus dem Radio überschlugen, hatten wir alle »dat Hemd am Flattern«. Die Erwachsenen diskutierten angstvoll in unserer Küche, und ich verkrümelte mich ins Schlafzimmer, verkroch mich in eine Ecke. Ich hatte ein mieses Gefühl und dachte nur: Jetzt ist er da, der Scheißkrieg, von dem die immer geredet haben. Eine genaue Vorstellung von dem, was jetzt passieren würde, hatte ich nicht. Auch nicht, wie lange dieser Krieg dauern könnte. Und wie viele Hungerjahre noch dazukämen.

Damals beruhigte sich die Lage noch einmal für ein knappes Jahr. Als es dann wirklich soweit war, ein Jahr später am 1. September 39, und wir die »Führerrede« am Radio hörten, gab es zuerst noch heftige Diskussionen bei den Leuten. Was hatte der Hitler da gesagt? Zurückschießen? Bombe mit Bombe vergelten? Er hatte mal wieder wild herumgeschrien, aber von einer richtigen Kriegserklärung war nicht die Rede.

Eine Nachbarin fragte im Flur, warum Adolf denn jetzt plötzlich einen Rock tragen wolle. Hatte er nicht verkündet, »diesen Rock erst nach dem Sieg wieder auszuziehen«? Im Ruhrgebiet galt ein Rock jedenfalls als Frauenkleidung.

Zwei Tage später nach der Kriegserklärung Englands und Frankreichs machten wir uns keine Illusionen mehr, da kapierte es auch der Letzte: Der große Krieg hatte begonnen. Einen Namen gab es noch nicht dafür. »Weltkrieg«, das war der von 14/18.

Hitlers Ankündigung, »Sieg, oder ich werde das Ende nicht erleben«, verstanden wir natürlich auch nicht. Zuerst glaubten wir, er wolle selber an der Front kämpfen. Fast in jeder Rede hatte er daran erinnert: an seine »Frrontkämpferzeit als einfacher Soldatt im Errsten Weltkrrieg«. Aber eins stand für uns fest: Deutschland war wieder einmal angegriffen worden. Diesmal von den bösen Polen!

Am letzten Tag im August wurde schon die Lebensmittelrationierung eingeführt. Gelbe Fettmarken, rote Brotmarken, blaue Fleischmarken und so weiter. Für alles brauchte man jetzt diese Schnipsel. Und natürlich Geld. Das blieb knapp.

»Lass uns noch einmal nach Stadt gehen!«, sagte mein Vater zu mir. »Wer weiß, was wir noch alles erleben! Zum letzten Mal richtig satt essen!«

Auf der Bahnhofstraße ging er in eine Metzgerei, beschwatzte die Verkäuferin und kam mit einem großen Ringel Fleischwurst wieder heraus. Gekauft noch einmal ohne Marken.

Wir setzten uns auf eine Bank im Stadtgarten. Die Stelle werde ich nie vergessen. Nahe beim heutigen Maritim Hotel. Wir verzehrten genüsslich Brötchen und Wurst. So ein Riesenstück Fleischwurst hatte ich noch nie in der Hand gehabt.

»Junge, ich weiß was Krieg bedeutet! Als ich so alt war wie du, mussten wir sechs Jahre warten, bis wir uns wieder richtig satt essen konnten!«

Ich aß die Fleischwurst langsam und mit Bedacht.

Polen war in einem Monat »erledigt«. So stand es bald in allen Zeitungen. »Zehntausend Gefallene«, verkündete Hitler vor dem Reichstag. Er meinte nur die deutschen Soldaten. Andere interessierten ihn nicht. Ist ja nicht viel, wurde uns eingeredet. Bei zwei Millionen Kriegstoten im Ersten Weltkrieg.

Der deutsche Vormarsch in Polen war rasend schnell gegangen. Durch den Wehrmachtsbericht lernte ich Namen wie Radom, Lodz, Lemberg kennen und suchte diese Städte im Atlas.

Fliegeralarm gab es selten. Der dicke Göring hatte versprochen, kein feindliches Flugzeug würde nach Deutschland einfliegen. Sonst wolle er »Meier« heißen.

Vier Wochen nach Kriegsbeginn hockten wir mal wieder nachts im Luftschutzkeller. Eigentlich doch ganz gemütlich, so ein Fliegeralarm! Man unterhielt sich, kam sich näher. Es wurde erzählt und gelacht. An der Wand hing eine Liste aller Hausbewohner. Mit Geburtsdatum.

Eine richtige Hausgemeinschaft wurden wir. Im Keller lernte man sich auch viel besser kennen als bei den kurzen Begegnungen im Hausflur. Erfuhr vom Nachbarn, was man noch nicht wusste und doch gerne gewusst hätte. Fehlte nur noch das Bandoneon vom Ollen Brodesser.

Plötzlich rumste es heftig. Zweimal, dreimal. Unser Haus bebte. Zwei Bomben waren ins Negerdorf gefallen, eine in der Saarbrücker Straße. Keine hundert Meter von uns. Die ersten Bomben im Ruhrgebiet.

Drei Tote gab es. Darunter der Helmut aus dem Negerdorf, eine Zeit lang Mitglied unserer Ziegelei-Bande. Helmut musste immer Huflattich sammeln. Riesige Mengen. Für das Hausschwein. Am Bahndamm. Wenn die ganze Bande half, wurde der Sack ruckzuck voll.

In der Saarbrücker Straße hatte ein Mädchen auf der Bettkante gesessen. Wollte gerade in den Luftschutzkeller, als sie der Bombensplitter traf.

Und was machten wir am anderen Morgen? Wir suchten Bombensplitter. Jeder wollte den größten haben. Erst als ich in das zerstörte Schlafzimmer blickte, in dem die Fünfzehnjährige auf der Bettkante sterben musste, dämmerte mir: Das war der Krieg.

Bis zum Nachmittag hatten sich die Rotthauser Bombentreffer überall herumgesprochen. Das ganze Ruhrgebiet schien auf den Beinen. Tausende schoben sich durch unsere Straßen. Stundenlang, um die Bombenschäden zu besichtigen.

Die britische Flugzeugbesatzung kannte kein Negerdorf, hatte ihre Bomben einfach nur abgeworfen. Blind. Die wollten wohl schnell nach Hause. Ganze Wohnviertel platt machen, das war zu Anfang des Krieges nicht üblich.

Es waren meist auch nur einzelne Flugzeuge, die den Alarm auslösten. Statt im Keller zu hocken, standen wir gern in der Haustür, wenn die riesigen Scheinwerfer ein Flugzeug erfassten und die Flakgeschütze es zu treffen versuchten.

Noch lange nach der Ballerei durfte man sich nicht auf die Straße wagen, weil immer noch Granatsplitter herunterkamen. Klack, klack, machte es auf den Dächern oder auf dem Asphalt. Wenn mein Vater von der Mittagschicht nachts nach Hause kam, lief er immer dicht an den Hauswänden entlang. Selbst kleinste Splitter waren gefährlich, wenn sie aus großer Höhe herunterkamen.

Hinterm Mechtenberg standen acht Flakgeschütze. Eine ganze Batterie. In einer Waldschonung. Die schossen auf Deuwelkommraus. Trafen aber nie. Später, als die Bomberpulks in größerer Höhe flogen, erst recht nicht.

Die Luftabwehr sollte Zechen und Stahlwerke schützen. Auch den größten Gaskessel Europas. Der stand in Horst am Rhein-Herne-Kanal und war der Stolz unserer Stadt. Ein Riesending. Wir bestaunten ihn vom Klassenfenster der Hindenburgschule aus. »Wenn sie den mal erwischen, dann ist ganz Gelsenkirchen im Eimer, wenigstens aber Horst, Heßler und Schalke. Rotthausen sowieso!«

Eines Morgens stand der große Turm schief. So, wie der in Pisa. Den Engländern war ein Volltreffer gelungen. Bei Nacht. Und trotz der Luftabwehr. Aber wir hatten ein Riesenglück. Die Explosion blieb aus. Es war kein Gas mehr im Kessel. Zwei Jahre blieb der Koloss noch stehen. Schräg. Dann wurde er verschrottet.

Den dicken Göring belegten wir jetzt immer häufiger mit seinem Spitznamen »Meier«, für den er selbst gesorgt hatte. »Reichsmarschall Hermann Meier!« Alle lachten. Auch der Karl, unser »Hausherr«.

Obwohl, der war doch »inne Pattei«.

In der Schule verteilten sie Maiskörner. Irgendein Nazibonze war im Frühjahr 1940 auf die glorreiche Idee gekommen: Wenn jedes Schulkind in Deutschland zehn Maiskörner im häuslichen Garten aussät, sie liebevoll hegt und pflegt, dann im Herbst zehn oder mehr Maiskolben abliefert! Boh äh, was viele!, dachten wir.

In der Rechenstunde versuchten wir, es genauer herauszufinden. Die Kriegsernährung des deutschen Volkes war jedenfalls gesichert. Der Sieg garantiert. Ganz anders als im Ersten Weltkrieg, wo die Leute zum Schluss nicht mehr kämpfen wollten. Vor lauter Kohldampf.

Ich gab mir große Mühe, meinen Anteil zum Sieg beizutragen. Begoss die kleinen Pflänzchen jedes Mal, wenn ich sie sah. An mir sollte es nicht liegen. Deutschland musste den Krieg gewinnen.

Doch im Herbst konnte ich keinen einzigen Kolben abliefern. Meine Maispflanzen waren ersoffen.

Bloß nicht auf Zeche!

Herbert war der größte Junge in unserer Klasse, hatte die Idealfigur eines Hitlerjungen und marschierte im »Jungvolk« immer vorne als Erster. Schon früh war er »Jungenschaftsführer«. Endlich, bei einem Klassenraumwechsel, ergatterte ich einen Platz in der zweiten Reihe. Direkt hinter ihm.

Als im Unterricht mal wieder von unseren germanischen Vorfahren die Rede war, gingen wir gemeinsam in Rotthausen auf die Suche und machten eines Tages einen geheimnisvollen Fund. In der Umgebung von Haus Achternberg, dem mittelalterlichen Herrensitz unten am Fuße des Mechtenberges, fanden wir einen Stein mit einem eingemeißelten Schriftzeichen. Sah aus wie eine germanische Rune! Ob die echt war, konnte uns keiner sagen. Aber unsere Entdeckung war der Beginn einer wunderbaren Freundschaft.

Der neue Lehrer in der siebten Klasse war Herr Wechtenbruch. Ein ernster Mensch. Streng, aber gerecht. Natürlich Parteigenosse. Das runde Abzeichen der NSDAP immer am Revers. »Heitler, Jungs!«, hieß es morgens, nachdem wir ihm in strammer Haltung ein zackiges »Heil Hitler, Herr Lehrer!« entgegen geschmettert hatten. Das hatte es vorher nicht gegeben.

Herbert und ich, wir mochten den Wechtenbruch, liebten ihn geradezu. Der konnte uns begeistern! Für Erdkunde und Geschichte, sogar fürs Aufsatzschreiben. Am meisten aber für sein Hauptthema, die »soldatische Haltung«. Fast jeden Tag kriegten wir darüber eine Predigt verpasst. Soldat sein war für ihn das Höchste. Deutschnational war er bis auf die

Knochen. Davon gab es viele nach dem verlorenen Ersten Weltkrieg.

Mein Großvater war auch so einer. Den Adolf in seiner lächerlichen »Kack-Uniform« mochte der Opa zunächst nicht. Wo er selbst es doch bis zum Feldwebel gebracht hatte, dem höchsten Rang in der kaiserlichen Armee, den ein einfacher Arbeiter erreichen konnte. »Den Hitler brauch ich nicht für mein Vaterland!« Als ich zum ersten Mal im Braunhemd bei ihm auftauchte, meinte er nur: »Trägst du jetzt auch das Senfhemd?« Aber 1940, als die deutsche Wehrmacht in Paris einmarschierte, da fing auch der Opa an, »diesen Hitler« zu bewundern: »Ein Teufelskerl, auch wenn er nur Gefreiter gewesen ist!«

Meinem Vater ging es ähnlich. Auch er hatte keine Probleme mit seinem Nationalstolz, aber seine Einstellung zu Adolf und der NSDAP, die stand auf einem anderen Blatt. Der braune Diktator war bei uns zu Hause immer nur »der Hitler«, nie »der Führer« wie in anderen Familien oder in der Schule.

Und da war noch etwas anderes: In der Wochenschau, im Kino, hatte mein Vater gesehen, wie Adolf sich beim ersten Spatenstich für die Autobahn ziemlich ungeschickt angestellt hatte. »Hast du das gesehen, der hat noch nie eine Schüppe in der Hand gehabt! Dafür fress ich einen Besen! Und der will Malocher gewesen sein? Nie im Leben!« Doch nach Hitlers Blitzsieg im Westen wurde auch mein Vater etwas stiller.

Die Zeitungen waren voll von Siegesmeldungen. Im Radio häuften sich die Fanfarenstöße der Sondermeldungen, und im Atlas suchte ich die Namen der eroberten Städte: Lille gefallen, Reims gefallen. Und dann der Höhepunkt: Paris in deutscher Hand! In Rotthausen läuteten die Kirchenglocken. Die evangelischen wie die katholischen. In der Wochenschau sahen wir Adolf bei der Ankunft in Berlin nach dem siegreichen Frankreichfeldzug. In weißer

Uniform fuhr er grüßend an den Berlinern vorbei. Gefolgt von seinen stolzen Generälen.

Wer keine Uniform trug, das Feldgrau der Infanterie, das Blaugrau der Luftwaffe oder das schicke Dunkelblau der Marine, der war doch nur ein schäbiger Zivilist. Hanni und Klärchen, meine jungen Tanten, die immer die neuesten Schlager kannten, sangen:

Der Soldate, der Soldate
ist der schönste Mann im ganzen Staate.

So ein Uniformträger hatte einfach bessere Chancen bei den Mädchen als ein popeliger Zivilist. Und erst mal die Herren Offiziere mit ihren Orden!

Unser Lehrer, der Herr Wechtenbruch, der hatte es also leicht, uns die »soldatische Haltung« einzutrichtern. Was er darunter verstand? Jedenfalls das glatte Gegenteil von Kindereien, Albernsein und Gelächter. Schluss also mit den Dummenjungenstreichen. »Soldatisch«, das war ernsthaftes Auftreten, zielstrebiges Lernen, absolute Verlässlichkeit und zackige Manieren. Nicht nur in der Hitlerjugend. Überall. Mein Freund Herbert und ich, wir hatten Wechtenbruchs Predigt kapiert. Wir wollten so sein, soldatisch!

Herbert wurde bald Fähnleinführer, kommandierte über hundert Jungen im »Jungvolk«. Ich, fast einen Kopf kleiner, entsprach nicht ganz dem Rassenideal. War nicht blond, auch nicht groß. Kriegte nur die grüne Führerschnur.

Stolz marschierten wir durch Rotthausens Straßen, wenn auch nicht gerade durchs Bunkenviertel und schon gar nicht durch die Steinfurtstraße, die »Kommunistenstraße«. Wir sammelten Rekordergebnisse für das Winterhilfswerk und sangen:

Lumpen, Eisen, Knochen und Papier,
ausgeschlagene Zähne sammeln wir.

Dass wir uns zur deutschen Wehrmacht melden würden, demnächst, freiwillig, das war für Herbert und mich schon eine klare Sache. Möglichst zu einer Truppe, bei der es die meisten Orden gab. In den Krieg zu ziehen und mit dem Eisernen Kreuz an der Uniform auf Urlaub zu kommen war für uns das Höchste. Als ich in Gelsenkirchen auf der Bahnhofstraße den ersten Ritterkreuzträger sah, war ich reineweg aus dem Häuschen. An den Heldentod dachte ich nicht.

In der Schule versah ich stolz das Amt des Kassierers für die NS-Schülerzeitschrift »Hilf mit!«, und in der Freizeit trainierten wir wie verrückt den Keulenweitwurf. So ein Ding hatte die Form einer Handgranate. Vorn einen Stahlring und auch das gleiche Gewicht. Mit Begeisterung liefen wir im Turnunterricht zehntausend Meter.

Zu Hause fabrizierten wir lange Aufsätze über den Frankreichfeldzug, über die Landung in Norwegen und die anderen Blitzkriege der deutschen Wehrmacht. Beteiligten uns mit Eifer am Schülerwettbewerb »Seefahrt tut Not«. Die Finger schrieben wir uns lahm von Abenteuern deutscher Kriegsschiffe im Ersten Weltkrieg. Der Kaiser hatte jede Menge davon bauen lassen. Die Panzerkreuzer waren sein Hobby und der Stolz der deutschen Marine.

Im Mai 41 verschwand Herr Wechtenbruch plötzlich. Wir waren traurig! Er musste ein KLV-Lager im Frankenland leiten. Damals fuhren die Schulkinder aus dem Ruhrgebiet zu tausenden in die Kinderlandverschickung. Nach Bayern, Franken, Thüringen oder sonst wohin. Wo es keinen Fliegeralarm gab und keine Bomben fielen.

Die meisten Eltern gaben gern ihre Zustimmung. Unterbringung und Verpflegung waren kostenlos. Doch ich konnte mich nicht dafür begeistern. Auch meine Mutter wollte ihr einziges Schätzchen nicht hergeben. Also blieb ich zu Hause.

In Rotthausen lief der Unterricht weiter. Klassen wurden zusammengelegt, pensionierte Lehrer wieder eingestellt. Auch die Gemeinschaftsschule wurde eingeführt. Schluss mit evangelisch und katholisch. Unterricht gab es nur noch im Schichtbetrieb. Eine Woche lang von 8 Uhr bis 13 Uhr, dann wieder von 13 Uhr bis 17 Uhr. Im Wechsel mit den Mädchenklassen.

Bald schwärmte ich heftig für Gretchen, Gretchen Beitz aus der Hilgenboomstraße. Die mit den großen braunen Augen. Ein verdammt hübsches Mädchen. Der Fotograf auf der Karl-Meyer-Straße hatte ihr Bild lange Zeit in seiner Auslage hängen. Vergrößert. Alle Jungen meiner Klasse kannten das Foto. Und auch ihren Vornamen. Seidenstrümpfe trug sie schon. »Boh äh, hat die ein paar Beine!«, sagten die Freunde. Ich verstand das nicht. Was meinten die bloß?

Aber Gretchen mit den braunen Zöpfen war auch mir längst aufgefallen, weil sie abends manchmal die Achternbergstraße hinaufging. Auf dem Heimweg von ihrer Freundin. Ich stellte mich in unsere Haustür und fing an, ihr aus dem sicheren Abstand der ganzen Straßenbreite nachzusehen. Jedes Mal, wenn sie vorbeikam. Irgendwann muss sie es bemerkt haben, denn als ich es nach einigen Wochen wagte, ihr nachzuwinken, so lange, bis sie oben in den Hilgenboom einbog, drehte sie sich vorher um. Nur ein einziges Mal. Aber am nächsten Tag schon wieder.

Etwas näher kam ich ihr mittags beim Schulweg, wenn auch nur für einen kurzen Augenblick. Aus der Schar unserer Mitschüler warfen wir uns jetzt einen kurzen verstohlenen Blick zu. So rein zufällig, denn wir unterhielten uns ja mit den anderen. Ganz intensiv.

Einmal mogelte ich mich an den Rand unserer Gruppe, damit ich direkt an ihr vorbeigehen musste. Mein Herz klopfte. Ich sah ihren erstaunten Blick, als ich ihr verstohlen meinen Brief entgegenhielt, sah auch, dass sie noch hübscher war als auf dem Foto. Jedenfalls nahm sie meinen Umschlag ganz selbstverständlich an. So, als ob wir alte Bekannte wären. Meine Mitschüler hatten nicht mal etwas davon bemerkt.

Danach in der Schule konnte ich kaum dem Unterricht folgen, musste immer nur denken: Sie hat meinen Brief angenommen. Sie hat ihn wirklich angenommen!

Und es kam noch schöner, denn am nächsten Tag hatte ich schon ihre Antwort. Ganz nah war ich wieder an ihr vorbeigegangen auf dem Schulweg, und dann – im letzten Augenblick – hatte sie mir ihren Brief zugesteckt. Genauso schnell und unauffällig wie ich.

Gretchen besuchte jetzt noch häufiger ihre Freundin Lore in der Saarbrücker Straße und kam dann ziemlich genau in der Dämmerung an unserem Haus vorbei. Ein Stückchen weiter mogelte ich mich unauffällig an ihre Seite. Beim ersten Mal erschrak ich noch über meinen Mut, als ich plötzlich so nahe neben ihr herging. Traute mich nicht mal, ihr in die Augen zu sehen. Ihr etwas zu erzählen, das fiel mir schon leichter. Dabei tat ich so, als ob ich sie schon lange kennen würde.

Zuerst begleitete ich sie nur bis oben ans Ende der Achternbergstraße. Doch dann fanden wir immer längere Umwege, hatten bald das ganze freie Gelände oberhalb der Ziegelei für uns. Hand in Hand. Ich war noch zwölf, Gretchen schon vierzehn.

Irgendwann merkte ich, dass sie beim Abschied ein bisschen zögerte und auf etwas zu warten schien. Ganz sicher war ich mir nicht, aber beim nächsten Mal wagte ich es einfach, küsste sie auf die Wange. Zart und flüchtig. Gretchen hat still gehalten, so als ob sie darauf gewartet hätte.

In unseren Briefen schrieben wir kleine Erlebnisse auf, versuchten auch, unsere Zuneigung auszudrücken. Und ich übte stundenlang auf dem Akkordeon. Irgendwann wollte ich ihr etwas vorspielen.

Bald kam auch heraus, dass sie mich nicht erst vom Nachwinken in der Achternbergstraße her kannte, denn einmal hatte mich Lehrer Wechtenbruch in die Mädchenklasse geschickt. Mit zackigem Hitlergruß war ich in die

Klasse gekommen und hatte meinen Auftrag bei Gretchens Lehrerin vorgetragen. Kurz, knapp, soldatisch.

Die Mädchen hatten die Köpfe zusammengesteckt, auch ein bisschen gekichert und dafür sofort eine Mahnung ihrer Lehrerin bekommen. – So war das also.

Gretchens Zwillingsbruder saß in der Schulbank direkt hinter mir, hatte große Ähnlichkeit mit seiner Schwester, auch die braunen Augen. »Schwager«, sagte er eines Tages zu mir. Ich war gar nicht begeistert. Eine heimliche Liebe hätte ich schöner gefunden. Aber ich ließ ihn von jetzt an bei mir abgucken. Blieb ja alles in der Familie.

In der Klasse klaute ich ein Stück Kreide und schrieb unsere Anfangsbuchstaben so groß an unser Haus, dass die ganze Ziegelei-Bande Bescheid wusste. Für die hatte ich jetzt immer weniger Zeit. »Der geht mit einer vom Hilgenboom«, hieß es.

Einmal stand ich in unserer Küche, stierte gedankenvoll auf den Ofen. Dachte so intensiv an Gretchen, dass ich ringsherum alles vergaß. Ich musste schnell eine Ausrede finden, als meine Mutter mich besorgt fragte, ob ich irgendwelche Sorgen hätte. Von Gretchen hätte ich nichts erzählt. Nicht um alles in der Welt.

Wechtenbruchs Nachfolger hieß Robien. Der gefürchtete Rektor Robien. Schon Hanni hatte mich gewarnt: »Pass bloß auf, dass du bei dem nicht auffällst, der ist streng!« Hanni war nur sieben Jahre älter als ich. Als Erstklässler hatte ich sie noch stolz in der großen Pause begrüßt. Wer ging schon mit seiner Tante zusammen in die Schule?

Nein, »den Robien« liebten wir nicht. Als junger Lehrer hatte er sich in der Heimatforschung einen Namen gemacht. Sein Buch über die »Bauernschaft Rotthausen« stand bei vielen Leuten im Schrank. Jetzt war Robien ein strammer Nazi. Funktionär der NSDAP. Selten in Uniform, aber immer in Stiefeln und mit Parteiabzeichen.

»Die Juden haben uns 1918 den Sieg vermasselt. Sind uns in den Rücken gefallen!« Das lernten wir zuerst. 1941, das war die Zeit, als sie in Deutschland den gelben Stern tragen mussten. Doch in Rotthausen sahen wir gar keine.

Es gab nur zwei jüdische Familien. Die Heymanns waren um diese Zeit schon ausgewandert. Wegen der »Kristallnacht« 1938. SA-Männer hatten nachts die Fenster ihres Textilgeschäftes in der Karl-Meyer-Straße eingeschlagen und die Waren auf die Straße geworfen. Obwohl der alte Heymann EK I-Träger aus dem Ersten Weltkrieg war. Morgens, auf dem Schulweg, hatten wir die Verwüstung gesehen und aufgeregt in der Klasse darüber berichtet. Lehrer Chmiel ließ uns erzählen. Ausführlich. Er selbst sagte nichts dazu. Kein Wort.

In Rotthausen wussten alle, wer die Verwüstung angerichtet hatte in jener Nacht. Es war auch nicht vergessen, dass die Firma Heymann jeweils ein katholisches und ein evangelisches Kind kostenlos zur Kommunion bzw. Konfirmation eingekleidet hatte. Jahr für Jahr.

Löwenthal, den Inhaber des Spielzeuggeschäfts an der Schonnebecker Straße, an dessen Scheiben wir uns immer die Nasen platt gedrückt hatten, den sah man schon lange nicht mehr. War er weggezogen? Keiner wusste Genaues.

Robien aber sah sie überall, die Juden. Und jeden Tag. Zum Beispiel an seiner Straßenbahnhaltestelle in Bulmke, wo er wohnte. Auffällig viele Sternträger würden da in ein bestimmtes Haus gehen, erzählte er. Kämen mit Paketen unterm Arm heraus. Dicken Fresspaketen. »Eine Unverschämtheit, wo heutzutage jeder Volksgenosse mit der zugeteilten Ration auskommen muss!«

Wir teilten seine Empörung.

Doch in Wahrheit handelte es sich um den einzigen Laden, wo Juden überhaupt noch einkaufen durften. Die letzte Schikane vor ihrem Abtransport nach Osten. Aber das wussten wir damals nicht.

Eine andere Geschichte erzählte Robien im Erdkundeunterricht. Es ging um die Automation in den USA und die riesigen Viehherden auf den amerikanischen Farmen. In den Fleischfabriken würden die Rinder einfach in einen großen Trichter geschoben, erzählte er. Unten käme dann die fertige Wurst heraus. Ab und zu fiele einer von den dort arbeitenden »Niggern« mit in den Trichter. »Na ja, dann gibt's eben Wurst mit Negerpimmel.« Er lachte laut über seinen »Witz«.

Und wir lachten mit.

Einmal haben wir die letzte Unterrichtsstunde einfach geschwänzt. Alle, die ganze Klasse. Das war natürlich kein Beispiel für die auch von Robien geforderte »soldatische Haltung«. Am nächsten Tag, der Rektor platzte fast vor Wut, nahm er den Rohrstock, stellte sich mit den Stiefeln auf die erste Viererbank und begann, uns einzeln auf den Rücken zu schlagen. Von oben herunter und immer wieder. Einen nach dem anderen. Alle 46 Jungen.

Nachdem er die halbe Klasse verprügelt hatte, kam er ins Schwitzen. Musste die Jacke ausziehen. Ich sah seine hellen Hosenträger. Aber er schlug weiter.

Herbert und ich, wir bekamen das Dreifache ab. Weil wir ihn besonders enttäuscht hätten. Ein paar Tage später in der Badeanstalt, unter der Dusche, zeigten wir uns gegenseitig die Regenbogenfarben unserer blauen Striemen und wetteiferten, wer denn die meisten hätte. Zu Hause? Kein Wort haben wir davon erzählt. Die Striemen geschickt verborgen.

Eines Tages stürmte Robien aufgeregt in die Klasse, marschierte vielsagend in seinen schweren Stiefeln zwischen uns auf und ab. Wir hockten erwartungsvoll in unseren Bänken. »Einen von euch kann ich was werden lassen!«, brach es schließlich aus ihm heraus. »Für einen von euch muss ich mich entscheiden. Der Führer braucht stramme

Jungs. Begabt, fleißig, mit soldatischer Haltung. Erstklassige Schulausbildung im Internat. Unterbringung, Ernährung und Kleidung – alles kostenlos!«

Wir spitzten die Ohren und überlegten eifrig, wen er denn wohl aussuchen würde. Freund Herbert, mir körperlich voraus und ein guter Schüler, war für mich so eine Art Idealfigur. Ich bewunderte ihn, und er galt sicher als Robiens Nummer eins. Infrage kam auch Hans, der beste Rechner der Klasse, aber nach wie vor albern und stets zu allen möglichen Streichen aufgelegt. Von »soldatischer Haltung« keine Spur. Auch ohne Rang in der Hitlerjugend. Schwänzte den Dienst, wo er nur konnte. Mich selbst sah ich auf Platz drei. Doch das sollte sich ändern.

Zuerst schied Herbert aus. Der Vater hatte ihn schon zur Unteroffiziersvorschule gemeldet. Berufssoldat sollte sein Sohn werden. Robien hatte jetzt die Qual der Wahl, beobachtete uns genau. Prüfte Hans und mich ständig mit irgendwelchen Aufgaben.

Die Sache klärte sich bald. Durch eine Beerdigung. Ein Freund war gestorben, und Rektor Robien wollte ihm die letzte Ehre erweisen. Durch mehrstimmigen Gesang seiner Klasse am offenen Grab. Zwar hatte er den Musikunterricht immer ausfallen lassen. War wohl nicht seine Stärke. Doch jetzt wollte er seinen Auftritt als Dirigent. Und mehrstimmig musste das Lied auch sein. Ehrensache.

Wichtige Persönlichkeiten würden an dieser Beerdigung teilnehmen. Auf dem Friedhof in Heßler. Wir sollten uns mal »ordentlich zusammenreißen«, »soldatische Haltung« zeigen. Klugerweise hatte er sich für einen Kanon entschieden: »Lever dot as slaav« – »Lieber tot als Sklave«! Der war leicht und trotzdem mehrstimmig. Alles andere wäre eine Katastrophe geworden. Musikalisch gesehen. Unsere Lehrer hatten fast alle gelernt, die Geige zu kratzen. Aber ihre instrumentalen Künste waren mäßig. Auch die von Robien.

Er holte also die verstaubte Geige aus dem Klassenschrank, blies den Staub weg und begann, sie zu stimmen. Die jaulenden Töne reizten natürlich zu unterdrücktem Gekicher. Erst recht den Hans. Keine »soldatische Haltung«, der Junge.

Ganz anders Herbert und ich. Wir hatten Wechtenbruchs Sprüche noch im Ohr. Eisern saßen wir auf unseren Plätzen. Verzogen keine Miene. Auch nicht, als Robien sich an der Melodie versuchte und dabei ein Gejaule fabrizierte, als wolle er mit einer Katze konkurrieren.

Hans hielt es nicht lange aus. War schnell am Ende seiner Beherrschung, prustete drauflos und kriegte so heftig eins mit dem Geigenbogen übergezogen, dass dieser zerbrach. Und noch ehe Herbert einen Ersatz aus der Nachbarklasse besorgen musste, schrie Robien schon wütend in Hans' Richtung: »Hoese, morgen um zwölf ist dein Vater in meinem Büro!« Hoese, das war ich. Und dies war der Anfang meiner Napola-Ausbildung.

Napola? Das war die internatsmäßige nationalpolitische Erziehungsanstalt für den Führernachwuchs im Dritten Reich. Schließlich sollte das ja tausend Jahre dauern. Dafür brauchten die schon ein paar Leute.

Das Gespräch am nächsten Tag verlief entsprechend. »Sind Sie in der Partei?«, wurde mein Vater gefragt. »In der SA? SS? NSKK? – Was, nirgendwo? Sie sind nur in der Arbeitsfront? Da ist doch jeder drin!« Robien war enttäuscht. »Dann kann ich nichts für Ihren Sohn tun«, sagte er schließlich und wollte das Gespräch schon abbrechen.

»Wo stammen Sie eigentlich her?« Ihm war aufgefallen, dass mein Vater in seinen Ruhrgebietsdialekt manchmal ein paar andere Ausdrücke mischte. »Saarländer sind Sie? Ja, warum haben Sie das denn nicht gleich gesagt?«, rief er begeistert. Von der Mitgliedschaft in der NSDAP war plötzlich keine Rede mehr. Die Saarländer waren die ersten, die 1935 schon lange vor den Österreichern und den

Sudetendeutschen in Sprechchören geschrien hatten: »Wir wollen heim ins Reich!« Jetzt waren sie so eine Art Hätschelkinder der Nation. »Beutedeutsche« hießen sie im »Altreich«.

Der Rest des Gespräches im Schulleiterbüro bestand aus meinen glänzenden Berufsaussichten, die Robien dem Bergmann Eduard Hoese ausmalte.

Mein Vater bat um einen Tag Bedenkzeit, besprach sich mit meiner Mutter. »Das kann auch schief gehen«, sagte er zu mir, »wenn wir den Krieg verlieren! Aber egal. Was du einmal gelernt hast, kann dir später keiner mehr nehmen.«

Im Dezember 41 wurde ich zur Prüfung befohlen: »Ausleselager« in Hohenlimburg im Sauerland. Zehn Tage lang. Schriftliche Arbeiten am laufenden Band. Doch die Hälfte der geforderten Leistungen betrafen den Sport. Für mich nicht gerade günstig, denn es war Winter, also nur Hallenturnen möglich, meistens an Reck und Barren. Immer schon meine schwache Seite. Außerdem wurden wir genau beobachtet: Ehrlichkeit, Kameradschaftlichkeit, Offenheit, Zuverlässigkeit, Fleiß und Mut, die ganze Skala der Wechtenbruchschen »soldatischen Haltung«. Darauf kam es denen an. Und auf die Schulleistungen.

Ich fühlte mich wohl in Hohenlimburg. Gewann unter achtzig Jungen die höchste Punktzahl beim Test fürs Allgemeinwissen. Kriegte als Preis ein Buch von Reichsleiter Bouhler. Ausgerechnet von diesem Bouhler. Der hatte um diese Zeit schon tausende behinderter Kinder auf dem Gewissen. Tötung durch Autoabgase. Im Auftrag des »Führers«. Lange vor Auschwitz. Nur wusste ich es nicht.

Oft hatte ich mit Hänschen gespielt, dem geistig behinderten Sohn eines Kumpels meines Vaters. Als sie mir in Hohenlimburg Bouhlers Buch als Preis überreichten, war Hänschen schon in Aplerbeck, Dortmund-Aplerbeck. In der Anstalt für geistig Behinderte.

Er kam nie mehr zurück.

»Prüfung bestanden«. Die Nachricht, ein paar Tage nach Weihnachten 41, überraschte mich nicht. Aber ich fühlte mich jetzt frei. Frei von dem Druck, mich im Alter von dreizehn Jahren für einen Beruf entscheiden zu müssen. Frei von der Aussicht, auf der Zeche Dahlbusch zu landen. Frei auch von den Erwartungen meines Vaters. »Stehkragenprolet musst du werden!«, war seine ständige Predigt. »Mit dem Schlips zur Arbeit gehen und nicht mit schwarze Augen nach Hause kommen!« Oft setzte er noch eins drauf: »Eher hack ich dir die Hände ab, als dass du in das Loch fährst!«

Seit ich denken konnte, hatte er mir von der Arbeit unter Tage erzählt. Von dem Staub, dem Dreck, von der Dunkelheit im Streb. Von der Arbeit in der Enge, dem unerträgliche Lärm. Von den Gefahren und dem Druck, das festgelegte Gedinge zu erreichen, die Förderleistung pro Tag. Sonst war der Lohn kaputt.

Hundemüde kam er nach der Schicht nach Hause. Musste erst zwei Stunden schlafen, um wieder einigermaßen Mensch zu sein. Wenn er Nachtschicht hatte, verschlief er fast den ganzen Tag. Ab Stalingrad wurde auch noch sonntags im Pütt gearbeitet. »Panzerschichten« für den Sieg!

Er hasste diese Arbeit von Anfang an. Doch an einen Berufswechsel konnte er nie denken. Als er noch jünger war, gab es Millionen von Arbeitslosen. Später bei den Nazis war es verboten, einen wichtigen Betrieb zu verlassen. Dann kam der Krieg, und jetzt fuhr er natürlich lieber ins Loch als an die Front.

Mit diesem Hass auf den »Scheißpütt« bin ich groß geworden. »Ausse Schule kommen« war für mich kein Grund zur Freude. Schon als Zwölfjähriger hatte ich einmal auf dem Schulhof gestanden, mich an eine Platane gelehnt und vor mich hingebrütet: Jetzt noch zwei Jahre, und dann? Bloß nicht auf Zeche! Alles hatte ich in den letzten Schuljahren getan, was mich diesem Ziel näherbrachte!

War fleißig und brav in der Schule. Leicht ansprechbar für Wechtenbruchs Sprüche. Mit dem Teufel hätte ich mich verbündet. Und genau das habe ich dann getan. In Klasse acht der Volksschule, 1941. Mich lockte das »Gymnasium auf Staatskosten«.

Mein Vater, beileibe kein Nazi, erhoffte für mich eine billige Ausbildung. An Warnungen hat es nicht gefehlt. Auch auf Dahlbusch hatte er keinen leichten Stand mit seiner Entscheidung. »Wenn wir dich nicht kennen täten, Ede, dann könnte man glauben, du wärst jetzt einen von denen!«, meinten die Kumpel in der Waschkaue. Aber Ede blieb stur. Er wollte meine Chance.

Obwohl er auf Dahlbusch bekannt war für sein loses Mundwerk. Beim »Buttern« saßen immer genug Zuhörer in seiner Nähe, wenn er kritisch die Lage beurteilte oder gefährliche Witze erzählte. Der kürzeste war seit 1934 im Umlauf, als Hitler gerade seinen Duzfreund Röhm hatte erschießen lassen. Von der SS:

Sitzt der Vater mit dem Sohn im Restaurant beim Essen. Fragt der Sohn: »Papa? Wer hat denn nun den Röhm erschossen?« Sagt der Vater: »Ess, Ess, Junge!«

Den Witz konnte man natürlich nur im Ruhrgebiet verstehen, wo es immer schon »Ess!« hieß, statt »Iss!«.

Mein Vater hatte großes Glück. Keiner hat ihn je verpfiffen. Für manche Bemerkung unter Tage wäre er ins »Konzertlager« gekommen. Hätte er sie über Tage gemacht.

Über die »Konzertlager« wussten in Rotthausen alle Bescheid. Fast jeder kannte einen, der mal politisch »gesessen« hatte. Manchmal stand es auch in der Zeitung, wenn jemand in »Schutzhaft« kam. Die Abkürzung KZ war anfangs noch nicht üblich. Unter »Konzert« verstanden wir das Geschrei der Geschlagenen und Gequälten.

Es gab in Rotthausen Leute, die nach der Entlassung aus dem Lager Börgermoor unterschreiben mussten, dort bestens behandelt worden zu sein und fortan darüber zu schweigen. Trotzdem, wir wussten, was sie erlebt hatten. Es sprach sich herum. Unter Tage.

Herbert und ich verbrachten unsere Nachmittage jetzt regelmäßig in der Hilgenboom-Schule, der Dienststelle des Reichsluftschutzbundes. Wieder so eine Nazi-Organisation, lange vor Kriegsbeginn entstanden.

Die wussten schon früh, dass es einen schlimmen Luftkrieg geben würde. Auch gegen die Zivilbevölkerung. Dafür musste gründlich trainiert werden. Mit der Feuerpatsche Brandbomben löschen, Erste Hilfe leisten, Verletzte transportieren. Doch nichts ging ohne Bürokratie. Trotz des kriegsbedingten Personalmangels.

So freute sich Herr Bäcker, Rotthausens oberster Luftschutzführer, über unsere Bereitschaft, ihm bei der Büroarbeit zu helfen. Ehrenamtlich. Wir hielten das natürlich für »soldatische Haltung«.

Herr Bäcker saß mit zwei Sternen auf der Uniformjacke in einem großen Dienstzimmer. Neben den zwei Bürodamen waren wir beide sein verlängerter Arm. Herbert und ich, dreizehn und vierzehn Jahre alt. Saßen großkotzig im Braunhemd hinter eigenen Schreibtischen, organisierten Pflichtkurse für Rotthausens Bevölkerung, führten die Registratur und lernten nebenbei das Zweifingersystem auf der Schreibmaschine. Wir führten Botendienste aus, halfen beim Publikumsverkehr und nahmen uns schrecklich ernst. Freuten uns diebisch, wenn wir von Erwachsenen auch mal gesiezt wurden.

Die Sache mit Gretchen hatte leider ein plötzliches Ende gefunden, denn ich hatte ihre Freundin Lore vor der Lichtburg getroffen. Zufällig. Sonntagnachmittags waren die Eltern manchmal großzügig, was den Kinobesuch anging. Spendierten die zwei Tacken für einen Rasierplatz in den ersten sechs Reihen.

Lore und ich, wir gingen also zusammen in die Lichtburg. Nach der Wochenschau, während des Hauptfilms, hatte ich – ehrlich, nur aus spontaner Freude – im Dunkeln ihre Hand gesucht. Die falsche Lore ließ sich noch schön von mir nach Hause bringen. Doch schon am Abend wusste Gretchen alles.

Am nächsten Tag bestellte sie mich zur Schwarzbachbrücke am Mechtenberg. Ahnungslos kam ich mit dem Fahrrad dort an. Aber Gretchen war nicht allein. Die Lore war bei ihr. O weh!

Mit ernstem Gesicht kam Gretchen auf mich zu, gab mir wortlos einen Umschlag. Zuerst dachte ich noch, es wäre eine Briefübergabe wie sonst auf dem Schulweg. Dann erkannte ich meine eigene Schrift und dass oben am Blatt der Ring befestigt war, den ich ihr mal geschenkt hatte.

Die beiden ließen mich stehen, und ich sah ihnen noch lange nach, wie sie untergehakt zum Mechtenberg gingen, während ich zurückblieb, immer noch meinen letzten Brief in der Hand und den »Verlobungsring«, den ich »anne Bude« gekauft hatte. Oben am Ende der Schonnebecker Straße. Für einen Tacken.

Ich zerriss den Brief, ließ langsam die Fetzen in den Schwarzbach fallen und warf den Ring traurig hinterher.

Neben der »Arbeit« beim Luftschutz half ich jetzt dem Karl, unserm Hausherrn, bei der Arbeit für die Partei. Der war inzwischen Zellenleiter der NSDAP, so eine Art Oberblockwart. Musste in unserem Viertel die Mitgliedsbeiträge der Parteigenossen einsammeln.

Aber Karl, der Schlawiner, ließ immer gern andere für sich arbeiten. Hatte wenig Lust, die kleinen Nazis aufzusuchen. »Ist doch was für dich, Junge!« So wurde ich Kassierer für die NSDAP.

Kurz nach Ende der Volksschulzeit gab es noch ein großes Fest. Freund Rudi feierte seine Konfirmation, und ich war eingeladen. So sah ich auch mal die evangelische Kirche von innen. Die Jungen und Mädchen wurden im Beisein der ganzen Gemeinde geprüft: Liedtexte, Bibelsprüche, Glaubensbekenntnis. Pastor Käsemann galt als mutiger Mann. Saß schon einmal im Gestapo-Gefängnis, weil er auf der Kanzel den Mund zu voll genommen hatte.

Nach dem Gottesdienst wurde beim Rudi zu Hause gefeiert. In der Küche, wo sonst? Die Schlafzimmertür ausgehoben, zwei Tischdecken darüber gelegt, die Proletentafel war fertig.

Es gab Kartoffelsalat und danach »Kalte Schnauze«, so ein Kuchen aus Keksen, Palmin und Kakao. Ein Stück davon, und jeder war erst mal satt. Die Erwachsenen tranken selbst gebrannten Schnaps, trotz Verbot. Dazu kam ich mit meinem Akkordeon.

Irgendwann flüsterte mir Rudis Schwester kichernd ins Ohr: »Geh doch mal nach draußen! Vorne an der Haustür steht jemand für dich.« Ich stellte ahnungslos mein Instrument ab und fand draußen – Gretchen.

Schweigend standen wir eine Zeit lang auf der Treppe. Sie auf der untersten Stufe mit dem Rücken zu mir. Ich oben an der Haustür. Jetzt musst du was sagen, dachte ich, aber mir fiel nichts ein.

Schließlich fragte Gretchen, den Kopf immer noch zur Straße gewandt: »Gehst du jetzt weg von Rotthausen?« Ich nickte, aber das konnte sie ja nicht sehen. Dann war es wieder still. »Kannst ja mal einen Brief schreiben«, kam es schließlich von unten her, und dabei drehte sie den Kopf ein wenig zur Seite. Ein Schimmer des Flurlichts fiel auf ihre großen braunen Augen.

»Sollen wir mal wieder auf den Mechtenberg gehen«, fragte ich, »wenn ich Urlaub hab?«

Ihre Antwort kriegte ich nicht mehr mit, denn drinnen beim Rudi wurde jetzt die Wohnungstür geöffnet. Man hörte Stimmen und Gelächter.

Ich nahm meinen ganzen Mut zusammen, sprang die Treppe hinunter, küsste Gretchen einfach auf den Mund und fitschte wieder hoch zu den anderen. Aber soviel hatte ich gespürt: Ihr Gesicht war nass, und der Kuss schmeckte salzig.

In der Küche riefen sie: »Los, spiel noch einen!« Ich ließ mich nicht lange bitten, musste aber noch lange an Gretchen denken: Ob sie noch draußen steht und zuhört?

Unsere Schulentlassfeier fand im März 42 statt. Für alle Rotthauser Schulen gemeinsam. In Weyreuthers Kino auf der Karl-Meyer-Straße. »Goldfasan« Flohr hielt die große Rede.

»Goldfasane«, das waren die so genannten Hoheitsträger der Partei. Mit der golddurchwirkten Hakenkreuzbinde, die Oberbonzen.

»Ihr werdet ins Leben entlassen«, tönte er, »um für Deutschland zu arbeiten und zu kämpfen. Für den Führer, für den Sieg Deutschlands!«

Herbert und ich trugen auf der Bühne zackig irgendwelche Gedichte vor, in denen es um Siegen und Sterben ging, um Kampf und Tod.

Dann sangen wir gemeinsam:

Nichts kann uns rauben Liebe und Glauben
zu unserem Land.
Es zu erhalten und zu gestalten,
sind wir gesandt.
Mögen wir sterben, unseren Erben
gilt dann die Pflicht:
Es zu erhalten und zu gestalten:
Deutschland stirbt nicht!

Natürlich in Moll gesungen.

Mir lief dabei immer ein Schauer den Rücken runter. Ähnlich wie in der Kirche beim Schlusschoral, wenn die Orgel in voller Lautstärke spielte:

Großer Gott, wir loben dich,
Herr, wir preisen deine Stärke!

In der Lichtburg bei unserer Schulentlassfeier gab es am Ende keinen Choral, nur den üblichen Nazi-Schlussschrei: »Unserführeradolfitleerrr! Siieg-Heiil, Siieg-Heiil, Siieg-Heiil!« Diese so genannte »Führerehrung« wurde von Ortsgruppenleiter Oelberger mit rostiger, kaum verständlicher Säuferstimme in den Saal gebrüllt. Eine Rede zu halten, war nicht die starke Seite dieses Goldfasans. Also gaben sie ihm bei solchen Veranstaltungen die einfache Aufgabe, den Hitlerschlussschrei auszubringen.

Vor ein paar Jahren hatte er noch auf der Zeche täglich den »Kropp rausgehauen«. Als Bergmann vor Kohle. Mit dem »Boxer« in der Hand. Jetzt saß Oelberger in der NSDAP-Geschäftsstelle, Steinfurtstraße Nr. 6. Protzig hinter einem Riesenschreibtisch. In der ehemaligen »Kommunistenstraße«. Als Ortsgruppenleiter.

Für meine Klassenkameraden begann am 1. April 1942 das Berufsleben.

Für Herbert hatte sich die Unteroffiziersvorschule inzwischen erledigt. Wegen einer Sehschwäche. Bei den Schießübungen der Hitlerjugend hatte ihm jemand ins Auge geschossen. Also ging er als Lehrling zu Preute, der Eisenwarenhandlung auf der Bahnhofstraße. Rudi ging zur Delog, der großen Rotthauser Glasfabrik. Einige heuerten gleich auf Dahlbusch an. Andere auf Umwegen. Ich ging erst mal weiter zur Luftschutzdienststelle. Herr Bäcker war's zufrieden. Zahlte mir ein kleines Honorar. Fünf Mark die Woche.

Die anfängliche Bewunderung von Verwandten und Nachbarn ließ jetzt schnell nach, weil ich nicht richtig malochen ging. »Faulenzer!«, hieß es. Das sollte witzig klingen, aber der Unterton war nicht zu überhören. Meiner kleinen Kusine hatten sie beigebracht, hinter mir her zu krähen: »Wann gehsse endlich arbeiten?«

Wer in Rotthausen dreizehn oder vierzehn war, die achtjährige Volksschule hinter sich hatte, der konnte nur »auf Maloche gehen«. Wohin sonst? Ich fühlte mich nicht wohl in meiner Haut, hatte die Warterei ziemlich satt.

Endlich, Anfang Juni, kam der Bescheid: Dienstantritt in der Nationalpolitischen Erziehungsanstalt Kleve, Haus Freudenberg, am 18. Juni 1942.

Aus dem Radio klangen die Fanfaren zur Sondermeldung: Deutsche Truppen im Kaukasus! Der Elbrus bestiegen. Vormarsch auf Baku. Vormarsch zur Wolga nach Stalingrad!

Der Chor sang dazu:

Es zittern die morschen Knochen
der Welt vor dem großen Krieg.
Wir haben den Schrecken gebrochen.
Für uns war's ein großer Sieg.
Wir werden weiter marschieren,
wenn alles in Scherben fällt,
denn heute, da hört uns Deutschland
und morgen die ganze Welt!

Wir kannten das Lied. Doch wir sangen es anders:

Denn heute g e h ö r t uns Deutschland
und morgen die ganze Welt!

Nach der Pfeife getanzt

Im Juni 42 stand ich auf dem Bahnsteig im Gelsenkirchener Hauptbahnhof und verabschiedete mich von der »Mutti«, die sich ein paar Tränen aus den Augen wischte. Auch mir war seltsam zumute, aber deutsche Jungen durften ja nicht weinen. Im Zug fand ich schnell Kontakt zu den übrigen Braunhemden: »Fährst du auch nach Kleve?«

Der Bummelzug ab Duisburg schleppte sich zwei Stunden dahin. Über Moers und Xanten. Schließlich die Ankunft in Kleve mit der weithin sichtbaren Schwanenburg, 1942 noch unzerstört. Kein einziger Bombentreffer. Bis zur Abfahrt der Straßenbahn nutzten wir die Zeit zu einem Erkundungsgang über die Kermisdahlbrücke. Kleve schien ein schönes Städtchen zu sein. Ein bisschen heimelig sogar.

Die Straßenbahn überquerte den kleinen Fluss und zockelte gemütlich aufwärts durch die Stadt. Wir Jungen saßen alle im Anhänger, den wir allein belegt hatten. »Quax, der Bruchpilot« mit Heinz Rühmann spielten sie in einem der Kinos. »Den hab ich noch nicht gesehen, da muss ich unbedingt rein!«, prahlte einer. »Erst mal musst du Urlaub kriegen, woll?«, meinte ein anderer, den sie Paul nannten. Er trug als Einziger Zivil, war unter den vielen Braunhemden so auffällig wie ein schwarzes Schaf.

Später bewegte sich die Gruppe mit dem schweren Gepäck von der Haltestelle »Eiserner Mann« Richtung Freudenberg. Die Straße führte durch einen schönen Wald mit hohen Buchen. Dann zweigte ein Weg ab, und der war irgendwann plötzlich zu Ende. An einem Tor hing ein frisch gemaltes Schild:

Nationalpolitische Erziehungsanstalt

Unsicher blieben wir stehen. Warteten, bis die letzten Jungen mit ihren Koffern herangekommen waren. Dann erst wagten wir uns hinein. Kamen durch einen wunderschönen Park mit großen Rasenflächen und uralten, dicken Bäumen. »Haus Freudenberg«. Niemand empfing uns.

Etwas ratlos standen wir im Karree des großen dreiteiligen Gebäudes, dessen rechter Flügel noch als Kapelle zu erkennen war. Kirchenfenster mit bunter Bleiverglasung. Doch zum Beten hatten sie uns bestimmt nicht hergeholt. Vorne, wo der Innenhof in den Park überging, lag eine Marienstatue am Boden. Zur Seite gerollt. Die Betonfigur hatte vorher wohl auf dem Steinsockel gestanden. In der Mitte des Hofes. Jetzt war sie vom Podest gestürzt. Neben dem leeren Steinsockel flatterte lustig die Hakenkreuzfahne.

Haus Freudenberg war ein Kloster gewesen. Jedenfalls bis vor wenigen Tagen. Und die Mönche? Wahrscheinlich vertrieben, verjagt. Für uns. Juden, Kommunisten, auch Mönchen, denen ging es nicht gut in diesem Staat.

Hatte unsere Wartezeit deshalb so lange gedauert? Von der Schulentlassung im März bis Mitte Juni?

Plötzlich stand ein dicklicher, gedrungener, etwa vierzigjähriger Mann vor uns. Weiße Jacke. Parteiabzeichen. So ähnlich hatte der Vorarbeiter auf Spiekers Ziegelei ausgesehen. Ein unsympathischer Typ.

»Ah, da seid ihr Briieder ja endlich. Wurde aber auch heechste Zeit! – Du«, herrschte er den körperlich Größten von uns an, »lass die mal antreten!«

Der Junge mit der grünweißen Führerschnur an der Schulter fühlte sich geschmeichelt. Bellte sofort los: »Achtung! Alles hört auf mein Kommando!« In Dreierreihen vor mir angetreten! Marsch, marsch!« Ein erfahrener Fähnleinführer der Hitlerjugend, routiniert und selbstsicher.

Beim ersten »Antreten« ging es wie immer nach der Körpergröße. Und in dieser neuen Hackordnung kriegte ich gleich einen schlechten Platz. Fast am Ende des Zuges.

Eifersüchtig verglichen wir uns. Mancher fuhr seinen Ellbogen aus, um sich vorzudrängeln. Die größeren Jungen nahmen selbstsicher die vorderen Plätze ein. Von uns Kleinen heftig beneidet. Nur solche Typen entsprachen dem Idealbild der nordischen Rasse. Kamen vielleicht mal für des »Führers« Leibstandarte in Frage. Später. Dass ich mit dreizehn der Jüngste war und sicher noch ein Stück wachsen würde, dafür konnte ich mir nichts kaufen.

Am meisten bewunderte ich den Werner. Der stand immer an der Spitze unseres Zuges. So groß wie der wäre ich gern gewesen. Und intelligent war er auch noch.

Der unfreundliche Typ in der weißen Jacke war »Zugführer« König, Erzieher und Lehrer für Deutsch, Biologie und Geschichte. Häufiger ZvD, also Zugführer vom Dienst. Herrscher über den gesamten Tagesablauf. Vom Wecken bis zum Zapfenstreich.

Die anderen Zugführer sprachen ihn mit »Kamerad König« an, für uns abgekürzt »Kakö«. Wir hassten ihn bald von ganzem Herzen. Der sollte unser Klassenlehrer sein? Ertragen konnten wir ihn nur, weil wir uns heimlich über ihn lustig machten. Besonders über seinen Dialekt. Welchen er sprach, haben wir nie herausgefunden: »Wie, was? Na biette, weer wars? Natierlich, wieder diese drei Herz-Jesu-Missjonare!« Unsere Vornamen kannte der natürlich nicht. Keiner von denen.

Für unsere Parodien hatten wir bald diese übertreibende »Kakö«-Sprache entwickelt. Wenn Werner den Zugführer imitierte, kamen wir aus dem Lachen nicht heraus und amüsierten uns herrlich auf Königs Kosten. Als er nach einem Jahr zur Wehrmacht eingezogen wurde, waren wir kein bisschen traurig. Auch nicht, als er am letzten Abend überraschend sentimental wurde. Nur schweren Herzens würde er uns verlassen. Wir blieben ungerührt. Zu oft hatte er vor uns gestanden mit den flinken Bewegungen seiner

Arme. Er täuschte meist mit links und schlug dann voll mit der Rechten zu, wenn unsereiner gerade in diese Richtung ausweichen wollte. Grinsend freute er sich dann über seinen gelungenen Trick.

Am ersten Tag verteilte König uns auf die Schlafräume. Die vier Jungen aus Gelsenkirchen-Bismarck schafften es auf Anhieb, in eine »Bude« zu kommen, kannten sich schon aus dem Stadtteil und später aus der Kinderlandverschickung. Sie wussten genau, worauf es in den ersten Minuten ankam. Gemeinsam überwanden sie das Heimweh und andere Anfangsnöte jedenfalls besser als das unerfahrene Muttersöhnchen aus Rotthausen.

Ich landete bei drei großmäuligen Rabauken aus Herten und Erkenschwick. Als Außenseiter. In der Zimmerhackordnung auf dem letzten Platz. Erst Wochen später gelang mir der Umzug in den Schlafraum zu den beiden Dortmundern Paul und Erich. Das waren nette Kerle.

Aber bei der Zuweisung zu den Arbeitszimmern kam ich als Fünfter ausgerechnet zu den vier Jungen aus Bismarck. Die ließen mich spüren, dass ich nicht zu ihnen gehörte. Zuerst jedenfalls.

Unerfahren revanchierte ich mich. Als Günther mal mit einem langen Draht in der Wandsteckdose herumkratzte und ausprobieren wollte, wer die 220 Volt aushalten kann, stand plötzlich Direktor Dr. Riechling im Raum. Als Stubenführer machte ich zackig die vorgeschriebene Meldung: »Arbeitszimmer Nr. 5 mit 5 Mann belegt. Alle bei den Hausaufgaben!« Riechling lachte nur höhnisch, und die gesamte Zimmerbesatzung kriegte vierzehn Tage Hausarrest verpasst. Ich versuchte noch dümmlich, mich aus der Affäre zu ziehen: »Ich ... ich war doch gar nicht dabei!« Jetzt hatte ich erst recht verschissen bei denen.

Aber sie vergaßen es schnell. Günther, der hübsche Blonde, und auch der etwas pummelige Jürgen. Der lange

Wilhelm, den wir bald nur noch Back nannten, wurde mein bester Kamerad.

Im Arbeitszimmer 5 wurde es bald richtig nett. Jeder hatte seinen kleinen Schreibtisch, daneben ein einfaches Bücherregal an der Wand. Wir spornten uns gegenseitig an, Ordnung zu halten. Richtig ehrgeizig waren wir. Nur bei den Hausaufgaben, da blieben wir meist Einzelkämpfer.

Doch solidarisch waren wir immer gegen den gemeinsamen »Feind«, unsere Erzieher. Neben »Kakö« hassten wir am meisten den Direktor der Anstalt. Wie Dr. Riechling an den Spitznamen »Daddy« gekommen war, blieb mir unverständlich bis zuletzt. Dieser launenhafte Nazi war alles andere als väterlich. Bei ihm lernte ich Ironie und Zynismus kennen. Einmal hat er mich so heftig ins Gesicht geschlagen, dass ich der Länge nach über mein Bett flog. Und gleich ein zweites Mal, als ich den Versuch machte, wieder aufzustehen, um die ständig geforderte »Haltung« anzunehmen und »Jawohl, Schulführer!« zu brüllen.

Über mein Regal heftete ich ein Blatt Millimeterpapier an die Wand: die »Launenkurve« unseres Oberbonzen. In der Mathematik hatten wir gerade die grafische Darstellung mit Hilfe zweier Achsen gelernt. Das reichte für die geometrische Aufzeichnung seiner wechselnden Stimmungen. Ergebnis: eine Zickzacklinie. Wie die Fieberkurve eines Kranken. Wir wünschten ihm die Pest an den Hals. Seltsamerweise war er immer dann besonders unerträglich, wenn er die braune Uniform trug. Braune Jacke, schwarze Hose. Wie Adolf.

Wenn alle »Jungmannen« leise an ihren Hausaufgaben saßen, leistete ich mir schon mal einen Blick auf den Appellhof. Die beiseite gerollte Marienstatue und der zugehörige Sockel waren längst verschwunden, die bunte Bleiverglasung in den Fenstern der ehemaligen Kapelle war durch einfaches Glas ersetzt.

Den Tagesablauf erklärte uns niemand. Wir fanden ihn angeheftet am schwarzen Brett neben dem Kücheneingang. Kurz, knapp, auf die Minute genau. »Den schreibt euch hinter die Ohren!«, meinte Zugführer König.

Morgens um sechs schrillte die Pfeife zum ersten Mal: Wecken. Minuten später standen wir frierend im Hof zum Waldlauf.

Durch den Buchenwald ging es zum Sportplatz an der Materborner Allee. Und zurück. Egal, ob sie uns einmal oder schon dreimal des Nachts aus dem Bett geholt hatten. Wegen des Fliegeralarms. Natürlich per Trillerpfeife, denn die nächste Luftschutzsirene stand in Bedburg-Hau und war bei uns im Wald nur schwach zu hören.

Die notorischen Festschläfer unter uns wie den langen Back rüttelte »Kakö« persönlich aus dem Schlaf. Leuchtete ihnen unsanft ins Gesicht mit seiner grellen Taschenlampe. Kleve gehörte zur Einflugschneise der britischen Luftwaffe. Es fielen keine Bomben wie zu Hause in Gelsenkirchen. Aber unser Schlaf war kurz. Nacht für Nacht.

Der nächste Pfiff schrillte dann um 6 Uhr 45 durchs Haus. Alle rasten wie verrückt die Treppen hinunter zum Fahnenappell. Die Uniform tipptopp. Das klang jedes Mal wie ein mittelschweres Gewitter, wenn die ganze Belegschaft die Holztreppen hinunterrannte. Hinunterraste. Denn bei Lahmarschigkeit wurden wir sofort wieder hochgeschickt.

Kaum oben angekommen, holte uns die Trillerpfeife schon wieder herunter. So oft, bis sie uns das richtige Tempo beigebracht hatten.

Schlaf- und Waschräume waren bis dahin in Ordnung gebracht. Alles aufgeräumt, die Waschbecken gesäubert, der Boden gewischt, die Betten exakt gebaut. Wie beim Kommiss. Von erfahrenen Landsern stammte auch der Trick, mit einem unsichtbar bleibenden Stück Pappdeckel den rechtwinklig anzulegenden Bettbezug in die geforderte

Form zu bringen. Denn gnadenlos wurde jedes Bett, das nicht genau den Vorschriften entsprach, einfach auseinander gerissen.

Oft musste ich den Frühstückstisch verlassen, um oben noch irgendetwas in Ordnung zu bringen. War ich endlich fertig, war auch die Mahlzeit vorbei. Pech gehabt. Doch ich lernte schnell.

Beim Fahnenappell meldete der UvD dem diensthabenden Zugführer die Anzahl der angetretenen Jungen. Vorausgegangen war das Abzählkommando: Jeder musste dem linken Nebenmann seine Zahl in dessen rechtes Ohr schreien. Beim Kommando: »Heiß Flagge!« wurde die Hakenkreuzfahne hochgezogen. Jemand schrie einen Fahnenspruch:

Und flattert und knattert das Tuch hoch im Wind,
dann weiß ich, dass wir deutsche Jungen sind,
dem Führer in Treue ergeben.
Nur ihm gehört unser Leben.

Uns knurrte allmählich der Magen. Endlich kam der erlösende Befehl: »Einerreihe zum Einmarsch!«

Saßen wir dann auf unseren Plätzen, hatten wir immer noch nichts auf dem Tisch. Wieder hieß es warten. Bis zum nächsten Befehl: »In Einerreihe zum Essenfassen antreten!«

Eine Zeit lang gab es morgens so eine künstlich schmeckende Puddingsuppe. Wir waren ganz scharf drauf. Besonders, was den Nachschlag betraf. Zusätzlich gab es ein Butterbrot mit Marmelade. Dabei schielten alle gierig auf das etwas dickere Brotende, den so genannten »Knappen«. Keiner von uns hatte Anspruch darauf. Es blieb nur die Hoffnung auf den Zufall.

Nach einiger Zeit kriegten wir eine französische Küchenhilfe: Suzette, siebzehn oder achtzehn Jahre alt. So ganz freiwillig war sie nicht ins Land des Feindes gekommen. »Dienstverpflichtung« hieß das.

Jedes Mal, wenn ich an die Reihe kam, angelte sie unauffällig einen Knappen aus dem Haufen heraus. Für mich. Und lächelte dabei. »Mensch, du hast Chancen bei der, woll«, meinte der Dortmunder Erich. Das konnte ich mir aber gar nicht erklären.

Einmal war ich zum Küchendienst eingeteilt, hatte Suzette wegen ihres schönen Deutschfranzösisch ein Kompliment gemacht und ihr erzählt, dass mein Vater aus Weißenburg im Elsass käme. »O lala, Wissembourg, Alsace!«, lachte sie. Sie kam aus Nancy. War das Grund für den regelmäßigen dicken »Knappen«?

Nach dem Frühstücksbrot war das nächste Kommando fällig. »Raustreten zum Abmarsch!« Mit der Schultasche.

Der halbstündige Marsch in die Stadt zur Schule begann um 7.30 Uhr. Selbst den schönen Waldweg durften wir nur als Marschkolonne durchqueren. Wenigstens brauchten wir im Wald nicht zu singen, weil es ja niemand gehört hätte außer uns.

Das einzig Angenehme war, dass ich im Marschtrott leicht meinen Gedanken nachhängen konnte.

In den ersten Wochen und Monaten, als ich noch heftig mit dem Heimweh zu kämpfen hatte, etliche Kameraden schon nach Hause geschickt wurden, dachte ich im Rhythmus der marschierenden Kolonne ständig vor mich hin: Aushalten! Aushalten! Besser als im Pütt! – Ich dachte an meinen Vater, wie er vor der Kohlenwand arbeitet. In Staub und Lärm.

Wer so vor sich hinträumte, trat schon mal dem Vordermann in die Hacken. Der war natürlich wütend und schimpfte wie ein Rohrspatz. Unser Umgangston war selten herzlich.

Besonders unangenehm war die Zeit der Lindenblüte. Dann lag ein klebriger Matsch auf den Klever Alleen. Und weil wir gern die Kniestrümpfe hinuntergerollt trugen bis unten hin, spritzten wir uns in der dichten Marschformation das Zeugs gegenseitig an die Beine und in die Schuhe.

Marschieren wurde zum unbewussten Vorgang. Wir bewegten uns wie Pferde, von denen es heißt, dass sie selbst im Trab noch schlafen können. Irgendein plötzliches Kommando riss uns dann aus den Träumen in die Gegenwart zurück.

Am Klever Zuchthaus, das wir zweimal am Tag passierten, sahen wir oft eine Gruppe von Gefangenen, die zur Arbeit marschierten. In Dreierformation. So wie wir. »Nur nicht so zackig«, meinte Erich. Auch eine Uniform trugen sie. Nein, kein Braunhemd. »Der einzige Unterschied zu uns ist das Gewehr, das der Bewacher trägt. Für uns brauchen sie nicht mal ein Gewehr!«, lästerte Erich weiter.

Den Unterricht erhielten wir in der Landwirtschaftsschule, Hoffmann-Allee. Die Schüler dieser Schule belegten die oberen Geschosse. Wir die unteren. Kontakte gab es keine. Nicht mal auf dem Schulhof. Sie gingen uns auffällig aus dem Weg. Die Bauernsöhne aus dem katholischen Umfeld wollten nichts mit uns zu tun haben.

Unsere Anstalt blieb ein Fremdkörper in Kleve. Trotz aller Bemühungen unseres Direktors, uns mit verschiedenen Beiträgen in das Kulturleben der Stadt einzubringen. Und unser Chor war nicht schlecht.

In der Schule gab es um zehn ein Pausenbrot. Verteilt von Helmut, dem UvD. Nicht von Suzette. »Nicht mal was für den hohlen Zahn!«, stöhnte Erich.

Mittags beim Rückmarsch knurrte uns schon wieder der Magen. Wir beneideten die Arbeiter der Schuhfabrik Hoffmann, die während der Mittagspause ihre mitgebrachten Brote verzehrten. Aber nicht mal die Mädchen der Schuhfabrik blickten uns freundlich an. Viele Holländerinnen arbeiteten hier. Nicht freiwillig. Alle »dienstverpflichtet«.

Gegen 13.30 Uhr erreichten wir wieder den Freudenberg, und es hieß erst mal: »Weggetreten!« Aber kaum hatten wir unsere Schultaschen aufs Arbeitszimmer gebracht, da ertönte schon das nächste Pfeifsignal. »Antreten zum Mittagsappell!«

Wieder das bekannte Gebrüll: »Abzählen!« Verstärktes Magenknurren, dann endlich der ersehnte Befehl: »In Einerreihe einrücken!«

Jetzt durften wir »Essen fassen«. Nein, immer noch nicht, vorher noch der Tischspruch:

Ein jeder esse, was er kann.
Alle Mann – r a n !

Während der Mahlzeit wurde die Post verteilt. Außer von meinen Eltern und Freund Herbert aus Rotthausen bekam ich lange Zeit Post aus Kärnten. Schneebedeckte Berge auf Ansichtskarten aus Mallnitz. Von Agnes.

Erich verstand die Welt nicht mehr: »Hätt ich auch gerne, eine, die mir schreibt!« Dabei schlug mein Herz gar nicht für Agnes. Gretchen hätte mir schreiben sollen! Aber von der hörte ich nichts mehr.

Um 14.30 Uhr schrillte wieder die Trillerpfeife: Arbeitsappell. Es gab schließlich eine Menge zu tun auf dem Freudenberg.

Dienstags und freitags schälte unser Zug die Kartoffeln für die ganze Belegschaft in Benninghoffs Scheune. Für über hundert hungrige Mäuler. Zwei große Wannen voll.

Gar nicht so schlecht diese Arbeit, denn wir konnten uns dabei ausgiebig unterhalten, auch Witze erzählen. Aber Hitlerwitze? Darauf wären wir nicht gekommen. Unsere Zukunft hing an Adolfs Sieg. Warum sollten wir also respektlos von ihm reden? Ein wenig auf den Putz hauen, auch ein bisschen aufschneiden, das lag uns schon eher. Oder von verbotenen Filmen erzählen. Einmal hatten wir im Wald ein heftig schmusendes Pärchen gesehen. Das war unser Gesprächsstoff.

Der Umgang mit den alten, oft halb verfaulten Kartoffeln war nicht gerade angenehm. Es stank. Und nicht jeder schälte sauber. Das Ergebnis hatten wir bei den Mahlzeiten auf dem Tisch. Ekelhaft manchmal. Selbst der Hunger ließ mich nie darüber hinwegsehen. Ich war ziemlich empfindlich, säuberte die Kartoffeln geradezu pingelig, wenn sie schlecht geschält auf meinem Teller lagen.

An den anderen Werktagen wurden wir aufs Feld geschickt. Das Unkraut musste gejätet, die Rüben vereinzelt oder das Heu gewendet werden. Am Ende kannten wir fast alle landwirtschaftlichen Arbeiten. Zum Kloster gehörten immerhin zweiundzwanzig Morgen Land, ein paar Weiden und ein Stückchen Flussufer vom Kermisdahl, dem alten Rheinarm.

Vorher hatten die Mönche alles bearbeitet. Jetzt waren wir an der Reihe. Unter Leitung von Bauer Benninghoff, den wir von den Mönchen übernommen hatten. Der rechnete wohl nicht mit einer langen Dauer des Dritten Reiches, denn eines Tages stießen wir im hintersten Winkel der Scheune unter dicken Strohballen und mit einer Plane zugedeckt auf jene Mariengestalt aus Beton, die sie kurz vor unserer Ankunft vom Sockel gestoßen hatten. Wir deckten sie schnell wieder zu, machten auch eine Bemerkung zu Benninghoff, aber der war ziemlich wortkarg.

Umso gesprächiger war sein Knecht, der »Knelles«, ein ständig priemender Holländer. Der sagte doch eines Tages zu uns: »Was wollt ihr eigentlich hier? Deutschland wird den Krieg doch verlieren!« Damals standen deutsche Truppen gerade an der Wolga. Es wäre ein Leichtes gewesen, ihn ins KZ zu bringen.

Bauer Benninghoff war für die ganze Landwirtschaft, für die Scheune, für Pferde und Kühe, Felder und Weiden zuständig. Jeden Mittag beim Arbeitsappell um 14.30 Uhr stand er erwartungsvoll im Hof. Ließ sich vom diensthabenden Zugführer die Arbeitskommandos zuteilen.

Wenn dann alle beschäftigt waren, ging der ZvD von einem Arbeitsplatz zum anderen und kontrollierte, ob alle fleißig bei der Sache waren. »Kakö« immer in seiner weißen Jacke. Wie ein Vorarbeiter. Doch richtige Vorarbeiter schlagen nicht. Von »Kakö« kriegte aber jeder eine gefegt, der auch nur den Eindruck machte, als hätte er keine Lust zu arbeiten. Schlug er mal einen Unschuldigen, grinste er hämisch: »Na, dann haste eben eine zujuut!« Aber als Erich ihn einmal an sein Pluskonto erinnern wollte: »Zugführer, ich hab noch eine zugut!«, schlug »Kakö« trotzdem zu und meinte nur: »Dann haste eben eine mehr verdient jehabt.«

Das Klever Internatsgebäude, schon vor dreihundert Jahren vom Großen Kurfürsten erbaut, hieß bei der Bevölkerung »Haus Freudenberg«.

Doch wir hatten da nicht viel zu lachen.

Um 16.00 Uhr schrillte wieder die Trillerpfeife. Wir rannten los, und Minuten später saßen wir alle in unseren Arbeitszimmern an den Hausaufgaben. Der Stubenführer war für die Arbeitsruhe verantwortlich. Das war auch kein Problem, denn jeder wollte seine Aufgaben möglichst schnell erledigen.

Zwischen 16 Uhr und 18.30 Uhr war es im Gebäude wieder so still wie vorher bei den Mönchen. An Hausaufgaben war kein Mangel. Und in diesen zweieinhalb Stunden mussten sie erledigt sein. Selten blieb noch Zeit für einen Brief nach Hause oder für ein Gespräch. »Kakö« nahm einfach die Namenschildchen von der Tür, wenn es ihm zu laut war. Verkündete beim Abendappell eine Extrabestrafung.

Dabei haben wir immer fleißig gearbeitet. Der Eifer der Kameraden wirkte ansteckend. Die Zeit wurde uns nur lang wegen des Hungers, denn spätestens um fünf knurrte mir schon wieder der Magen. Dazu kamen alle möglichen Gerüche und die Gerüchte, was das Abendessen betraf.

Um 18.30 Uhr wieder die Trillerpfeife: Ende der Arbeitszeit! Um 18.45 Uhr flitzten wir hinunter zum Abendappell. Die Fahne wurde eingeholt.

Nach dem Abendessen wechselten die Veranstaltungen. Samstags die Putz- und Flickstunde. Irgendwer brachte mir bei, einen Knopf anzunähen. Einmal kam ein Rezitator: »Der Gott und die Bajadere«.

Regelmäßig gab es irgendeine politische Schulung, eine Hitlerrede oder die Darstellung der militärischen Lage in Europa. Nach der Landung der Amerikaner in Nordafrika hieß es, an der »Festung Europa« würden sie sich die Zähne ausbeißen. Doch bald ging es fast an allen Fronten zurück. Das mussten sie uns erklären.

Eine Zeit lang las uns Dr. Riechling einen grauenhaften Roman vor. In Fortsetzungen. Hauptfigur war ein Nazifunktionär, eine Art Gebietskommissar im eroberten Osten. Dessen Aufgabe war es, die deutschen Interessen gegen die minderwertigen und aufsässigen Slawen durchzusetzen, die ihm dauernd nach dem Leben trachteten.

Riechling machte uns klar, dass der Ostraum auch nach der Eroberung durch deutsche Truppen nie richtig befriedet werden könnte. Am Ural würde eine offene, »blutende« Grenze entstehen, wo sich die deutsche Jugend gegen die anstürmenden Mongolen bewähren müsste. Nur die Stärksten sollten überleben. »Daddy« wollte uns mit diesem Buch auf unsere künftige Arbeit vorbereiten. Das durchschauten wir schnell. Keiner war von der Lesung begeistert. Deprimiert schlichen wir auf unsere Schlafräume.

Vorher waren aber noch die Waschräume zu putzen. Wer deshalb einmal aus dem Bett geholt wurde, gab sich von selbst größere Mühe beim nächsten Mal.

Um halb zehn sackten wir müde in unsere Betten. Zum letzten Mal ertönte die Trillerpfeife: »Zapfenstreich!« Werner blies dazu das bekannte Signal auf der Trompete. Wie in der Kaserne. Danach war endlich Ruhe.

Leise erzählten wir uns noch etwas, bis wir einschliefen. Meistens irgendwelche Geschichten von zu Hause. Paul schwärmte von Adelheid in Dortmund-Hörde. Der Lehrer habe einmal die unterschiedliche Schreibweise von »Paar« und »paar« erklären wollen und als Beispiel für die Großschreibung den Satz an die Tafel geschrieben: »Paul und Adelheid sind ein Paar.«

»Ich hab vielleicht eine heiße Birne gekriegt«, erzählte Paul. »Erst als ich einen kurzen Blick hinüber zur Mädchenseite geworfen und Adelheids Gesicht gesehen habe, rot bis in die Haare, fühlte ich mich besser. Und auch wenn ich sie danach auf der Straße traf, allein, wurde die Adelheid immer noch rot. Jedes Mal.«

»Kakö«, dieser falsche Fuffziger, pflegte sich abends manchmal leise heranzuschleichen, um unsere Gespräche zu belauschen, machte plötzlich die Tür auf, und dann konnte die Zimmerbesatzung noch irgendeine unschöne Aufgabe erledigen. Alle Klos putzen etwa. Seine Fantasie war unerschöpflich.

Dann durften wir schlafen. Bis zum ersten Fliegeralarm.

Wieder ertönte die Trillerpfeife.

Leerer Magen

Thema Nummer eins auf dem Freudenberg war der Hunger, denn die Verpflegung war schlecht, die Kochkünste der Hausmeisterin unter aller Kanone. Von den Frühstücksbroten und der künstlichen Puddingsuppe mal abgesehen, waren die Mahlzeiten oft kaum genießbar.

Anfangs dachten wir noch, das gehöre zum harten Drill, den wir durchstehen müssten. An den Fronten kämpften die Soldaten, da würden wir das bisschen Kohldampf schon aushalten. »Gelobt sei, was hart macht!« Außerdem saßen die Lehrer mit an unseren Tischen. Und aßen das Gleiche. Warum sich also beklagen?

Der »Führer« lebte auch höchst bescheiden. Löffelte im Führerhauptquartier seinen Eintopf. Jeden Tag. Das wussten wir genau. Noch aus der Zeit, als wir zu Hause in Gelsenkirchen mit der Sammelbüchse durch die Straßen gelaufen waren. Für das Winterhilfswerk. »Keiner soll hungern und frieren!«, hatten wir gerufen, den Leuten die Büchse unter die Nase gehalten und abends die volle Dose beim Ortsgruppenleiter abgeliefert. Stolz auf unsere Leistung für die Volksgemeinschaft.

In Kleve bekam unser Idealismus den ersten Knacks, als nach einem Monat der diensthabende Zugführer »Kakö« ein Extra-Essen vorgesetzt bekam: lecker und ausreichend. Wir dagegen saßen wieder mal vor alten Kartoffeln mit der üblichen undefinierbaren Soße. »Er wird wohl Geburtstag haben«, meinte Erich, »wartet mal, ab morgen hat er wieder den gleichen Fraß auf dem Teller wie wir!«

Aber am nächsten Tag bekam »Kakö« wieder sein leckeres Essen. In Schüsseln und so viel davon, dass er gnädig noch etwas abgeben konnte. Wenn er satt war. Wir schielten neidisch auf jene Kameraden, mit denen wir vorher wegen ihrer Nähe zum Zugführer nicht hätten tauschen mögen.

Extra-Essen für die Zugführer? Was hatte das noch mit echter Volksgemeinschaft zu tun? »Wenn das der Führer wüsste!«, meinte Paul. »Jedenfalls weiß ich wieder, wie Bratkartoffeln aussehen!« Schlimmer war, dass uns auch deren Duft in die Nase stieg. Doch laut zu meckern wagte keiner. Trotz der Wut im Bauch. Widerspruch bringt nur Ärger, das hatten wir gelernt.

Nur selten zeigte einer von uns so etwas wie »Mut vorm Königsthron«. Einmal wagte es mein Zimmerkamerad Erich. Wie alle Dortmunder leicht an dem »woll« zu erkennen, das er fast an jeden Satz hängte. Ein verlässlicher Kumpel, grundehrlich und immer hungrig wie wir alle. Aber ein mickriges Kerlchen. Das Gerücht, er hätte einen Bandwurm, wird er aber wohl selbst ausgestreut haben. Tatsache war, er konnte essen, was er wollte. Satt war er nie.

Erich war nicht auf den Mund gefallen, ausgestattet mit einer ausgeprägt großen Klappe, und seinen wachsamen Augen entging nicht, dass die Hausmeisterfamilie auffällig oft Verwandtenbesuch bekam. Weiblichen. Per Fahrrad.

Was sich bei der Abfahrt wohlverpackt auf dem Gepäckträger der jeweiligen Damen befand, konnten wir nur ahnen. Für Erich aber war es eine ausgemachte Sache, dass hier die ganze Hausmeistersippe mitversorgt wurde. Auf unsere Kosten »Wird schon nicht auffallen, wenn von hundert Normalverbraucherkarten etwas für die Verwandtschaft zurückbehalten wird, woll«, zischte er leise.

Also diesem mickrigen Kerl, diesem Hänfling, so klein, dass er in der Marschformation noch hinter mir marschieren musste, dem platzte eines Tages beim Mittagessen so richtig der Kragen: »Kann mir doch keiner erzählen! Hier werden unsere Rationen verschoben auf Deuwelkommraus! Und wir müssen Kohldampf schieben!« Er schimpfte absichtlich so laut, dass der Zugführer am Nachbartisch es nicht überhören konnte. Und dieser falsche Fuffziger meldete es auch prompt »nach oben«.

»Erich Spratte sofort zum Direktor!«, hieß es kurz nach dem Essen, und keiner von uns hätte jetzt in dessen Haut stecken mögen.

Doch es kam anders. Erich kassierte weder ein paar saftige Ohrfeigen noch den erwarteten Monat Hausarrest. Seine Klage über das schlechte Essen durfte er ausführlich vortragen. »Daddy« hörte sich alles ruhig an. Dann wurde Erich gnädig entlassen.

Am nächsten Tag war das Essen besser. Auch am übernächsten Tag. Danach ließ die Qualität schnell nach, und nach einer Woche schmeckte der Fraß wie eh und je.

Erich machte nicht viel Aufhebens wegen der Sache, merkte aber, dass ihn mancher mehr respektierte als vorher.

Bei unseren Mahlzeiten wurde genau aufgepasst, wem noch ein zweiter »Schlag« mit der Suppenkelle zustand. Die Nachschlagausgabe fing immer bei dem Jungmann an, bei dem sie am Vortag aufgehört hatte. Manchmal wurde auf die Zählung verzichtet. Dann kam es darauf an, wer zuerst fertig gegessen hatte. So wurden wir Meister im Schnellessen. Eine Unart, die ich nie mehr ganz ablegen konnte.

Ein Glanzpunkt der ganzen Woche war die Brotsuppe. Dafür wurde das gesamte alte Brot der Vorwoche verwendet und mit einem bestimmten Gewürz aufgewertet, dessen Namen ich vergessen habe. Nicht aber den Geruch. Den würde ich jederzeit wiedererkennen. Der Brotsuppenduft verbreitete sich schnell im ganzen Haus. Eine wunderbare Mischung aus aufgekochten Rosinen, Zucker und dem alten Brot. Ich glaube, es waren auch Zimtstangen darin.

Wenn jemand zur Hausaufgabenzeit die Nase schnuppernd zur Tür herausstreckte und »Brotsuppe!« rief, das war wie eine Sondermeldung im Radio. Diese Vorfreude zusammen mit der Aussicht auf zwei zusätzliche Stunden mehr Schlaf, das war ein herrliches Samstagabendgefühl.

Seltsamerweise gab es von diesem Gericht immer so viel, dass alle satt wurden. Man brauchte sich nicht mal zu beeilen. Die meisten Jungen waren mit vier, fünf Portionen zufrieden und verschenkten ihre »Nachschläge« an besonders hungrige Kameraden. An Erich. Oder an mich.

Einmal saß ich nach der Mahlzeit allein an dem großen Tisch im Ess-Saal. Eine Reihe voller Teller vor mir. Alle geschenkt. Es waren neun. Ein größerer Junge aus dem Zug A hat es mal auf vierzehn Teller gebracht. »Schwein auf Sofa« nannten sie ihn, denn genauso soll er sich danach gefühlt haben.

Im August 1942 schickte ich eine Postkarte nach Rotthausen, um meinen ersten Urlaub anzukündigen. »Wenn du es schaffst, einhundert Milchbrötchen für mich zu beschaffen, wird keins übrig bleiben!«, schrieb ich großspurig meiner Mutter, die damals in der Jungschen Bäckerei auf der Karl-Meyer-Straße arbeitete. Dabei war ich zu Hause ein ausgesprochen schlechter Esser gewesen.

Beim ersten Sonntagsausgang in Kleve liefen wir wie ein paar Irre über die Felder. Suchten vergeblich etwas zu essen. Paul, Erich und ich. Ein Bauer vertrieb uns, als wir durch den Zaun ein paar Johannisbeeren angeln wollten. Schließlich kauten wir die zarten Innenblätter der Runkelrüben. Davon gab es ja genug. »Schmeckt fast wie Spinat«, meinte Erich.

Ein heißer Tipp war auch die Metzgerei in einer kleinen Nebenstraße, nicht weit vom Burgtheater, dem Klever Kino. Erich hatte sie entdeckt. Hier gab es dienstags Leberwurst ohne Fleischmarken. Die verdiente zwar ihren Namen nicht, weil die üblichen Geschmacksmerkmale kaum erkennbar waren. »Zementwurst« hieß sie bei uns. Wie der Metzger die wohl fabriziert hatte? Es gab die schlimmsten Gerüchte.

Im Juli sammelten wir Himbeeren und später auch Bucheckern in dem großen Wald am Freudenberg, wenn wir Ausgang hatten. Doch die kleinen Dinger waren nur etwas für den hohlen Zahn.

Nach kurzer Zeit schon entwickelte sich bei uns eine Art Zweiklassengesellschaft. Als nämlich die ersten »Fresspakete« von zu Hause anrollten. Denn es gab Eltern mit landwirtschaftlicher Verwandtschaft, die ihren Kindern regelmäßig etwas schicken konnten. Die meisten Großstadtkinder wie ich durften damit nicht rechnen. Bei mir zu Hause lebten sie nur von ihrer Normalverbraucherkarte. Mein Vater kriegte zwar den Schwerstarbeiterzusatz. Aber den brauchte er nötig.

Es gab einige Jungen, die während der Hausarbeitszeit mal schnell verschwanden. Zu ihren Vorräten im Schlafraum. Und dann gesättigt ins Arbeitszimmer zurückkamen. Mit einer dicken Stulle in der Hand. Nur Günther ließ mich manchmal etwas abbeißen.

Aber o Wunder, einmal durfte auch ich ein Paket vom Bahnhof abholen. Mein Dauerkohldampf hatte sich in der Verwandtschaft herumgesprochen. Tante Hanni, ins ferne Ostpreußen evakuiert, wollte mir mit einem gebratenen Huhn eine Freude machen. Ich trug das Expresspaket voller Vorfreude vom Klever Bahnhof zum Freudenberg.

Doch das Huhn musste ich wegwerfen. Die tausend Kilometer quer durch Deutschland von Masuren bis Kleve mitten im Sommer waren zu viel für den wohlgemeinten Braten.

Eines Tages klaute Erich ein Brot. Ein ganzes Brot. In einer Klever Bäckerei. Unweit vom Zementwurstladen. Und wurde dabei erwischt. Doch die Bäckersfrau reagierte überraschend milde: »Geben sie euch denn so wenig zu essen auf dem Freudenberg?« Erich, um Worte nie verlegen, beschrieb bildreich unser Hungerleben. Ergebnis: Ab sofort durfte er sich jeden Donnerstag in dieser Bäckerei etwas Essbares abholen.

Paul und Werner, das eingespielte Paar aus Dortmund-Hörde, waren in einer anderen Bäckerei erfolgreich. Einer lenkte die Bäckersfrau ab, der andere ließ etwas mitgehen. Die großen Taschen unserer Uniformmäntel waren dafür ganz praktisch. Aber Erfolg macht unvorsichtig. Sie wiederholten ihr Spiel zu oft. Jedes Mal, wenn sie Ausgang hatten. Bis sie aufkippten.

In Haus Freudenberg von ihrem Arbeitszimmer aus sahen sie eines Abends zwei Frauen unten im Hof stehen. Bei ihnen der Direktor, Dr. Riechling. Es war die Bäckersfrau. Mit ihrer Tochter.

Paul und Werner wussten, was die Glocke geschlagen hatte. Sie hatten zwar das Hemd am Flattern, aber abgebrüht, wie sie waren, besonders Paul, taten sie das einzig Richtige: Sie riskierten das Fernbleiben vom Abendappell. Vorsorglich informierten sie den UvD. Der mochte sie nicht in die Pfanne hauen und meldete dem Schulführer ein »Vollzähligangetreten«, obwohl sich Paul und Werner unterm Dach im Schlafsaal des dritten Zuges versteckt hielten.

Die beiden Frauen gingen die Front entlang und dann sogar durch die angetretene Formation, blickten forschend in jedes Gesicht. Natürlich ohne Erfolg. Wir anderen kapierten langsam, worum es ging.

»Meine Jungs tun so was nicht!«, sagte Dr. Riechling vor der strammstehenden Front zu den beiden Damen. Arrogant wie er war, fiel ihm das nicht schwer.

Dabei hätten Paul und Werner sofort ihre Koffer packen müssen, hätte er die Wahrheit gewusst. Viele Jungen mussten die Heimreise antreten wegen harmloserer Dinge. Da kannten die Nazis keine Gnade. Unser Zug von dreißig

»Jungmannen« war nach den zwei Jahren so gut wie halbiert. Sie haben uns hart bestraft für jede Kleinigkeit, haben uns hungern lassen, uns betrogen um die ohnehin schmalen Kriegsrationen! Aber schön ehrlich sollten wir bleiben.

Ehrlich um jeden Preis.

Einen großen Teil unserer Klever Nächte haben wir im Keller verbracht. Im Luftschutzkeller. Der Niederrhein gehörte während des Krieges zur Einflugschneise der britischen Luftwaffe, Richtung Ruhrgebiet oder Berlin. Wir hatten also unseren regelmäßigen Fliegeralarm. Meistens zweimal pro Nacht. Die Sirene weckte uns beim Einflug der Bomberverbände und ein zweites Mal bei deren Rückflug. Jedes Mal scheuchten uns die Zugführer in den Keller, obwohl in unserem Waldgebiet nie eine Bombe fiel. Jedenfalls nicht während unserer Zeit. Doch einer von diesen blöden Nachtalarmen sollte noch böse Folgen haben. Jedenfalls für mich.

Im Nazistaat gab es nur einen einzigen Führer, den Adolf. Aber tausende von Unterführern. Für alle möglichen Bereiche. Das reichte vom Fähnleinführer bis zum Arbeitsdienstführer, vom Schulführer bis zum Luftschutzführer und so weiter. Auch auf dem Freudenberg war für jeden Raum, ob Arbeitsraum, Schlafraum oder Waschraum, jeweils immer ein verantwortlicher Führer zuständig. Also auch für den Luftschutzkeller.

Dass die Wahl gerade auf mich gefallen war, das hab ich oft verflucht. Während die anderen Jungen bei Fliegeralarm noch schnell eine der wenigen Matratzen ergattern konnten, musste ich erst mal die Anwesenheit der ganzen Mannschaft kontrollieren. Auf einer langen Liste an der Wand.

Doch wer hatte schon Lust, laut und deutlich seinen Namen zu rufen? Alle waren sie hundemüde. Wollten nichts als schlafen. Und so passierte mir gleich in den ersten Wochen ein dicker Fehler. Der lange Freenz lag eben nicht in der Kellerecke auf einer Matratze, wie ich glaubte, sondern schlief selig oben in seinem Bett, als der Schulführer persönlich die Liste überprüfte. »Wo ist der Freenz?« Dr. Riechling platzte fast vor Wut.

Die erste Ohrfeige schleuderte mich gegen den Schrank. Die zweite zu Boden. Außerdem kriegte ich acht Wochen Hausarrest aufgebrummt. Acht Wochen! Das war der absolute Rekord. Das Höchstmaß hatte bisher bei der Hälfte gelegen. Gestrichen also der vierstündige Sonntagsausgang. Gestrichen die zweistündige Freizeit am Dienstag.

Die Kameraden bedauerten mich. Helfen konnte mir keiner. Irgendwie würden diese Wochen schon vorübergehen. Was schlimmer war: Der erste Elternbesuchstag stand bevor. Am nächsten Sonntag. Für eine Postkarte nach Gelsenkirchen war es zu spät.

ZvD war »Kakö«. Als mein Vater ihn am Besuchstag um eine Ausnahme bat, berief er sich kleinlich auf den Befehl des leider abwesenden Direktors. Eine Stunde könnte ich ja mit meinen Eltern zusammenbleiben. Auf der Bank im Garten. Mehr aber nicht.

Mein Vater glaubte, mir zu schaden, wenn er sich auf einen Konflikt mit »Kakö« einließe. Fühlte sich dem wohl auch nicht gewachsen als einfacher Arbeiter. Später erzählte er mir, dass meine Mutter ihn damals bedrängt hätte, mich sofort mit nach Hause zu nehmen.

Meine Eltern blieben an diesem Elternbesuchstag trotzdem länger als erlaubt, und ich brachte sie erst am Nachmittag nach unten an die Straße, zeigte ihnen zuletzt noch den Blick über die Weiden und Äcker der Rheinischen Tiefebene bis hin zu den beiden hohen Strommasten in der Ferne, mit denen bei Emmerich der Rhein überspannt wurde.

Wie oft ich hier gestanden und überlegt hatte, dass der Fluss von Duisburg käme, zusammen mit dem Wasser der

Ruhr. Und dies wiederum von unserem Strandbad in Heisingen – das erzählte ich nicht.

Ein solch dämlicher Fehler wie der im Luftschutzraum passierte mir nie wieder. Wer sich beim Aufrufen nicht meldete, dessen Namen brüllte ich jetzt so laut, bis der Fall geklärt war. Und dieses verfluchte Amt bescherte mir eines Nachts sogar noch einen Vorteil, um den mich viele beneideten.

Der Luftschutzkeller lag direkt neben der uralten Heizungsanlage. Es war also angenehm warm. Auf den herumliegenden Matratzen konnte man es gut aushalten. Falls man noch eine erwischt hatte.

Ich musste notgedrungen auf dem einzigen Schrank schlafen, der in dem Keller stand. Den Platz wollte keiner haben. Wer wollte schon im Schlaf herunterfallen?

»Man gewöhnt sich an allem!«, lachte ich und konnte von da ab auf Fensterbänken, Wartesaalstühlen oder sonst wo schlafen. Und immer wieder auf Schränken, auf denen keiner liegen wollte. Kein einziges Mal fiel ich herunter. Das hohe Monstrum im Freudenberger Luftschutzkeller wurde sogar mein Glück.

Es war in der Nacht zu irgendeinem Sonntag 1943, an dem unser Chor im Klever Burgtheater auftreten sollte. Auf einer Feier der NSDAP. Bei den Nazis gab es ja immer etwas zu feiern. Irgendwann der übliche Alarm.

Einhundert Jungen schliefen ahnungslos im Luftschutzkeller. Als aus der defekten Heizungsanlage Kohlenmonoxyd entströmte. Geruchlos und schwer.

Dieses verdammte Gas breitete sich zunächst am Boden aus. Stieg nur langsam höher. Das giftige Monoxyd erwischte zuerst diejenigen, die auf den begehrten Matratzen lagen. Dann waren jene an der Reihe, die sich etwas höher ausgestreckt hatten. Auf Holzbänken oder Stühlen. Von den einhundert Schläfern spürte keiner etwas.

Der Schläfer oben auf dem Schrank aber blieb verschont. Rieb sich die Augen und wunderte sich, dass es auf einmal laut wurde. Bewusstlose Jungen wurden nach oben getragen. Einige taumelten allein die lange Kellertreppe hoch.

»Raus hier!«, hieß es schließlich. »Schnell raus!«

Endlich standen wir alle oben. Auch die britische Luftwaffe hatte ein Einsehen. Rechtzeitig ertönte das Entwarnungssignal.

Was war passiert?

Einer der bereits vergifteten Jungen musste nachts zum Glück für uns alle zum Klo. Er schwankte die Treppe hinauf zur Toilette im Parterre. Die Kellertür schlug zu, und das hörte der diensthabende Zugführer, der im UvD-Raum auf die Entwarnung wartete. Er sah den torkelnden Jungen im Flur, ging auf ihn zu, wollte ihn zur Rede stellen. Da brach dieser zusammen.

Beim anschließenden Kontrollgang im Luftschutzkeller stellte sich heraus, dass sich nur noch wenige Jungen auf den Beinen halten konnten. Sanitätswagen schafften die schwersten Fälle ins Krankenhaus.

Ich gehörte zum Restchor, der am Sonntagmorgen im Burgtheater auf der Bühne stand. Was sich wohl die Zuschauer gedacht haben, als während der Aufführung ab und zu einer der Sänger zusammenbrach und schnell hinter die Kulissen getragen werden musste?

Ein Regieeinfall war das jedenfalls nicht.

Reif für den Krieg

Unsere Ferien hießen »Urlaub«, waren kürzer als bei den gleichaltrigen Gymnasiasten und dienten meist der Wehrertüchtigung. Die so genannten WE-Lager waren berüchtigt wegen der Härte der Ausbildung. »Da schleifen sie dir die Seele aus dem Leib!«

Für uns hatten sie fast Erholungswert. Da wurde niemand geschlagen, die Verpflegung war besser, und mit unserem Erfahrungsvorsprung aus der Klever »Zuchtanstalt« fanden wir uns schnell zurecht. Wer vom Freudenberg kam, den konnte so leicht nichts erschüttern.

Als alte Hasen kannten wir alle Tricks, besonders jene, die man im Lagerleben braucht. Auf die dümmliche Frage: »Wer spielt ein Instrument?« mochten die Neulinge noch hereinfallen, um dann mit Klo-Putzen beauftragt zu werden. Wir nicht.

Ein Leutnant ließ uns gerne mit zwei eisernen Trimmgewichten in der Hand, sauschwere Dinger waren das, den Hummerich besteigen. Den steilen Eifelberg. Bis oben hin. Mehr als hundert Meter hoch. Während er mit den anderen beim Essen saß. Ab und zu legte er den Löffel aus der Hand und kontrollierte mit dem Fernglas, ob der Bestrafte auch wirklich auf dem Gipfel angekommen war und dort ordentlich die beiden Trimmgewichte in den Himmel reckte. Lange genug, um bis hundert zu zählen.

Was der Leutnant nicht wusste: Wir legten die zehn Kilo schweren Dinger unten am Berg ab, suchten uns beim Aufstieg zwei etwa gleich dicke Holzstücke und hielten sie gegen den Himmel, wenn wir oben angekommen waren. Mit den Eisengewichten in der Hand meldeten wir uns dann zurück: »Befehl ausgeführt, Herr Leutnant!« Das Essen war zwar inzwischen kalt, unsere hämische Freude dafür umso größer.

Solche WE-Lager, die nur der Vorbereitung auf den Infanterie-Nahkampf dienten, waren bei uns nicht beliebt, und wir interessierten uns heftig dafür, wie man sie umgehen könnte. Etwa durch die rechtzeitige und freiwillige Meldung zu einem Segelfluglehrgang. Diese Fliegerlager waren zwar auch kein Zuckerschlecken. Aber da gab es wenigstens ein Ziel: die verschiedenen Flugprüfungen A, B oder gar C, denn ich wollte unbedingt zur Luftwaffe, Offizier werden. Wegen der Orden.

Für die A-Prüfung schleppten wir in der Eifel wochenlang den ganzen Tag über die schweren Schulgleiter – das waren die Segelflugzeuge für Anfänger – über den Platz und dann steil hinauf auf den Hummerich, den erloschenen Vulkan. Nur um dann irgendwann ein paar Minuten selber fliegen zu können.

Mit dem dicken Gummiseil auf dem Rücken stolperte die Seilmannschaft den Berg abwärts, das Seil spannte sich, während die Haltemannschaft das Segelflugzeug hinten festhielt und erst auf Kommando losließ.

Der Gleiter erreichte durch den plötzlichen Start am steilen Hang immerhin eine Flughöhe von etwa hundertfünfzig Metern. Aber das reichte gerade mal für zwei Kurven und eine Strecke Geradeausflug, denn der primitive Gleiter, mit massiven Kufen ausgestattet für harte Landungen, verlor viel zu schnell an Höhe. Erst später ließen sie uns bessere Segelflugzeuge fliegen. Wie das »Grunau-Baby« oder den »Kranich«.

Doch immer galt die Regel: Der gerade gelandete Flugschüler musste so lange angeschnallt sitzen bleiben, bis die Schleppmannschaft herankam und ihn losband. Vorher das Flugzeug zu verlassen, war verboten. Streng verboten. Warum, das hatten sie uns nie erklärt.

Einmal startete auch ich vom Hummerich-Gipfel. Spürte gleich in der ersten Linkskurve einen kräftigen Wind unter der rechten Tragfläche.

Mir wurde ein bisschen mulmig im Bauch. So zwischen Himmel und Erde. Aber gleichzeitig war es auch wunderschön. Ich saß nicht etwa in einer richtigen Kabine, sondern hing festgeschnallt auf einem offenen Sitz nur in den Gurten. Tief unter mir Wiesen und Felder und das Dorf Kretz, wo unser Schlafquartier war. Ich fühlte mich wie ein König der Lüfte. Die in Rotthausen müssten mich hier mal sehen!

Doch das Ganze dauerte nicht lange. Nur ein paar Minuten. Schon hatte ich den Flugplatz vor mir, bog in das mit Fähnchen abgesteckte Landefeld ein.

Aber was machten die Jungs von der Schleppmannschaft denn da? Statt mit dem Transport-Gulli auf die landende Maschine zuzulaufen, rannten sie schnell weg. Verschwanden in den Gräben, die unsere Vorgänger mal ausgehoben hatten. Zum Schutz bei plötzlichen Luftangriffen.

Ich setzte die Maschine auf, ein wenig stolz auf meinen gelungenen Flug, und wartete gelassen auf die Jungs. Die würden schon kommen.

Doch sie kamen nicht. Hockten stattdessen in den Schutzgräben am Rande des Flugfeldes und riefen mir etwas zu. Gestikulierten mit den Armen. Zeigten nach oben.

Schließlich kapierte ich: Da waren Jagdflugzeuge in der Luft. Jagdbomber. Fünf oder sechs. Direkt über mir. Kreisten über dem Platz. Die runden Kennzeichen klar zu erkennen: Engländer.

Ich löste ruckzuck die Gurte. Pfeif doch auf die Vorschrift! Wie verrückt rannte ich über das Flugfeld, stolperte, stürzte zu Boden, war sofort wieder auf den Beinen, lief weiter in Richtung Splittergräben. Jeden Augenblick musste ein MG tackern. – Aber nichts geschah. Kein einziger Schuss fiel.

Ich warf mich in den Graben zu den anderen. Angstvoll blickten wir nach oben. Die Jabos kreisten immer noch über dem Platz. Ziemlich langsam, als hätten sie viel Zeit.

Britische Jagdflugzeuge über Deutschland? Viermotorige feindliche Bomber, die flogen zu hunderten über unser Land. Tag und Nacht. Aber feindliche Jäger? Die hatten wir in Deutschland noch nie gesehen.

»Gleich kommen sie runter!«, schrie einer. Klar, dachten wir, die werden auf unsere Maschinen feuern. Aber die Briten drehten ab. Wir verstanden das nicht. »Die hätten doch mal eben unsere Segelflugzeuge in Brand schießen können«, sagte jemand. »Englischer Sportsgeist ist das«, meinte der Leutnant.

Nach den WE-Lagern durften wir meist für zwei, drei Tage nach Hause, bevor wir nach Kleve zurückfuhren. So auch in den Osterferien 1943.

In der Achternbergstraße hockten alle mal wieder brav im Keller. Ich war grippekrank und lag gut zugedeckt im einzigen Luftschutzbett. Umsorgt von meiner Mutter. Die Männer waren alle auf Arbeit oder an der Front. Außer Nachbar Janert.

Plötzlich ein dumpfer Aufschlag. Nicht sehr laut. Eher schwach: Plömp! »Da ist doch was gefallen!«, sagte Frau Brodesser. »Gehen Sie doch mal gucken, vielleicht war das eine Brandbombe!« Gemeint war der Nachbar. Aber Janert wollte nicht so recht. Schließlich ging er doch. Kam aber schnell wieder zurück. »Ist nix! Alles in Ordnung«, brummte er.

Etwas später hörten wir lautes Klopfen. Oben an der Haustür. Ein entferntes Rufen: »Euer Haus brennt! Euer Haus brennt!« Wir rannten nach oben. Stellten uns auf die Straße. Sahen von draußen die Bescherung: Ausgerechnet »unser« Haus, Karls schönes Zehnfamilienhaus, gerade mal sechs Jahre alt, brannte lichterloh. Genauer: Es brannte nur der linke Flügel. Also drei übereinander liegende Wohnungen.

Ein »Kanister« war durch das Dach geschlagen, gefährlicher als eine Stabbrandbombe. Der Phosphor hatte sich auf den Boden ergossen. Die Holzdecke war schnell durchgebrannt. Der linke Hausflügel bald eine verkohlte Ruine.

Wäre Nachbar Janert ein wenig mutiger gewesen, hätte er richtig nachgesehen, statt nur die Nase aus der Kellertür zu stecken. Ein paar Sachen, Papiere, Fotos, wenigstens die unersetzlichen Dinge hätte er aus seiner Wohnung noch retten können. Jetzt war alles zu spät. Die Feuerwehr kam natürlich nicht. Musste andere Brände löschen. Hier war nichts mehr zu retten.

Wir hatten inzwischen angefangen, zusammen mit ein paar Helfern der Hitlerjugend unsere eigenen Möbel auf die Straße zu stellen. Der Brand drohte sich auch auf unsere Wohnung auszubreiten. Es knisterte und knackte. Alle wollten schnell noch ein paar Sachen herausholen. Aber es gab nur einen einzigen Rettungsweg: durch das Treppenhaus.

In dem Chaos hörten wir eine Nachbarin mit den Helfern schimpfen, die gerade das Bettzeug einer anderen Familie bergen wollten: »Hört mal, ihr Jungens, ihr könnt mal lieber meine guten Oberbetten runterschaffen. Die da, die haben doch nur Pfannekuchen! Das lohnt sich doch gar nicht!« Die Nachbarin wurde ihren Spitznamen nie mehr los: »Frau Pfannekuchen« hieß sie ab jetzt.

Als es einen Stau im Treppenhaus gab, weil ein Sofa nicht um die Ecke bewegt werden konnte, schrie jemand: »Schmeißt doch das blöde Ding aus dem Fenster, dann gibt es wieder Platz!« Die Jungen von der HJ gehorchten, und so flog das teure Stück einfach auf die Straße.

Am Ende hatten wir großes Glück. Nach ein paar Stunden konnten wir alles wieder in unsere Wohnung tragen. Die Feuerwehr war doch noch gekommen und hatte den

Brand gelöscht. Aber drei Wohnungen waren hin. Alles schwarz.

Der Klingelknopf und das Namensschild der Familie nebenan blieben unversehrt. Aber wer die geröstete Tür aufstieß, konnte durch die verbrannte Holzdecke nach unten in die ehemalige Erdgeschosswohnung und nach oben in den Himmel sehen.

Der Brandgeruch hielt sich monatelang.

Abends wurden wir eingeladen. Die ganze Hausgemeinschaft. »Vonne Partei«. In die Hilgenboomschule. Meine alte Luftschutzdienststelle.

Nach Bombenangriffen hatten die Nazis immer ein schlechtes Gewissen. Ortsgruppenleiter Oelberger ließ belegte Brote verteilen, heißen Kaffee einschenken. Keinen Muckefuck, richtigen Bohnenkaffee. »Die müssen uns schon bei Laune halten«, sagte mein Vater, der inzwischen vom Pütt gekommen war, leise zu mir.

Herrn Janert, unserm Nachbarn, war der Appetit vergangen. Er hatte alles verloren. Stumm saß er am Tisch. Mochte nichts essen. Wir konnten ihn nicht trösten. Außerdem war er allein. Frau und Kinder evakuiert in Ostpreußen.

Nach dem Essen verteilte der Ortsgruppenleiter Bezugscheine an die Ausgebombten. Für Kleidung und Verpflegung. Gab ihnen ein Bett für die nächsten Tage. Oelberger sorgte gut für seine Ortsgruppe. Mein Vater duzte ihn. Bergleute duzen sich eben. Unter Tage, über Tage. Immer.

Wer in Rotthausen eine mehrräumige Wohnung hatte, musste jetzt Bombengeschädigte aufnehmen. Badbenutzung inklusive. Ein Gemeinschaftsklo kannten die Ausgebombten schon. Sie hatten nie etwas anderes. Aber ein richtiges »Badezimmer« – das sah mancher zum ersten Mal.

Immer häufiger hörte man jetzt auch den Spruch:

Lieber Tommy, fliege weiter!
Hier leben nur arme Bergarbeiter.

Fliege weiter nach Berlin,
denn da, da hamse ja geschrien.

Gemeint war die aufpeitschende Goebbels-Rede kurz nach dem Fall Stalingrads: »Wollt ihr den totalen Krieg?« – »Ja, wir wollen ihn!«, hatten sie im Berliner Sportpalast gebrüllt.

An den stehen gebliebenen Mauern zerstörter Häuser stand in großen weißen Lettern: »Mauern können brechen – unsere Herzen nicht.« Doch davon wurde die Stimmung auch nicht besser. Das spürte ich schon im Sommer 43, als ich für ein paar Ferientage zu Hause war.

Bei der Ankunft in Rotthausen hatte ich meine Eltern nicht angetroffen, war wie immer zu Klärchen und Josef gegangen, die jungverheiratet waren, in die Belforter Straße. Dort war mein zweites Zuhause: die ehemalige Wohnung meiner Oma. Ich wurde mitversorgt, und es gab viel zu erzählen. Als ich aber abends nach Hause wollte, meinte der Jupp so nebenbei: »Warte mal, ich geh lieber mit, es ist schon dunkel!«

Es dauerte eine Weile, bis ich kapierte: Trotz seiner kommunistischen Vergangenheit machte sich der Jupp Sorgen um mich, denn ich trug das braune Hemd der Hitlerjugend.

In der Nacht davor hatte es einen Luftangriff gegeben, bei dem auch Rotthausen etwas abgekriegt hatte. Auf dem Weg vom Bahnhof hatte ich gesehen, wie es in der Mechtenbergstraße noch brannte. Und wie immer nach solchen Angriffen war auch diesmal die Stimmung im ehemals roten Rotthausen nicht gerade nazifreundlich. Wer vor den Trümmern seines Heimes stand oder gar Angehörige verloren hatte, war nicht immer in der Lage, seine Zunge zu hüten, verfluchte auch schon mal laut »den Hitler und seine Scheißpattei«.

Ohne dass er gleich »abgeholt« wurde.

Sturmbannführer Reick

Ende 1943, der Abschluss unserer Ausbildung lag noch in weiter Ferne, tauchte plötzlich ein Gerücht auf: Wir würden für drei Monate nach Vallendar verlegt. Vallendar-Schönstatt bei Koblenz.

Aus dem Gerücht wurde ein Marschbefehl, und auch der wahre Grund kam bald heraus: Die militärische Führung brauchte günstig gelegene Gebäude für Armeestäbe und Lazarette. Die Landung der Alliierten an der Kanalküste stand unmittelbar bevor. Auch wenn Goebbels das nicht zugeben wollte: Haus Freudenberg lag günstig.

Also auf nach Vallendar.

Ab Köln-Deutz saß ich mit einer Frau allein im Zugabteil. Sie mochte so alt sein wie meine Mutter. Als sie ihren Rucksack öffnete und zu essen begann, bot sie mir ein Butterbrot an. Der Hunger guckte mir wohl aus den Augen. Eine richtige Kniffte war das, die ich da in der Hand hielt. Mit Butter und Wurst.

Klar, da muss man sich revanchieren, sich mit der Dame unterhalten. Aber worüber redet ein Fünfzehnjähriger mit einer fremden Frau im abgedunkelten Zug im Januar 44. Ich erzählte vom Segelflug, vom Alltag in der nationalsozialistischen Erziehungsanstalt und schließlich nicht ohne Stolz von unseren großartigen Berufsaussichten »nach dem Sieg«.

Die Frau hörte interessiert zu. Von dem, was sie selbst sagte, habe ich nur den einen Satz behalten, nämlich ihre Frage: »Junge, und was machst du, wenn wir den Krieg verlieren?«

Der Zug fuhr über die später berühmt gewordene Brücke von Remagen, wechselte zur anderen Rheinseite und hielt in Koblenz. Trotz der Verdunklung fand ich schnell eine Straßenbahn, und nach einer knappen Stunde war ich mit meinem Koffer in dem kleinen Dorf am Rhein: Vallendar.

Auch hier: alles dunkel. Keine Laternen. Wie überall. Aber seltsam, auf meine Frage nach dem Weg wurde mir von Passanten trotz meiner Uniform freundlich, aber bestimmt erklärt, wenn ich zum »Kloster« wolle, müsste ich »den kleinen Weg da vorn« hinaufgehen. Ich begriff: Auch hier hatte man zuerst die Mönche verjagt. Wie in Kleve. Um Platz zu schaffen für uns.

Ich dachte nicht lange darüber nach, war froh, wieder bei meinen Kameraden zu sein, bekam ein Bett zugewiesen, einen Spind und spät am Abend noch etwas zu essen.

Am nächsten Tag der wunderschöne Blick aus dem Schlafsaal über den Rhein und die Insel Niederwerth, die Besichtigung des fremden Gebäudes, neue Erzieher.

Und dann das Mittagessen! Im Essraum sahen wir den Unterschied zu Kleve jeden Tag auf dem Teller. Trotz der Rationierung im fünften Kriegsjahr: Hier konnte man satt werden. Es wurde auf gute Ess-Manieren geachtet.

Zwar fehlten auch hier die dümmlichen Tischsprüche nicht:

Es kann nicht jeder Feldherr sein!
Ein jeder sei Soldat!
Ein jeder Mann in unseren Reih´n
sei General der Tat!
Guten Appetit!

Aber in Vallendar ließ es sich leben. Die Lehrer waren menschlicher, und der Drill war besser zu ertragen, weil wir Schlimmeres gewohnt waren. Hier wurde niemand geschlagen.

In einigen Räumen stand ein Klavier, und es gab wöchentlich Instrumentalunterricht. Wenn auch nur in Gruppen. Ich konnte nicht genug davon kriegen und entschied mich gleich für zwei Instrumente: für Klavier und Geige.

Die Akkordeonspieler unter uns, der bewunderte Werner, der sture Freenz und auch ich, wir waren trotz unserer stümperhaften Klimperei jetzt sehr gefragt. Abends, wenn wir im Schlafanzug bis kurz vor dem Zapfenstreich noch an irgendeinem Klavier hockten und die Schlager dieser Tage sangen:

»Du und ich im Mondenschein
auf einer kleinen Bank allein,
Junge, Junge, das wär' herrlich
und auch nicht ganz ungefährlich.

Oder:

Wenn ein junger Mann kommt,
der weiß, wo's drauf ankommt,
weiß ich, was ich tu.

Nur manchmal war uns etwas mulmig. Wenn wir an den neuen Direktor dachten, der bald eintreffen sollte. Seit den miesen Erfahrungen mit unserem »Schulführer« in Kleve waren wir gebrannte Kinder. Dieser ironische, kaltherzige und immer launische Dr. Riechling hatte uns das Fürchten gelehrt.

Eines Abends bei der Flaggenparade stand der Neue zackig vor der angetretenen Front: Sturmbannführer Reick, schwarze SS-Uniform, vier Sterne auf den Kragenspiegeln, »alter Kämpfer« des »Führers«. Ein Mann der ersten Stunde. Also ein fanatischer Nationalsozialist.

Ehrfürchtig lauschten wir seinen kernigen Sprüchen: »Hart wie Kruppstahl, zäh wie Leder, flink wie die Windhunde müssen deutsche Jungen sein ...« Wir kannten das. Oft genug hatten sie uns mit diesem Hitlerzitat traktiert, aber aus Reicks Mund klang es wie neu.

Doch unsere Bewunderung verflüchtigte sich schon am nächsten Morgen, und zwar total, denn als Sportlehrer zeigte er eine unerbittliche Härte und einen ekelhaften Zynismus. Allein seine Lautstärke ließ uns erzittern.

Und ich war sein Opfer.

In Kleve hatte ich meine schwachen Leistungen in der Turnhalle immer noch ausgleichen können. Beim Schwimmen, in der Leichtathletik oder beim Boxen. Doch hier in Vallendar gab es kein Schwimmbad, und in dem kalten Winter 43/44 ging es auch nicht auf den Sportplatz. Es blieb nur die Turnhalle. Immer nur die Turnhalle.

»Ihr Waschlappen, so wollt ihr turnen? Ausziehen, aber dalli!«, brüllte er uns mit seiner markerschütternden Donnerstimme an.

Wir gehorchten eifrig und standen sofort wieder in Reih und Glied. Jetzt ohne Trainingsanzug.

»Ausziehen, hab ich gesagt! Wollt ihr euch wohl ausziehen, ihr Scheißkerle!«, schrie er jetzt.

Wir zogen eiligst das Turnhemd aus, manche ließen vorsichtshalber auch die Turnschuhe weg. Diesmal standen wir noch schneller in der Formation.

»Euch haben sie wohl ins Gehirn geschissen!«

Er war erst zufrieden, als wir alle barfuß, nur in Turnhöschen und mit kahler Brust vor ihm standen.

»Ist hier einer, der friert?«

Keiner meldete sich. Dabei froren wir erbärmlich. Draußen herrschte Frost. Die Turnhalle hatte keine Heizung, und die großen Fenster hatte er öffnen lassen.

Er selbst trug einen warmen Trainingsanzug.

»Gelobt sei, was hart macht!«, brüllte er jetzt und war erst zufrieden, nachdem wir diesen Spruch x-mal wiederholt hatten, so laut, dass die Wände wackelten.

Dann ging es los. »Wollt ihr euch wohl bewegen! Ihr seid wohl der Bürgerverein Arnold!« Was er damit meinte, blieb uns unerfindlich. In seinem ständigen Gebrüll blieben wir der »Bürgerverein Arnold«. Bis zuletzt.

Mit meinen schwachen Ärmchen konnte ich am Reck nicht viel ausrichten, nicht am Pferd und schon gar nicht beim Bodenturnen, wo er Leistungen verlangte, die zirkusreif waren. Das Schlimmste war die »Rolle vorwärts über zwölf«. Die reinste Akrobatik. Es begann mit fünf oder sechs hintereinander hockenden Jungen, über die wir mit ausgestreckten Händen, den Kopf vorneweg, durch die Luft »fliegen« mussten, im letzten Augenblick den Kopf einziehen, um mit einer Körperrolle zu landen. Das Ganze wurde ruckzuck bis zur »Rolle über zwölf« gesteigert. Für mich viel zu schnell Salto mortale.

Was sollte ich machen? Feigheit zeigen oder Angst? Als feige zu gelten, also »kneifen«, das war ja noch schlimmer, als Angst zu haben. Also sprang ich.

Natürlich vergaß ich regelmäßig, im entscheidenden Augenblick den Kopf einzuziehen, fiel mit dem Körper meinen hockenden Kameraden schwer aufs Kreuz und dann mit dem Gesicht auf die harte Matte. In unserer Sprache: »Voll auffe Fresse!« Schon wenn ich beim Absprung ein wenig zögerte, schrie Reick mit seinem ekelhaft rollenden R: »Sprrring nur Hoese, brrriich dir rruhig das Genick!«

Ich konnte danach kein rollendes R mehr hören. Nicht mal von Winnie Markus, meiner Lieblingsschauspielerin im Kino.

Wie oft ich mit blutender Nase diesen Reick verfluchte! »Freiwillig wird mich keiner mehr inner Turnhalle sehen!«, verkündete ich lauthals, wenn Reick außer Sichtweite war. »Im ganzen Leben nicht mehr!«

Damals setzte ich mich auf mein Bett im großen Schlafsaal und schrieb alle Turnstunden in meinen Taschenkalender, um sie dann dick durchzustreichen. Hinterher, wenn sie vorbei waren. Jede einzelne und mit Genuss.

Doch Reick hatte auch eine andere Seite. Einmal hat er am Ende eines Abendessens in den Speisesaal gebrüllt: »Jungs, seid ihr satt geworden?«

»Nein, Schulführer!!«, war die hundertfache Antwort. Die Jungen in Vallendar kannten ja unseren Hunger in Kleve nicht.

Reick, unter der riesigen Hakenkreuzfahne, dröhnte mit Donnerstimme zurück: »Ich auch nicht!«, stampfte mit seinen Stiefeln in die Küche mit dem Ergebnis: Alle Jungen kriegten noch eine dicke Kniffte extra. Sogar mit Wurst.

Bei den Nazis war sie gang und gäbe, diese eigenartige Mischung von Brutalität und Kameradschaftlichkeit, von unerbittlicher Härte und absoluter Zuverlässigkeit.

Mein Hass auf Sturmbannführer Reick wurde mit den Jahren geringer. Ganz verloren hab ich ihn nie. Nach 45 hörte ich von ehemaligen Kameraden, Reick habe sich bei Kriegsende erschossen.

Ich habe ihm keine Träne nachgeweint.

Verlorene Liebe

Doch jene Wolke blühte nur Minuten,
Und als ich aufsah, schwandt sie schon im Wind.
Seit jenem Tag sind viele, viele Monde
Geschwommen still hinunter und vorbei
B. Brecht

Bald nach unserer Ankunft in Vallendar geschah etwas Ungewöhnliches: Unser Zug bekam eine Einladung von der Abschlussklasse der Koblenzer Mädchenmittelschule. Für den 6. Februar 1944.

In Kleve wäre ein solches Treffen undenkbar gewesen. Die Bevölkerung hatte einen Riesenabstand zum braun gewordenen Freudenberg. Und ihre Töchter hielten sie auffällig von uns fern.

Die jungen Damen hier in Koblenz hatten ganz einfach die obere Etage eines Cafés an der Rheinstraße gemietet, wo wir ungestört waren. Versprachen sich einen netten Abend so kurz vor dem Schulabschluss.

Und es waren auch die Mädchen, die uns zeigten, was man bei solcher Gelegenheit alles machen kann: Eckenraten, Pfänderspiele, Küsschen hierfür, Küsschen dafür. Den Rest besorgte ein Grammophon, das eins der Mädchen – kluges Kind – samt Schallplatten mitgebracht hatte.

Der Abend wurde einigermaßen nett, aber irgendwie waren die Jungen doch nicht so locker, wie die Mädchen sich das vorgestellt hatten.

Ich hatte da keine Probleme. Obwohl Einzelkind und immer in reinen Jungenklassen aufgewachsen, hier bei Tanz und Spiel war ich unbefangen und frei. Ich bekam das sogar schriftlich. In meinem Zeugnis stand etwas von einem »aktiven und aufgeschlossenen Jungmann«. In der Sportstunde bei der »Rolle über zwölf« mochte ich ja die letzte Flasche sein, hier im Café an der Koblenzer Rheinstraße gab es keinen Reick. Ergebnis: Beim Abschied war ich mit der Hübschesten und Temperamentvollsten für den nächsten Sonntag verabredet. Vor dem Rheinkino. Sie hieß Gisela. Wurde bald siebzehn. Ja und?

Sogar aus Gelsenkirchen war sie. Hatte als Kind in der Bismarckstraße gewohnt. So klein ist die Welt. »Ach, ich höre dir so gerne zu«, sagte sie zu mir. »So wie du hat meine Mutter gesprochen: Dat und wat und kommze mal eben her!« Gisela war Halbwaise, ihre Mutter erst vor wenigen Jahren gestorben. Der Vater hatte als Steiger gearbeitet auf Consol in Gelsenkirchen-Bismarck.

»Dass du dich traust, so ein fremdes Mädchen einfach zu küssen, wenn alle zugucken«, meinte Erich hinterher. »Ich könnte das nie.« Seine Bewunderung tat mir gut, und ich kam mir sehr erfahren vor. War ja schon mit Gretchen auf den Mechtenberg gegangen. Damals in Rotthausen.

Am Sonntagmorgen neckten mich die Kameraden, meine Schuhe wären aber jetzt blank genug, und Erich fragte neugierig: »Was machst du bloß den ganzen Nachmittag mit so einem Mädchen?« Denn ich war der Einzige, der nach dem Abend im Café eine Verabredung hatte. Der immer etwas spinnige Okka aus Gladbeck bot mir sogar seine Pomade an. Aber ich lehnte ab. Wollte meine Locken nicht mit der öligen Schmiere verunzieren. Doch sonst waren Okkas Ratschläge ganz brauchbar: »Die Dame immer rechts gehen lassen, klar? Und hast du nicht ein kleines Geschenk für die? Das haben Frauen immer gern!« – Hatte ich nicht, aber ich musste doch lächeln, weil mir der Ring von der Bude einfiel, der jetzt im Schwarzbach lag. Am Mechtenberg.

Ich war aufgeregt. Das hier würde mein erstes richtiges Rendezvous sein und sicher mehr werden als nur Händchenhalten und am Schluss ein schüchternes Abschiedsküsschen. Wie damals mit Gretchen.

Mein Herz klopfte, als ich in Koblenz auf der Schiffsbrücke stand und Gisela drüben winken sah. Die schien sich genauso zu freuen wie ich.

Nicht weit vom Deutschen Eck gab es damals eine Pontonbrücke über den Rhein. Für Fußgänger und die wenigen Autos. Das war immer ein sehenswerter Vorgang, wenn der Doppelponton aus der Brücke herausfuhr, damit die großen Rheinschiffe mit den angehängten Lastkähnen passieren konnten. Für dieses Schauspiel warteten die Leute meistens gerne. Doch ich hatte kein Auge dafür an diesem Februartag 1944. Es ging mir nicht schnell genug.

Als die Schiffsbrücke wieder begehbar wurde und wir direkt voreinander standen, waren wir ziemlich verlegen. Zur Begrüßung gab es nur einen Händedruck und natürlich keinen Kuss, weil Pärchen sich damals nur im Dunkeln küssen durften und auch weil ich plötzlich merkte, dass so ein unverbindlicher Pfänderspielkuss doch etwas anderes ist als das, was ich in diesem Augenblick gerne getan hätte. Vor einer Woche unter den Augen der anderen, da hatten wir keine Probleme miteinander. Jetzt redeten wir wortreich über unsere Verlegenheit hinweg. Alle beide.

Es war ein wunderbares Gefühl, neben diesem hübschen Mädchen herzugehen, und ich wünschte, der Weg würde kein Ende nehmen. Aber ich wagte nicht einmal, ihre Hand zu berühren.

Der abgesprochene Kinobesuch wurde allerdings eine große Pleite. Wie wir uns später eingestanden, hatten wir uns wenigstens auf ein paar Berührungen im Dunkeln gefreut. Gisela hatte den Film empfohlen, aber nicht bedacht, dass ich jünger war als sie. Ich war noch fünfzehn. Und was schlimmer war: Ich sah auch so aus.

Der Film hieß »Das Schwarze Schaf« und galt »ab 18«, damals eine wichtige Altersgrenze für uns, weil der gefürchtete HJ-Streifendienst in den Kinos oft strenge Kontrollen durchführte. »Rein bleiben und reif werden« hieß das Gebot für die deutsche Jugend, und es war mehr als peinlich für die Betroffenen, wenn sie vor dem Hauptfilm ihren Platz verlassen mussten. Die vom Kinopersonal wären vielleicht großzügiger gewesen, aber Ärger mit der Partei wollte niemand haben.

Gisela und ich hatten die Kartenkontrolle schon erfolgreich hinter uns gebracht, saßen fast schon auf unseren Plätzen. Kurz vor unserem Glück. Da kam die Platzanweiserin. Sie ließ uns im Halbdunkel warten. Holte den Chef. Ich hörte, wie sie leise zischte: »Das Mädchen geht ja noch, aber gucken Sie sich doch mal den Jungen an!« – Im Dunkel des Kinos sah niemand, wie ich mich schämte.

Der Rheinuferweg, bis zur Insel Oberwerth am Koblenzer Schloss vorbei, war dann kein Ersatz fürs Kino, aber für Pärchen wie geschaffen. Es gab lange Strecken, wo uns kein Mensch begegnete. Allenfalls ein Liebespaar. Einziger Nachteil: Es war kalt, lausig kalt. Auf einer Schmusebank konnten wir nur ein paar Minuten sitzen.

Also liefen wir uns warm und redeten unaufhörlich. Gisela erzählte von der Schule, von der ungeliebten Stiefmutter, dem Vater, den sie sehr liebte und der als Soldat in Frankreich war. Auch von ihren Zukunftsplänen. Sie hatte – genau wie ich – voll auf den »Endsieg« gesetzt und strebte eine berufliche Tätigkeit innerhalb des BDM an.

Ich erklärte ihr den streng geregelten Tagesablauf in einer nationalpolitischen Erziehungsanstalt. Erzählte vom Klavierunterricht. Von unseren Lehrern. Und dass wir uns in Vallendar viel freier fühlten. Auf dem Freudenberg in Kleve hätten wir dagegen wie im Gefängnis gelebt. Von den Sportstunden bei Reick erzählte ich nichts. Kein Wort. Ein deutscher Junge steht das alleine durch.

Mit Einbruch der Dunkelheit wurde ich ein bisschen mutiger, legte den Arm um sie, aber ein zartes Küsschen wagte ich erst beim Abschied vor dem Hause Eltzerhofstr. 8, in der Koblenzer Altstadt, nicht weit vom Deutschen Eck.

Den Altersunterschied zwischen uns empfanden wir nicht – aber andere.

Ein paar Tage später, als wir mal wieder auf der Schiffsbrücke warteten. Diesmal zusammen. Gisela, hübsch anzusehen mit ihrer flotten Mütze und ich daneben ein wenig stolz im schmucken Uniformmantel mit den aufgestickten Ärmelstreifen. Aber eben ein Jüngelchen.

Als uns ein paar Landser anpöbelten. Junge Rekruten, vielleicht achtzehn oder neunzehn Jahre alt. Die waren natürlich neidisch auf das Milchgesicht, dessen Mädchen altersmäßig besser zu ihnen gepasst hätte. Sie mochten auch gar nicht so Unrecht haben angesichts meiner fünfzehn Jahre, denn Sehnsüchte und Träume, die hatten sie gewiss. Aber dies war jetzt mein Mädchen!

Es gab ein paar blöde Bemerkungen hin und her: »Du kleiner Bubi!«, und ich blaffte zurück: »Ihr Brotbeutel!«, war aber heilfroh, als die Schiffsbrücke nach einigen Minuten wieder passierbar wurde und ich mit Gisela aus dem Blickfeld der Landser verschwinden konnte.

»Brotbeutel«? Nun ja, wir hielten uns für etwas Besonderes. Sie hatten uns ausgesucht, ausgelesen, und demnächst würden wir sowieso alle freiwillig in der Waffen-SS sein. Oder bei der Luftwaffe. Die Infanteristen der Wehrmacht, das waren in unseren Augen nur »die Brotbeutel«, ein Ausdruck, den wir damals von der Waffen-SS übernommen haben.

Gisela und ich, wir hatten schnell ein bevorzugtes Ziel: das Denkmal Kaiser Wilhelms I. am Deutschen Eck. Hier, wo Rhein und Mosel zusammenfließen, standen wir gern, hielten uns an den Händen, schauten den Fluten nach und fragten uns, welche Chance unsere große Liebe wohl hätte. Selbstverständlich planten wir mit unseren Gefühlen für ein ganzes Leben. In meinen Taschenkalender schrieb ich am 16. März 1944: Gisela, meine letzte Liebe!!! – Mit drei Ausrufezeichen.

Unter dem Kaiser im Halbdunkel des Denkmalsockels wagte ich dann ein bisschen mehr als auf dem taghellen

Rheinuferweg. Ich spürte es deutlich, dass unter Giselas Mantel noch bedeutende Herrlichkeiten zu entdecken waren. Doch vorerst genügte mir diese Zartheit bei unseren Berührungen.

Auch Gisela drängte nicht weiter. Wenn ich sie umarmte, war sie liebevoll, empfindsam und weich. Unsere unschuldigen Begegnungen mit den Lippen, die wir für leidenschaftliche Küsse hielten, empfanden wir als die größtmögliche Nähe zwischen zwei Menschen, und wir dachten nicht daran, mehr herauszufinden. Schwebten auch so im siebten Himmel.

Manchmal überraschte uns ein plötzlicher Fliegeralarm. Für uns alles andere als eine Katastrophe, eher eine schöne Gelegenheit, in der Nische eines nur spärlich erleuchteten Luftschutzbunkers das fortzusetzen, womit wir unter Wilhelm I. schon angefangen hatten.

Unser Tag endete immer im Flur des Hauses Eltzerhofstraße 8. So gegen halb zwölf. Von da ab waren es für mich noch zwei Stunden bis zu meinem Schlafsaal in Vallendar. Die letzte Straßenbahn fuhr um zwölf ab Ehrenbreitstein. Auf der anderen Rheinseite.

Gisela musste eigentlich schon um zehn zu Hause sein. Der Krach mit der Stiefmutter blieb also nicht aus. Ein Foto von mir, lächelnd im Braunhemd, hatte mein Mädchen über ihrem Bett hängen. Für die Mutter wohl eine weitere Provokation.

Wie ich an den erforderlichen sonntäglichen Sonderurlaub gekommen bin, den ich so dreist bis nachts ausdehnte? Die normale Ausgangszeit dauerte nur von 14 Uhr bis 18 Uhr. – Gisela war das kluge Kind. Auf ihre Ideen wäre ich nie gekommen.

Sonntags behauptete ich beim diensthabenden Zugführer, ich hätte eine Einladung in die Oper. Von meiner in Koblenz wohnenden Tante. Für Rückfragen hatte ich natürlich eine Adresse. Na, welche wohl! Zusätzlich präsentierte ich die Eintrittskarte. Gisela hatte sie besorgt. Man hat eben seine Unkosten.

Gisela kannte den Spielplan der städtischen Bühnen und informierte mich genau über Inhalt und Besetzung der jeweiligen Aufführungen. Sozusagen im Schnelllehrgang, denn mit Kontrollfragen durch die Erzieher musste ich immer mal rechnen. Womöglich durch Reick persönlich. Davor hatte ich den größten Bammel. So »sah« ich im Frühjahr 44 im Koblenzer Stadttheater manche Oper. Ob »Rigoletto« oder »Tiefland«, Gisela wusste immer Bescheid. Tatsächlich besucht haben wir keine Einzige.

Einmal hat sie es fertig gebracht, mich mitten in der Woche, als nun wirklich kein Urlaub auf dem Plan stand, in Vallendar loszueisen. Für einen mehrstündigen Sonderurlaub. Sie hatte einfach Sehnsucht nach mir.

In der Koblenzer Stadtbücherei würde heute Abend ein Vortrag von Sven Hedin gehalten. Es war Gisela selbst oder ihre Freundin aus der BDM-Dienststelle, die in unserem Büro anrief und als »Tante« sehr herzlich um den entsprechenden Urlaub für mich bat. Der Junge sei doch so ein begeisterter Sven-Hedin-Leser! Und das war nicht mal falsch. Sven Hedin war ein erfolgreicher schwedischer Reiseschriftsteller, der sich freundlich über die Nazis geäußert hatte und in Deutschland viel gelesen wurde.

So wurde ich nichts ahnend mitten in der Woche zum ZvD zitiert und bekam Stadturlaub für Koblenz.

Übrigens, den besagten Sven-Hedin-Vortrag im vornehmen Saal des Regierungspräsidenten haben wir uns tatsächlich angehört. Wenn auch nur die Hälfte. Es konnte nicht schaden, einige Einzelheiten zu wissen. Falls ich doch mal gefragt würde.

Seltsamerweise hat sich nie einer von den Erziehern Gedanken darüber gemacht, wie ich denn spät abends wieder in unseren Bau hineinkommen würde. So lange nach Zapfenstreich. Das war eben mein Problem.

Der Manni, mein guter Kamerad aus Andernach, entriegelte abends vor dem Zapfenstreich ein Fenster im Schuhputzraum und lehnte es vorsichtig an. Ich brauchte es dann nachts nur vorsichtig aufzustoßen, hineinzuklettern und leise auf Zehenspitzen vom Keller hinauf durch den riesigen dunklen Bau zu schleichen. Der Manni war zuverlässig. Hat mich nie in Stich gelassen.

Vorsichtig bewegte ich mich am Dienstzimmer vorbei. Sah manchmal durch die Türspalte noch Licht. Irgendwelche Lehrer spielten gerne Billard am Wochenende. Meine ständige Schreckensvision: Reick macht plötzlich die Tür auf und erwischt mich mit Donnerstimme: »Ach, wen haben wir denn da? Mitten in der Nacht? Den Genickbrrruch-Hoese?«

Meine Spannung ließ erst nach, wenn ich gegen halb zwei in meinem Bett lag. In der zweiten Reihe unseres großen Schlafsaales, wo ich noch ein bisschen an Gisela dachte, ehe ich einschlief. Manchmal hatte Erich mir etwas Essbares verwahrt, denn die Abendmahlzeit hatte ich natürlich verpasst.

Während der Woche war ich dann wieder sehr brav. Lag abends immer rechtzeitig im Bett. Pünktlich zum Zapfenstreich. Sogar noch einige Minuten vor Werners Trompetensignal, denn sonst hätte ich unsere verabredete »Denkzeit« verpassen können! Um 22 Uhr schloss ich die Augen, traf mich mit meiner Liebsten am Deutschen Eck. Gedanklich. Unterm Kaiser.

Es begann unsere gemeinsame intensive Konzentration. Fünf Minuten lang. Dies war unsere Zeit, in der wir noch einmal ganz nahe beieinander waren und alle Liebkosungen in Gedanken wiederholten. Auch wenn der Rhein und einige Kilometer dazwischen lagen. Das konnte uns keiner nehmen. Die Gedanken sind frei.

Ab Dienstag wartete ich dann wieder gespannt auf einen Brief. Einen Liebesbrief natürlich.

Mein Herz klopfte heftig bei der Postverteilung im großen Essraum. Gisela hatte ihrerseits den Briefträger überredet, meine Briefe an der Stiefmutter vorbeizuschleusen.

Beide schrieben wir gern, hatten uns immer eine Menge zu erzählen und waren in der Lage, unsere Gefühle und Stimmungen aufs Papier zu bringen. Seitenweise. Sogar besser als mündlich. Schon für den ersten Brief gab ich meine steile Schülerschrift auf, neigte die einzelnen Buchstaben einfach nach rechts. Mit Gisela wollte ich einen neuen Lebensabschnitt beginnen. Meine Kindheit sollte zu Ende sein. Von einem Tag auf den anderen.

Einmal riskierten wir den Besuch eines Speiserestaurants. Vereinzelt hatte noch eins geöffnet. Eine Mahlzeit kriegte man aber nur nach Vorlage der entsprechenden Fleischmarken. Einen 50-Gramm-Abschnitt hatte ich noch von meiner Mutter, den Rest pumpte mir der Paul.

Am Eingang das bekannte Ritual: Ich ging vor, baute mein »Männchen«, knallte die Hacken zusammen zum Hitlergruß und begrüßte damit alle im Raum anwesenden Offiziere und die anderen Dienstränge gleichzeitig. Das war Pflicht, wenn man ein Lokal betrat, und es konnte Ärger ersparen, wenn drinnen ein hochnäsiger Uniformträger saß, stolz auf seine Schultersterne, und in schneidigem Ton einen zackigen Gruß verlangte. Natürlich nur, um bei seiner weiblichen Begleitung Eindruck zu schinden.

Okka hatte mich vorher aufgeklärt: »Du musst der Dame den Mantel abnehmen, den Stuhl ranschieben, kapiert?« Ein paar Tischmanieren hatte ich in Vallendar schon gelernt. Auch den Umgang mit Messer und Gabel. Unterm Kaiser am Deutschen Eck oder im Luftschutzkeller fühlte ich mich zwar bedeutend wohler, doch mein erster Restaurantbesuch war ein Erfolg.

Ach ja, da gab es noch diesen Reick, unser aller Schrecken. Aber was war die Angst vor dem gegen meine Gefühle für Gisela? Ich sah ihn jetzt als eine Art Hürde. Dahinter stand mein Mädchen. Reick war die Kröte, die ich schlukken musste. Beim Sport brüllte er zwar immer noch mit seinem markerschütternden Organ: »Sprring Hoese, brrrich dir rruhig das Genick!« Aber etwas war anders geworden. Bevor ich jetzt loslief beim Bodenturnen, dachte ich erst kurz an Gisela. Dann sprang und flog ich mit Todesverachtung über die Zwölf. Nur den Kopf, den zog ich immer noch nicht rechtzeitig ein. Der einzige Unterschied zu vorher: Ich hatte inzwischen eine Technik entwickelt, mich bei der Landung seitlich etwas wegzudrehen. Damit ich nicht voll aufs Gesicht fiel. Das hätte mir noch gefehlt, mit einer geschwollenen Nase nach Koblenz zu fahren.

Manchmal, wenn es besonders kalt war, suchten wir uns einen Platz im Café. Die wenigen, die in Koblenz noch geöffnet hatten, waren immer proppenvoll. Soldaten mit ihren Bräuten, Zivilisten, Uniformträger aller Art, bunt gemischt. Wenn wir dann mit Mühe einen Platz gefunden hatten, konnten wir froh sein. Ich konnte Gisela sogar »freihalten« mit meinen rosa Kuchenmarken.

Woher ich die hatte? Meine Mutter hatte sie »besorgt«. Sie arbeitete damals wieder in der Jungschen Bäckerei auf der Karl-Meyer-Straße in Rotthausen. Beim monatlichen Aufkleben der eingenommenen Kuchenmarken ließ sie ab und zu ein Schnibbelchen in ihre offene Tasche fallen. Für ihr hungriges Schätzchen. Trotz der strengen Aufsicht. Und der Todesstrafe, die darauf stand. – Ach, sie war schon gut, meine Mutter. Ich hab sie sehr geliebt.

Doch nicht einmal Gisela hätte ich erzählt, woher ich die Kuchenmarken hatte. Auch nichts vom »Feindsender hören» in Rotthausen. Von hunderttausenden ermordeter Juden hatte der BBC-Sprecher einmal berichtet. Ich hielt das für Feind-Propaganda.

Wenn wir uns aufgewärmt hatten, war ich froh, das Café wieder zu verlassen. So sicher fühlte ich mich nun auch wieder nicht unter den vielen Erwachsenen, und liebevolle

Berührungen, Händchen halten oder Ähnliches, das war unter den Augen anderer fast unmöglich. Auch nicht so schön wie auf dem einsamen Rheinuferweg, am Deutschen Eck oder überhaupt im Dunkel unserer stillen Wege.

Einmal hatten wir die obere Etage des besagten Cafés an der Rheinstraße ganz für uns alleine. Das verdankten wir dem Kellner, dem Bruder von Giselas Klassenkameradin. Es war der Raum unserer ersten Begegnung. Aneinander geschmiegt saßen wir auf der Klavierbank, und ich wagte leise ein einziges Lied:

Zum Abschied reich ich dir die Hände
und sag ganz leis auf Wiedersehn.
Ein schönes Märchen geht zu Ende.
Es war doch so schön.
Ich will's in meinem Herzen tragen.
Du weißt, wie gern ich bei dir blieb.
Drum will ich dir zum Abschied sagen:
Ich hab dich so lieb!

Als Schlager gewiss kein großer Hit, aber damals traf er die Gefühle junger Paare. Text und Melodie drückten aus, was viele empfanden: die Angst vor Abschied und Trennungsschmerz, die Ahnung vom Ende einer Liebe mitten im Krieg, die ständige Furcht, den anderen durch plötzliche Ereignisse zu verlieren. Ich glaubte nicht, dass Gisela diesen Augenblick je vergessen könnte. Genauso wenig wie ich.

Das war unser Lied. Wenn wir einmal getrennt würden, für immer würde dieses Lied uns verbinden. Bis zum Ende unseres Lebens. »Versprochen!«

Eines Morgens früh um sechs stand ich mit Back, Günther und Erich in der Straßenbahn, die über die Koblenzer Rheinbrücke fuhr. Den Marschbefehl zu einem weiteren Wehrertüchtigungslager in der Tasche. Unsere Zeit in Vallendar war abgelaufen.

Ein letzter Blick zur geliebten Schiffsbrücke und hinüber zum alten Kaiser. Wo mochte Gisela jetzt sein? Ob sie noch schlief? Mir war zum Heulen.

Die Kameraden lenkten mich ein bisschen ab, freuten sich, dass die Zeit mit Reick vorbei war. Bald saßen wir im Zug. Diesmal Richtung Eifel.

Eines Abends wurde ich in diesem WE-Lager aus dem Essraum ans Telefon gerufen. Alle horchten auf: Meine Schwester wolle mich sprechen. Ich kapierte sofort: Das konnte nur Gisela sein. Eine Schwester hatte ich nicht.

Leider haben wir dieses Gespräch verschenkt, verspielt. Wie man's nimmt. Gisela wusste nicht, dass ich einen Mithörer hatte: den Lagerleiter. Und ich – immer noch keine sechzehn – hatte nicht genug Routine, unter den Ohren Dritter am Telefon klug zu taktieren. Die Freude, nach der plötzlichen Trennung wieder miteinander sprechen zu können, war für uns beide zu groß. Wir konnten unsere Verliebtheit nicht verbergen, dachten nicht einen Augenblick daran, dass dieses Gespräch auch mal eine Ende haben könnte.

Leutnant Waschkowitz im Büro nebenan merkte schnell, dass dies keine familiäre Unterhaltung war, nicht die richtige Tonlage zwischen Bruder und Schwester. Auf sein Geheiß musste ich es bald abbrechen. Dieser Saukerl! Dabei stammte er aus Essen.

Eine neue Verabredung mit meinem Mädchen kam nicht mehr zustande. Gisela musste auf eine BDM-Führerschule nach Prag und ich von der Eifel wieder zurück nach Kleve.

Doch es gab die Post. Einige Briefe adressierte ich noch an die Adolf-Hitler-Str. 384 in Prag, später an die frisch ernannte »Lagermädelführerin« Gisela Schlima im KLV-Lager Manderscheid/Eifel.

Briefe mit heißen Beteuerungen hin und her. Wir schworen uns Liebe und Treue. Doch in diesen Zeiten erreichte nicht mehr jeder Brief sein Ziel. Die militärische Lage wurde nach der Landung der Alliierten in der Normandie immer unsicherer.

Der Briefwechsel mit Gisela brach irgendwann ab. Es war kurz vor Beginn der amerikanisch-britischen Frühjahrsoffensive, die wir damals seit Wochen angstvoll erwarteten.

Ihre letzte Karte kam aus einem kleinen Ort im Harz. In der Nähe von Hahnenklee. Das KLV- Kinderheim war aus der Eifel dahin evakuiert worden. Es hatte nur wenige Kilometer hinter dem Westwall gelegen, wo jetzt die Front verlief. Giselas ausführlicher Bericht sollte folgen.

Mehrere Freunde versicherten mir einige Tage später hoch und heilig, einen Brief für mich gesehen zu haben. Mit ihrem Absender. Bei der Postsammelstelle. Ich glaubte fest daran, denn niemand hätte damals gewagt, mit solchen Dingen zu scherzen. Zugführer Möller, unser Mathematiklehrer, habe alle Briefe mit nach Rheinbach genommen, wo er zu Hause war, hieß es. Von dort aus wollte er uns an der Front besuchen, wohin sie uns inzwischen geschickt hatten, um uns die Post zu bringen. Bald.

Tagelang freute ich mich auf diesen Brief, denn Giselas Karte aus dem Harz hatte keinen Absender gehabt.

Auf den Frontbesuch unseres Lehrers warteten wir vergebens. Konnten uns gut vorstellen, wie er zu Hause schnell seine SA-Uniform ausgezogen hat, um als braver Zivilist auf die Amerikaner zu warten. Was er wohl mit den ihm anvertrauten Briefen gemacht hat? Der Scheißkerl.

Giselas Brief erreichte mich nie.

Wenn ich heute das blaue Autobahnschild »Rheinbach« sehe auf der A 61, habe ich immer noch das Gefühl, dass mir da etwas zusteht.

Zivil im Koffer

Nach dem Winter in Vallendar und einem weiteren Segelfluglehrgang in der Eifel wurden wir wieder zurück nach Kleve befohlen. Haus Freudenberg war nun doch kein Wehrmachtslazarett geworden. Trotz der Ankündigung im Dezember.

Vor diesem zweiten Anlauf in Kleve fühlten wir uns anders, nicht mehr wie die kleinen Jungs vom Juni 42. Auf der Hinfahrt im Zug spuckten wir jedenfalls große Töne.

Die Älteren unter uns, die vom Jahrgang 27, trugen inzwischen das Parteiabzeichen an der Uniform. Nicht, dass man sie groß gefragt hätte wegen des Eintritts in die NSDAP. Ruckzuck war das gegangen. Eines Sonntagsmorgens marschierten wir zum einzigen großen Saal in Vallendar. Davor hieß es: »Abteilung halt! In Einerreihe einrücken!« Dann wurde der ganze Jahrgang 27 auf die Bühne gerufen. Nacheinander. Als sie wieder herunterkamen, waren sie Parteigenossen der NSDAP. Alle.

»Schulführer, ich bin Parteigenosse!« So wollte Richard vor »Daddys« nächster Ohrfeige rechtzeitig auf seine neue Würde aufmerksam machen. Laut und deutlich.

Doch sein großspuriges Versprechen brauchte er nicht zu halten, denn schon kurz nach unserer Ankunft lief ich wie ein Irrer durch die Arbeitsräume, um mir von allen die große Überraschung bestätigen zu lassen: Wir kriegen einen neuen Direktor. »Daddy« packt gerade seine Sachen!

Der neue Direktor, wieder einer von der schwarzen SS, stand schon am nächsten Tag auf dem Appellhof neben der Fahne, wo einst die heilige Maria auf dem Sockel gestanden hatte.

Sturmbannführer Lücke war eine Überraschung. Kein Vergleich mit Reick oder Dr. Riechling. Der brüllte nicht herum. Schrie auch keinen an, und an harte Strafen kann ich mich nicht erinnern. Lücke sorgte besser für uns, als »Daddy« es je getan hatte.

Selbst aus der Küche kam jetzt besseres Essen als früher. Wir kriegten flotte Arbeitsuniformen, und auch Musikinstrumente waren plötzlich da. Ich kriegte eine alte, fast schwarze Geige, um die mich alle beneideten. Sie klang wunderbar. Und stand da nicht auch der Name des Geigenbaumeisters drin? Günther erhielt die gewünschte Klarinette.

Über die Herkunft der gebrauchten Instrumente machten wir uns keine Gedanken. Einmal kursierte so ein Gerücht, und mir kam ein furchtbarer Verdacht. Wem hatte man diese Geige weggenommen?

Im Mai schrieb ich auf eine Ansichtskarte nach Rotthausen: »Hier ist vieles anders geworden.« – Lag es daran, dass wir jetzt älter waren?

Es gab noch einen weiteren Grund. Aus Bitburg in der Eifel war ein weiterer Zug zu uns nach Kleve versetzt worden. Dreißig Jungen. Schon ein Jahr älter als wir. Standen kurz vor der Einberufung zum Kriegsdienst. Wir bewunderten sie mächtig.

Da war der Junge, der gern auf der Fensterbank saß und selbstvergessen auf seiner Geige spielte. Ein anderer hieß Karlheinz Stockhausen und gehört heute zu den bekannten Komponisten moderner Musik.

Bei den jetzt noch häufigeren Fliegeralarmen in der Nacht interessierten sich einige findige Köpfe besonders für die Lattentür im Keller.

»In so einem Kloster muss doch ein Weinkeller sein«, beharrte Richard und klärte das Problem mit einer Taschenlampe.

Wenn wir anderen nach dem Nachtalarm froh waren, wieder in unsere Betten zu kommen, blieb Richard mit zwei, drei anderen Jungen länger im Luftschutzkeller. Geschickt angelten sie mit einem Draht ein paar Flaschen heraus. Die Latten ließen sich leicht auseinander biegen. »Die Mönche kommen sowieso nicht mehr wieder«, meinte Richard, »also ist das auch kein Diebstahl.« Der Kreis der Mitwisser wurde allmählich größer.

In diese Stimmung platzte die Nachricht, Haus Freudenberg würde nun doch Wehrmachtslazarett. Sofort. Wir kämen alle nach Bedburg, Bedburg an der Erft. Irgendwo zwischen Köln und Aachen. – Schade.

Die nächtlichen Zecher dachten ganz praktisch: Wenn schon Sense ist hier am Freudenberg, dann sollen wenigstens ein paar Flaschen Wein mitgehen! Ein paar Schlauberger legten sich sogar ein kleines Depot an. Im Wald unter dem Laub.

Inzwischen war der halbe Zug eingeweiht. Sogar Helmut, unser UvD, mit von der Partie. Nur die naiven kleinen Jungs wie Erich oder ich, wir wussten von nix. Das hier war Männersache.

Es kam die letzte Nacht auf dem Freudenberg. Die Koffer waren gepackt und wie üblich mit Benninghoffs Pferdegespann schon vorher zum Klever Bahnhof gebracht worden.

In der Nacht der übliche Fliegeralarm. Für die jugendlichen Möchtegernzecher Grund genug, noch mal so richtig einen draufzumachen. Abschied vom Freudenberg. Das musste gefeiert werden! Die Zugführer kamen in letzter Zeit beim Fliegeralarm gar nicht mehr in den Luftschutzkeller herunter. Was sollte schon passieren?

Die Flaschen kreisten. Einem der fröhlichen Zecher, es war ausgerechnet Richard, wurde dabei übel. Er ging hinauf zur Toilette, um sich zu übergeben, traf aber im Flur auf Studienrat Wegener, den »Diensthabenden«.

Richard, in seinem Rausch, muss sich wohl nicht ganz so unterwürfig benommen haben wie sonst, wollte sich sogar ziemlich respektlos geäußert haben, wie er nachher stolz erzählte. Und er stand auch nicht mehr so ganz sicher auf seinen Beinen.

Wegener roch Richards »Fahne«, alarmierte sofort den Direktor und alle Zugführer. Es begann ein nächtliches Verhör. Lange und gründlich.

Die beteiligten Jungen verwickelten sich in Widersprüche, und der Rest kam schnell heraus, als am anderen Morgen das ganze Gepäck vom Bahnhof zurückgeholt und kontrolliert wurde. Auch das Weinlager im Wald flog auf.

Die Entscheidung fiel schnell. Allein aus unserem Zug musste fast die Hälfte der Jungen sofort die Koffer packen. Napola ade! Ihre Abfahrt erfolgte am nächsten Morgen noch vor der unsrigen.

Auch Paul war dabei, obwohl er nicht mal etwas gestohlen, sondern nur einen angebotenen »Schluck aus der Pulle« abgekriegt hatte.

Die »Weindiebe« kamen kleinlaut und niedergeschlagen zu Hause an. Niemand wusste einen Ausweg. Nur Pauls resolute Mutter meinte, auch »unter dem Hitler« müsse es doch eine Beschwerdestelle geben. Für einen Schluck aus der Pulle wäre die Strafe einfach zu hoch.

Paul und Werner sammelten von den anderen Beteiligten ein paar Mark ein. Fuhren nach Koblenz. Zur Oberbehörde aller Anstalten im Rheinland. Sie landeten bei einem zuständigen SS-Standartenführer. Wurden von dem erst mal richtig zusammengeschissen. Immerhin merkten die beiden schnell, dass der Rausschmiss des halben Zuges doch eine sehr eigenmächtige Entscheidung des Klever Direktors gewesen war. Paul und Werner waren am Ende erfolgreich, durften uns anderen nachreisen.

Wir, die Braven, die naiven Uneingeweihten, waren inzwischen in Bedburg angekommen und erlebten zu unserer

Erleichterung, dass etwa die Hälfte der »Weingeschädigten« einer nach dem anderen wieder bei uns eintrudelte. Aber Richard war nicht dabei.

Doch Helmut, unser UvD, gehörte wieder zu uns. Stand aber jetzt bei uns im Glied. Nicht mehr vor der Front. Er war degradiert worden, durfte uns nicht mehr kommandieren. Okka genoss seine Rolle als Nachfolger. Wenn auch nur für ein paar Wochen. Bis zu seinem Abgang zur Waffen-SS.

Wir waren jetzt Bedburger. Wohnten mitten im Ort in einem prächtigen Ritterschloss. Dr. Ottenbach, der Direktor, trug natürlich auch die braune Naziuniform. Doch das ganze Klima erinnerte stark an Vallendar, bevor Reick damals auf der Bildfläche erschienen war.

Vielleicht war dies der Grund: Die Front in der Normandie hatte nur drei Wochen gehalten. Dann waren die amerikanischen Panzer durchgebrochen und rollten jetzt genauso schnell durch Frankreich wie die deutsche Wehrmacht vier Jahre vorher. Nur in umgekehrter Richtung. Richtung Deutschland.

Im August 44 waren unsere letzten Sommerferien. Ich hatte mich zusammen mit Back, Günther und Erich wieder für einen weiteren Fluglehrgang gemeldet. Diesmal aber schon mit dem Hintergedanken, als Offiziersbewerber der Luftwaffe eine längere Ausbildungszeit zu brauchen. »Bis ich fertig bin, ist der Krieg längst vorbei!«, hatte ich in Rotthausen getönt. Bloß nicht sterben für Deutschland!

Trotz der jahrelangen braunen Erziehung hatte sich meine Einstellung nämlich geändert. Das verdankte ich neben meinem Vater ausgerechnet dem »Völkischen Beobachter«. Diese langweilige Parteizeitung sollten wir natürlich auch in Bedburg lesen. Eine andere gab es nicht. Jedenfalls nicht für uns.

Im Juli stieß ich darin auf eine Anzeige:

Leutnant
Alfred Hoese
Gefallen für Führer,
Volk und Vaterland.
In stolzer Trauer –
die stolzen Hinterbliebenen.

Daneben das übliche Symbol des Eisernen Kreuzes und darunter eine Adresse in Sachsen, der Heimat meiner Vorfahren. Dieser Alfred Hoese war zweiundzwanzig, als er in Russland fiel.

Ich las die Anzeige, und mein erstes Gefühl war Stolz. Einer aus meiner großen Sippe war für Deutschland gefallen. Sogar als Leutnant. Doch je länger ich auf den Namen starrte, umso klarer wurde mir: So könnte auch meine Todesanzeige aussehen. In einem Jahr schon. Lange trug ich den Zeitungsausschnitt mit mir herum. Wie eine ständige Mahnung. Ich wollte nicht so jung sterben.

Auch als ich am 21. Juli beim Abendessen von dem misslungenen Attentat auf Hitler hörte, schimpfte ich nicht mehr auf diese »elende Verräterclique«, die es so heimtückisch auf das Leben des »Führers« abgesehen hatte. Wie ich es vielleicht ein paar Wochen vorher getan hätte.

Beim Kurzurlaub in Rotthausen hatte mein Vater mir Zivilkleidung in den Koffer gepackt. Für den Ernstfall.

»Schmeiß die Uniform weg, wenn die amerikanischen Panzer kommen, und guck, dass du dich aus dem Staub machst!«

Eines Abends schrillte die Trillerpfeife überraschend noch ein zweites Mal nach dem Zapfenstreich, und obwohl keine Luftschutzsirene zu hören war, wurden wir alle ins Direktorzimmer befohlen.

Ein ungewohntes Bild: einhundertzwanzig Jungen im Schlafanzug, eng zusammengedrängt im Büro von Schulführer Dr. Ottenbach. Der trug jetzt Zivil.

»Wir brauchen keine Zeugen«, meinte der »Alte«, ließ die Türen verschließen und mahnte uns zur Verschwiegenheit. Dann erklärte er uns seinen Plan. Den Fluchtplan der nationalpolitischen Erziehungsanstalt Bedburg.

Schnell und heimlich sollten wir uns davonmachen, falls plötzlich feindliche Panzerspitzen auftauchten und die Rheinbrücken schon gesprengt wären. In kleinen Gruppen von Bedburg aus schnurstracks nach Osten. Dann bei Hitdorf mit Booten über den Strom. Die lägen dort für uns bereit. Dafür sei gesorgt. Der Ami habe gerade Aachen erobert. Er könnte schneller hier sein, als wir dächten.

In allen Ortschaften hatten sie jetzt Panzersperren gebaut. An den Ausfallstraßen. Aus Bahnschwellen. Senkrecht wurden diese wie Palisaden in den Boden gerammt, der Raum dazwischen mit Erde aufgefüllt. Auch in Bedburg. Jeder Ort eine Festung, hieß es.

Trotz des Fluchtplanes ging das Leben aber erst mal weiter. Eine Zeit lang halfen wir, Bombenschäden in der Stadt zu beseitigen. Die Leute waren froh, wenn wir die Dächer reparierten und es nicht mehr in ihre Bude regnete. Von oben hatten wir immer eine gute Aussicht, sozusagen einen Logenplatz für die Luftkämpfe über der Front. Die war ja nicht mehr weit.

Obwohl die Amerikaner und Briten überraschend am so genannten Westwall stehen geblieben waren. Ziemlich genau an der deutschen Grenze. Wir verstanden das nicht. Ihre Panzer hätten nur durchzufahren brauchen. Ruckzuck wären sie am Rhein gewesen. Ob wir unsere Fluchtboote bei Hitdorf noch rechtzeitig erreicht hätten, hielt ich ohnehin für fraglich.

Ein paar Wochen später sahen wir auch von der deutschen Luftwaffe nichts mehr. Meine Wunschvorstellung, einmal als hoch dekorierter Jagdflieger aus dem Kriege heimzukehren, hatte ich längst aufgegeben. Doch ich hoffte immer noch auf eine lange fliegerische Ausbildung.

Vielleicht in den neuen Wunderflugzeugen des »Führers«, von denen der Goebbels immer sprach. Das Herz sei ihm fast stehen geblieben, so tönte er, als er die neuen Waffen bei einer Besichtigung gesehen hätte. Die Feinde könnten sich auf etwas gefasst machen.

Ganz schlaue Köpfe unter uns wollten sogar wissen, dass der »Führer« nur den Großraum von Berlin bräuchte, um von dort einige Raketen, so wie die V2, abschießen zu lassen. Bestückt mit »Atom«. – »Eine für London, eine für New York und eine für Moskau. Dann ist der Krieg mit einem Schlag zu Ende, werdet ihr sehen!«

Nachts hörten wir ein entferntes Grollen, glaubten zuerst an ein heranziehendes Gewitter, es war aber schon die Artillerie der nahen Westfront.

Zu fünft schliefen wir jetzt in einem der dicken Türme des ehemaligen Ritterschlosses. Mit eigener Ausgangstür, denn bei Fliegeralarm mussten wir im nahen Bedburger Krankenhaus Verwundete und Kranke in den Keller tragen. Und zwar schnell. Kein Schläfchen mehr während des Alarms.

Die Verwundeten waren dankbar. Die netten Krankenschwestern auch. Zwischen Vollalarm und Entwarnung war viel Zeit zum Fli rten im Schwesternzimmer, auch wenn wir mit unseren sechzehn Lenzen viel zu jung waren für die Damen mit den weißen Häubchen. Die aparte Christa war neunzehn. Die hübsche Annelie schon zweiundzwanzig. Für die waren wir doch kleine Jungs. »Pipijungens«, wie Tante Hanni immer sagte.

Egal, wir versuchten es wie üblich mit unserer großen Klappe. Witzelten nach allen Regeln der Kunst bis zur Entwarnung. Den Schwestern gefiel das. Werner hatte natürlich die meisten Chancen. Dieser Stenz wagte es, sogar Schwester Annelie Avancen zu machen. Die schien gar nicht mal uninteressiert.

Und Schwester Christa? Hatte sie nicht auffällig lange gelächelt beim Abschied? Mir zugelächelt?

Hand aufs Herz: Die Schwestern waren eine Nummer zu groß für uns. Annelie sah ich einige Tage später im Kino. Mit einem schmucken Oberleutnant. Da konnte selbst der Werner nicht mithalten. Mit Christa tauschte ich ein, zwei Briefe, traf mich auch mal mit ihr hinterm Schwimmbad an der Erft. Aber es wurde nichts daraus. Sie konnte Gisela nicht aus meinem Herzen verdrängen.

Schnell hatten wir gute Kontakte zu den verwundeten Soldaten. Back und ich führten tagsüber kleine Botengänge für sie aus, unternahmen auch schon mal größere Fahrten zu deren Angehörigen per Anhalter. Der linke Niederrhein und das Fronthinterland wurde uns so von Tag zu Tag vertrauter.

Manche Landser gaben uns heiße Tipps für den Barras. Wir schüttelten den Kopf, vermieden zwar den Ausdruck »Brotbeutel«, aber betonten doch ziemlich überheblich: »Nee, Leute, wir gehen nicht zur Infanterie!« Dazu zeigten wir stolz unseren Wehrpass vor. »Offiziersbewerber Luftwaffe« stand darin.

Ein junger Leutnant aus Herne holte uns aus unseren Träumen: »Seid ihr eigentlich bekloppt, habt ihr Pimpfe noch nie was von der Frontbewährung gehört? Die musst du erst mal überstehen, ehe deine Ausbildung anfängt. Sind nur drei Monate, aber da musst du schon etwas zeigen, dich überrollen lassen vom Iwan, dann von hinten eine Haftladung an den T 34 kleben. Und dann liegst du schnell unterm Birkenkreuz!«

Back und ich wurden nachdenklich. Wozu hatten wir denn unsere Segelflugprüfungen gemacht? »Kann doch nicht alles für die Katz gewesen sein!«, schimpfte Back. »Wehrfliegertauglich« stand schließlich in unserem Wehrpass!

Am nächsten Tag baten wir um Sonderurlaub und fuhren nach Brühl zum Wehrbezirkskommando, wo unsere Musterungsakten lagen. Zackig meldeten wir uns bei dem zuständigen Major und verlangten eine Änderung: Ab sofort wollten wir nur noch einfache »Kriegsfreiwillige der Luftwaffe« sein, wie uns der verwundete Leutnant geraten hatte, keine Offiziersbewerber mehr.

Der Major guckte uns misstrauisch an. Aber er änderte die Eintragung. Setzte seinen dicken Stempel darunter.

Wir fünf im Turm führten jetzt ein gewisses Eigenleben. Hatten immer weniger mit dem Hauptgebäude zu tun, weil der Fliegeralarm tagsüber kaum noch aufhörte. »Eine richtige sturmfreie Bude haben wir hier!«, meinte Back. Kein diensthabender Zugführer verirrte sich zu uns. Nach Zapfenstreich gingen wir einfach raus aus dem Bau ins Städtchen hinein. So gegen elf.

Doch wie schnell waren wir auch wieder zurück! Nichts los in Bedburg an der Erft. Tagsüber die Tiefflieger, nachts das Grollen der Artillerie. In den wenigen Kneipen war die Stimmung gedrückt. Sobald wir auftauchten in unserer Uniform, verstummten auch die Gespräche.

Im Juni hatte unsere ganze Mannschaft einem Bauern noch bei der Feldarbeit geholfen. Über hundert Jungen. Beim Rübenvereinzeln. Zwei Wochen lang. Jeden Nachmittag. Natürlich ohne Bezahlung. Alles fürs Vaterland. Mittags nach dem Unterricht standen zwei Trecker auf unserem Hof. Mit Anhängern. Ab ging es in die Felder.

Jetzt im September war das zehn Wochen her. Aber ich überredete Back, diesen Bauern doch mal zu besuchen. Ein paar Birnen würde der schon herausrücken.

Der Weg nach Kirchherten dauerte eine gute Stunde. Die Sonne schien, und die Jagdbomber ließen uns ziemlich in Ruhe. Eigentlich wollten wir auf dem Gutshof nur unseren bescheidenen Wunsch vorbringen. Der Bauer aber, noch dankbar wegen des Rübeneinsatzes im Juni, glaubte, wir kämen wegen der Belohnung für die gesamte Mannschaft. Sozusagen offiziell.

Back grinste mich an. Jetzt nur nicht zu viel reden.

Und so kriegten wir nicht nur die erhofften zwei Kilo, sondern gleich zwei Zentner Birnen. Ein Gehilfe sollte uns nach Bedburg bringen. Aber an der Hauptstraße konnten wir ihn loswerden. »Wir schaffen das schon alleine!«, meinte Back und grinste mich an. Schließlich konnten wir schlecht mit dem Trecker im Ritterschloss aufkreuzen. Da hätten wir von unseren Birnen nicht mehr viel gesehen.

Per Anhalter waren wir auch so bald in Bedburg, und abends hatten wir beide jeder einen vollen Sack Birnen unterm Bett liegen.

Die Post funktionierte noch. Und in Gelsenkirchen freuten sie sich über ein großes Obstpaket.

Schwein gehabt!

Am 27. September 1944 bewegte sich ein langer Eisenbahnzug vom Bedburger Bahnhof Richtung Westen. Es ging nach Linnich. Abends in der Dämmerung. Wegen der Tiefflieger. Feine D-Zug-Wagen mit Extra-Abteilen für fünfhundert Jungen drin oder mehr. Weinende Mütter beim Abschied. Um uns Napolaner weinte keiner.

Fast ein halbes Jahr hatte sich die Hauptkampflinie im Westen kaum bewegt. Adolf und seine Bonzen glaubten schon wieder an den Sieg. Eine riesige Verteidigungsstellung sollte hier entstehen. Gebaut von der deutschen Jugend. Vorneweg die Jungmannen der nationalpolitischen Erziehungsanstalten. Deshalb mussten wir nach Linnich.

Am Bahnhof kurze Begrüßung durch den Kreisleiter. Kernige Ansprache: »Linnich wird Festung. Uneinnehmbar! Der Feind wird sich die Zähne ausbeißen! Kämpfen für den Führer bis zum Endsieg.«

»Fronthelfer« stand jetzt in unserem Ausweis. Vereidigt wurden wir nicht. Dafür war keine Zeit. Aber hier war's gefährlich. Das brauchte uns keiner zu sagen. Der Ami stand schon bei Geilenkirchen. Das war nur ein paar Kilometer weiter. Linnich lag voll im Bereich der amerikanischen Artillerie. Weglaufen kam nicht in Frage. Für jede Bewegung brauchte man ab sofort einen Passierschein.

Über die Rur marschierten wir in die Stadt. Linnich lag schwarz und etwas bedrohlich auf einem Hügel vor uns. Menschenleer und still. Die meisten Leute waren schon weg, geflohen. Der Kreisleiter und die anderen Bonzen mussten natürlich dableiben. Sonst hätte man sie auch an die Wand gestellt.

Unser Bett: ein Strohlager in der Schule. Fünfzig Mann in einem Klassenraum. An der Tafel stand noch ein Lied:

Der Mond ist aufgegangen.
Die goldnen Sternlein prangen
am Himmel hell und klar.
Der Wald steht schwarz und schweiget
und aus den Wiesen steiget
der weiße Nebel wunderbar.

Die befohlene Verteidigungsstellung sollten wir auf den Wiesen rings um Linnich bauen. Dort sahen wir den weißen Nebel jeden Morgen aufsteigen. Und er war wirklich wunderbar. Warum, das lernten wir bald.

Die Latrine war draußen im Schulgarten. Den Donnerbalken kannte ich noch nicht. »Eine richtige Volksgemeinschaft sind wir jetzt«, meinte Paul. »Zusammen essen, zusammen schlafen, zusammen scheißen!«

Als ich mich am nächsten Morgen der herrlichen Anlage näherte, empfand ich einen heftigen Ekel. Zusammen mit anderen auf diesem Balken? Ich sah zwei Jungen ungeniert nebeneinander sitzen. Hörte sie dabei reden und lachen.

Mich dazusetzen? Nee, nix für mich! Ich schlug mich lieber verschämt irgendwo in die Büsche. Hatte aber die Hose noch nicht runtergelassen, da lag ich schon auf dem Bauch. Ein Pfeifen, ein Rauschen! Jetzt ist's vorbei mit dir, dachte ich. Rums, rums, machte es. Zwei Einschläge, ohrenbetäubend und kurz hintereinander. Nur ein paar Meter weiter. Ich kriegte ein paar Klumpen Erde auf Arme und Rücken, zitterte am ganzen Körper.

Am Donnerbalken war es still. Ich wagte nicht, dahin zu gehen. Erst später mit den anderen näherte ich mich vorsichtig der Latrine. Dann liefen sie alle hier zusammen.

Die beiden Jungen waren tot. Lagen in der Scheiße.

Kurz danach ertönte die Trillerpfeife zum Aufbruch. Der Einsatzleiter wollte uns schnell weg haben. Um die Toten kümmerten sich andere.

Beim Abmarsch war es still. Kein Lied. Der erste Tag in Linnich fing nicht gut an.

Wir marschierten über die Rur, dann am Ufer flussaufwärts. Über eine Brücke zurück auf die Linnicher Seite. Dort in den Wiesen war eine Igelstellung zu bauen. So der Befehl. Die Arbeit war nicht schwer, der Boden weich. Zu vier Mann kriegten wir sieben, acht Meter zugeteilt. »Passt auf die Tiefflieger auf!«, war der einzige Ratschlag, den sie uns gaben. Alles so ähnlich wie im Pütt. Die Arbeit genau nach Metern eingeteilt, wie Ede immer erzählt hatte. Und auch hier kam die Gefahr von oben.

Wir arbeiteten fleißig und akkurat. Laufgräben im gewinkelten Zickzack. Die abgestochenen Grasstücke legten wir ordentlich auf den herausgeworfenen Lehm. Wegen der Tarnung. Wie hatte der Kreisleiter noch gesagt? Linnich wird uneinnehmbar! An uns sollte es nicht liegen.

Für drei Grabenabschnitte brauchten wir einen Luftbeobachter, den »Lookiman«. Der brauchte zwar nicht zu arbeiten, kriegte aber auch schnell die Genickstarre. Auf die Ohren allein konnte man sich nicht verlassen.

Sobald der Bodennebel verschwunden, »wunderbar aus den Wiesen gestiegen« war, füllte sich der Himmel mit feindlichen Flugzeugen: Thunderbolts, Lightnings mit dem Doppelrumpf, die etwas schwerfälligen Mustangs und wie die Typen alle hießen. Die Piloten drückten plötzlich ihre Maschinen runter. Machten sich einen Spaß daraus, in unsere Grabenlinien hineinzuschießen. Die brachten uns vielleicht ans Laufen! Wir flitzten natürlich schnell in das Grabenstück, das gerade schräg zu ihrer Schussrichtung lag. Bloß nicht stolpern dabei!

Mancher von diesen Killern kehrte überraschend zurück und versuchte, uns in dem anderen Grabenstück doch noch zu erwischen. Wenn sie dann ihre Maschinen hochzogen und wir schon mal einen Blick riskierten, sahen wir die Kerle in ihren Kabinen sitzen. Sauhunde, die!

Manche waren so unerbittlich, dass sie noch im Abflug ihre Artillerie auf uns hetzten. Per Sprechfunk. Kaum waren sie weg, schlugen schon die ersten Artilleriegeschosse bei uns ein.

Nach ein paar Tagen fühlten wir uns wie alte Frontschweine. Gewöhnt an Artilleriebeschuss und Tiefflieger.

Abends zum Abmarsch sammelten wir uns am Rur-Übergang. Eine wunderschöne alte Bogenbrücke. Aus Stein gemauert. Ich hätte sie gerne mal gezeichnet.

Etwas Feierabendstimmung kam auf, und wir scherzten mit der Brückenwache, einem jungen Landser. Mit seinen achtzehn Lenzen war er kaum älter als wir.

»Drei Monate Ausbildung als Rekrut, dann bist du fertig«, erzählte er. »Aber vorher reißen sie dir so richtig den Arsch auf! – Wenn hier wenigstens noch ein paar Mädchen vorbeikämen!«, fügte er enttäuscht hinzu. »Aber hier spielt sich nichts ab!«

»Du bist doch fein raus hier! Das bisschen Wacheschieben ist doch alle Male besser als unsere Maloche!« Wir lachten mit ihm bis zum Abmarsch.

Als wir am nächsten Abend wieder an die Brücke kamen, lag der Junge da. Auf dem Rücken. Er war tot. Nicht mal die Einschusswunde war zu sehen. Ganz friedlich sah er aus. Ein Tiefflieger hatte ihn erwischt. Von hinten.

Langsam begriffen wir, dass man zum Sterben nicht unbedingt in der vordersten Stellung stehen muss. Sterben konnte man hier überall. Und jeden Augenblick.

Unter den vielen Fronthelfern in Linnich fiel die hundert Jungen starke Napola-Mannschaft schnell auf. Wir blieben möglichst beieinander, halfen uns aus alter Gewohnheit gegenseitig und hielten zusammen wie Pech und Schwefel. Traten auch innerhalb der Marschkolonne geschlossen auf. Zackig, selbstbewusst. Uns hatten sie geschliffen, jahrelang auf Vordermann gebracht. Bald brauchten sie uns. Als Vorzeigetruppe.

Die beiden toten Fronthelfer im Schulgarten blieben nicht die einzigen Opfer. Gleich in der ersten Woche erschossen die Tiefflieger noch andere Jungen beim Stellungsbau.

Wir wurden in drei Lastwagen gepackt, sozusagen als Ehrenkompanie. Für die Beerdigungen in den Dörfern rings um Linnich. Mit geputzten Spaten. Blitzblank gewienert. Als ob wir die Jungs damit wieder lebendig machen könnten. Die Lkws fuhren uns eine Woche lang durch das Fronthinterland und brachten uns jeden Tag zu einer anderen Beisetzung. Nach Kirchherten, Königshofen oder Harff. Einmal, am 30. September 44, waren es zwei.

Die weinenden Mütter an den Gräbern ihrer Kinder. Das war schlimm. Auch für uns Sechzehnjährige. Trieb uns die Tränen in die Augen, und mir begann zu dämmern, was der Krieg wirklich war. Nicht die Ritterkreuze, die Sondermeldungen im Radio, nicht mal unser halb verbranntes Haus in Rotthausen. – Die toten Jungs in Linnich, das war der Krieg.

Der Kreisleiter faselte an den offenen Gräbern etwas vom »Tod für Führer, Volk und Vaterland«. Bei jeder Beerdigung der gleiche Text. Mit routinierter Rednerstimme beschwor er den Endsieg. Dann schlug er die Stiefel zusammen und kondolierte den Angehörigen. Die Pistole am Koppel wackelte. Danach durfte der Pfarrer auftreten.

Wir präsentierten unsere Spaten, als die Särge hinabgelassen wurden. Dann sangen wir:

Ich hatt' einen Kameraden,
einen bessern findst du nit.
Die Trommel schlug zum Streite,
er ging an meiner Seite
in gleichem Schritt und Tritt.

Unser Gesang war schlecht. Mir versagte mehrmals die Stimme.

An einer Straßenkreuzung fanden wir einmal ein zerbeultes Fahrrad, gingen neugierig näher heran, wie Jungen es tun. Doch unser Interesse erlosch schlagartig. Neben der Lenkstange lag noch eine Hand. Mit schwarz gewordenen Fingern.

Tiefflieger hatten einen Radfahrer erwischt.

Auf den Rurwiesen schufteten wir wie die Wilden. An uns sollte es nicht liegen. Die Igelstellung wurde früher fertig als geplant.

Eines Abends in der Dämmerung stand der seltsame Zug mit den feinen Waggons wieder auf dem Linnicher Bahnhof. Brachte uns nach Elsdorf bei Düren. Mit Einquartierung in Privathäusern.

Wir landeten in einem Reihenhaus. Ein Haufen Stroh wurde ins Wohnzimmer gekippt, die Schlafstelle war fertig. Für fünfzehn, zwanzig Mann. Ab und zu steckte die Hausfrau ihr verschrecktes Gesicht zur Tür herein. »Nemmt ösch bloß in Acht. Ich will kene Kratzer uf minge Schrank sihn!«, schimpfte sie.

In Elsdorf regnete es ununterbrochen. Ich lag bald mit einer fiebrigen Erkältung auf dem Stroh. Nur selten kam der Sani, der Sanitätsmensch.

»Großangriff auf Gelsenkirchen!«, meldete der Wehrmachtsbericht am Freitag, den 7. November.

Völlig überrascht waren wir nicht: Lange Zeit galt Gelsenkirchen als eine Stadt, die verschont bleiben würde wegen seiner vielen Zechen, denn die Bombenteppiche fielen immer woanders. »Die Alliierten brauchen unsere Kohle nach dem Krieg«, hieß es zu Hause. Mir hatte das immer eingeleuchtet, denn die Zeche Dahlbusch in Rotthausen gehörte den Belgiern, so viel wusste ich. Aber damit war es jetzt wohl vorbei, und wir machten uns große Sorgen. Ob unsere Eltern noch lebten?

»Ist doch gut, dass du noch krank bist«, meinten Julli und Back entschlossen zu mir. »Ganz klar, du fährst nach Hause! Nachgucken, was los ist. Wir decken deinen Rückzug hier.«

»Ohne Passierschein?«, wandte ich ein. »Und wenn sie mich erwischen?«

»Musst du grad sagen«, lockten sie mich, »du hast schon ganz andere Dinger hingekriegt! Damals in Koblenz.«

Von Düren fuhr täglich nur noch ein einziger Zug nach Düsseldorf. Über Elsdorf. Und auch nur bei schlechtem Wetter, wenn keine Tiefflieger in der Luft waren.

Schon auf dem Bahnsteig kriegte ich den ersten Schrecken. Stand doch da der kriegsversehrte Hauptmann Müller, unser Chef seit Linnich, Herr über tausend Fronthelfer. Ich drückte mich schnell hinter das Bahnhofsgebäude und sprang erst in den Zug, als dieser bereits fuhr.

In Düsseldorf empfing uns Fliegeralarm. Also rein in den nächsten Luftschutzbunker. Im Halbdunkel sah ich schon wieder diesen Müller. Seine Orden blitzten. Das EK 1, die Nahkampfspange und das Deutsche Kreuz in Gold. Tock, tock, machte sein Stock. Ich drückte mich tiefer in meine Nische. Dabei wollte der Müller sicher nur nach Hause. Am Wochenende. Zu seinem Schatz.

Beim ersten Entwarnungston der Luftschutzsirene flitzte ich raus aus dem Bunker. Sprang einfach in einen Zug nach Dortmund. Über Wuppertal. Die direkte Strecke nach Essen war wieder mal getroffen worden, hatte der Lautsprecher im Bahnhofsbunker gemeldet.

Auch mein Zug wurde wegen der häufigen Bombenschäden ständig umgeleitet. Was die feindlichen Piloten aber nicht wussten: Das Ruhrgebiet hatte immer schon viele Nebengleise, Güterzuglinien und Zechenbahnen. Durch geschickte Umleitung konnte die Reichsbahn immer wieder einen halbwegs funktionierenden Verkehr aufrechterhalten. Auch nach schweren Luftangriffen.

Abends war ich in Herne. Also von hinten herum nach Hause. Erst mal erneuter Fliegeralarm. Dann die Streckenprüfung wegen möglicher Blindgänger.

Endlich die Ankunft in Gelsenkirchen. Die Stadt schien wie tot. Straßenbahnen fuhren nicht mehr. Oberleitungen hingen herab. Im Düppel brannte es. Aber unser Haus in Rotthausen stand noch.

Am nächsten Tag, es war ein Sonntag, fuhr ich mit dem Fahrrad nach Bismarck. Vorsichtig, denn die Straßen waren mit Glassplittern übersät. Der Luftdruck einer einzigen Zwanzigzentnerbombe erzeugte einen solch starken Sog, dass in der ganzen Umgebung hunderte von Fensterscheiben herausgerissen wurden. Glassplitter in den Wohnungen waren dagegen selten.

Backs Zuhause in der Bismarcker Kleiststraße stand kurz vor dem Zusammenbruch. Über geborstene Treppen kletterte ich nach oben. Bis in den dritten Stock. »Ist hier jemand?« – Keine Antwort.

Wieder unten sah ich die Kreideinschrift an der Hauswand. Backs Familie wohnte jetzt in der Marschallstraße. »Bist du verrückt, da raufzuklettern!«, empfingen sie mich. »Die Bude kann doch jeden Moment zusammenbrechen!« Das tat sie dann auch. Aber erst ein paar Tage später.

Für einen anderen Jungen gab es eine schlimme Nachricht. Vater und Bruder waren tot. Volltreffer! Luftmine.

Dann fuhr ich zum Haferkamp. Das Zechenhäuschen von Jullis Familie lag wie im tiefsten Frieden. »Was macht unser Jürgen?« Die Eltern konnten sich kaum beruhigen. Und erst mal die Oma! In aller Eile packten sie ein Fresspaket zusammen. Für ihr Schätzchen.

Am Montag machte ich mich wieder auf den Weg nach Westen. »Was ist mit dem Zivilzeug, das ich dir mitgab?«, fragte mein Vater beim Abschied. »Sobald der Ami angreift, schmeiß bloß die Uniform weg und hau ab!«

Ich nickte.

Am späten Nachmittag in Elsdorf dann eine unangenehme Überraschung: Ich kannte keinen Menschen mehr. Als wäre ich nie hier gewesen. Die Fronthelfereinheit war wieder mal weitergezogen. Aber wohin? Ich fühle mich verloren und im Stich gelassen. Die unfreundliche Quartiersfrau wusste natürlich von nichts. Kehrte gerade die Strohreste aus ihrem Flur.

Ich stellte mich am Bahnhof auf die Gleise. Weit in der Ferne, schwach zu sehen, der hohe Schornstein der Bedburger Zuckerfabrik. Was sollte ich machen? Ich lief einfach los. Auf dem Trampelpfad direkt neben dem Bahngleis.

Abends war ich bei meinen Kameraden in Bedburg. »Was ist los in Gelsenkirchen? Warst du in Bismarck?«, bestürmten mich Back und Julli. Ich musste ausführlich erzählen.

Am nächsten Morgen wartete am Bahnhof schon wieder dieser lange Sonderzug auf uns. Keiner wusste, wohin es dieses Mal gehen sollte. Irgendwer bewegte uns wie Figuren auf dem Schachbrett. Dahin, wo wir gerade gebraucht wurden. Diesmal fuhr der Zug nach Süden. Unser Blick ging über die Rheinische Tiefebene. Erst kamen ein paar Hügel, dann immer höhere Berge. Das musste die Eifel sein. Die Täler wurden enger.

In einem kleinen Dorf hinter Schleiden blieb der Zug stehen. Nicht mal einen richtigen Bahnhof gab es in dem kleinen Kaff. »Oberhausen/Eifel« lasen wir. Neben der Straße ein Schild: »Vorsicht, Frontgebiet! Artilleriebeschuß!«

Wir waren wieder da, wo wir hingehörten. Marschierten in ein nahes Barackenlager. Es stank entsetzlich nach einem grässlichen Desinfektionsmittel. Ein ehemaliges Russenlager, erzählten uns die Anwohner später.

Unser Auftrag: ein System von Laufgräben auf dem Berg anzulegen. Doch die Arbeit war diesmal sauschwer. Mit Spitzhacke und Pannschüppe kamen wir nur langsam voran. Den Spaten brauchten wir nicht mehr. Immer wieder störten uns dicke Baumwurzeln oder große Felsstücke.

In Linnich oder in Elsdorf war der Boden noch schön weich gewesen. Niederrheinische Tiefebene. »Den Lehm, den konntest du abstechen wie Butter. Aber diese Knochenarbeit ist etwas für einen, der Vater und Mutter totgeschlagen hat!«, schimpfte Back.

Wenigstens störte uns hier in der Eifel kein Tiefflieger bei der Arbeit. Die Bäume schützten uns. Leider nicht gegen plötzliche Artillerieüberfälle. Die gab es Tag und Nacht. Besonders nachts. Der Ami stand bei Hellenthal. Zwei, drei Dörfer weiter. Seine Geschütze ballerten über die nächste Bergkette.

»Ich hab keine Lust, hier im Schlaf draufzugehen«, sagte Back nach der ersten Nacht. »Wenn hier so ein Ding einschlägt, dann klappt die Baracke zusammen wie ein Kartenhaus!«

Also schliefen wir von jetzt an in einem der vielen Westwallbunker auf unserem Berg. Die hatte Adolf schon 36/37 bauen lassen. Alle hundert Meter einen. Tief gestaffelt und gut getarnt. Dazu eine Betonhöckerlinie. Zehn, zwölf Meter breit. Von Basel bis zur Nordsee. Als Schutzwall gegen feindliche Panzer.

Wir hatten die freie Wahl, suchten uns einen Bunker aus. Nicht allzu hoch gelegen. Keiner hatte Lust auf einen langen Anstieg nach dem Abendessen. In die Nische vor der Schießscharte warfen wir ein Bund Stroh. Kein idealer Schlafplatz. War ja auch nur gedacht für ein Maschinengewehr und zwei Mann. Etwas eng für drei Leute. Beim Knobeln hatte ich gewonnen. Kriegte den warmen Platz in der Mitte.

Nach getaner Arbeit schliefen wir immer gut und fest. Hörten zwar den Einschlag einer Granate, irgendwann nachts direkt vor unserem Bunker. Spürten den Luftdruck an den Ohren. Rums! Aber was sollte uns schon in diesem

Bunker passieren! Wir drehten uns gemeinsam auf die andere Seite und pennten einfach weiter.

Am nächsten Morgen war es total dunkel. Kein Lichtschimmer mehr durch den Sehschlitz wie sonst. Vor dem Einschlafen hatten wir wie immer die Stahlplatte so drei, vier Zentimeter zur Seite geschoben. Wegen des Miefs in dem engen Kabuff. Jetzt ließ sich die Platte nicht mehr bewegen, und ich hatte Erde an den Fingern. – Seltsam.

Draußen sahen wir die Bescherung. Das war wenigstens ein 10,5-cm-Ding. Der Einschlag lag direkt vor unserer Schießscharte. Granatsplitter hatten Löcher in den Beton geschlagen, auch die Stahlplatte war getroffen worden. Nur durch den kleinen Spalt war keiner gedrungen. Der war mit Erdreich wie zugekleistert. Direkt dahinter hatte mein Kopf gelegen.

»Mein lieber Herr Gesangverein!«, meinte Back. »Hier bleiben wir! Wo so ein Ding einmal reinhaut, da bist du erst mal sicher. Die nächste Granate schlägt immer woanders ein. Nie in dasselbe Loch!«

Eines Abends veranstalteten wir im Gemeinschaftsraum der Russenbaracke einen lustigen Abend. Erich machte wie immer den Conférencier, erzählte einige Witze. Werner spielte auf einem Akkordeon. Sein eigenes war es nicht. Das hatte er längst zu Hause gelassen. Julli, Back und ich sangen Lieder aus dem »Kilometerstein«, die wir für frivol hielten:

Schorsch, du musst jetzt nach Amerika,
sprach der Vater einst zu mir,
denn du liebst die dicke Lina, Lina,
und das ist nicht nett von dir.
Weil die Lina evigelisch
und der Schorsch katholisch ist,
wollten es die Eltern beide
und die ganze Sippschaft nicht.

Die Jungen saßen dicht gedrängt. Einhundert, zweihundert? Alle hatten ihren Spaß. Und wir genossen den Beifall.

»Heute Abend steig ich nicht mehr auf diesen Scheißberg. Ich schlaf hier unten in meiner Koje!«, verkündete Julli anschließend. Ich war unschlüssig. Hatte auch keine Lust, jetzt noch da hinaufzusteigen zum Bunker. Außerdem regnete es. Es war Back, der uns überzeugte. »Los Jungs, hier wird nicht lange gefackelt! Hoch geht's auf die Alm! Wer hat schon einen Privatbunker wie wir!« Wir trotteten lustlos hinter ihm her. Nachts der übliche Beschuss. Der Ami schickte ein paar Granatengrüße über den Berg.

Zum Frühstück waren wir wieder unten im Russenlager. Und sahen die Bescherung. Die Baracke, in der gestern Abend noch die vielen Fronthelfer gesungen, gelacht und geklatscht hatten, war platt. Zusammengeschossen wie ein Kartenhaus. Wenn die Amis zwei Stunden früher losgeballert hätten – nicht auszudenken die Katastrophe!

Der zweite Treffer hatte unsere Schlafbaracke erwischt. Stundenlang suchten wir nach unseren Klamotten. Fanden aber nur wenig. Ich sah ein paar Fetzen von meinen Zivilsachen.

Giselas Briefe und ihr Foto fand ich nicht.

Zum Abendessen marschierten wir eines Tages wie gewöhnlich ins Nachbardorf Richtung Schleiden. Beim Marschieren vor sich hin träumen, ohne aus dem Tritt zu kommen, hatte ich längst gelernt. Und der Herbstwald zeigte wunderbare Farben.

Plötzlich bog die Kolonne nach links ab. Auf einen freien Platz. Nur ein einsamer Autobus stand am Waldrand.

»Abteilung halt! In Einerreihe den Bus betreten!«

Was sollte das denn hier werden? Ich war hellwach. Die Träumerei zu Ende.

Freund Back, fast einen Kopf größer als ich, marschierte in jeder Kolonne ziemlich vorne. Jetzt stand er schon fast vor der Bustür, mogelte sich aber schnell nach hinten zu mir. »Hast du eine Ahnung, was hier los ist?« Misstrauisch beäugten wir den Bus. Einer nach dem anderen verschwand darin. Blieb ziemlich lange.

Schließlich kamen die ersten Jungen am anderen Ende wieder heraus. Mussten dort aber sofort wieder antreten. Ein ganzes Stück von uns entfernt. Die konnten wir nicht fragen. »Hier ist doch etwas faul!«, zischte Back mir zu. »Lass uns erst mal pinkeln gehen!«

Unser Anführer stand schon bei der neu formierten Kolonne. Es war also niemand da, den wir fragen mussten: »Bitte austreten zu dürfen?« Stiekum verdrückten wir uns an den Waldrand, als wollten wir nur unser »Geschäft« erledigen. Rannten dann aber wie wild zwischen den Bäumen hindurch, mogelten uns um den Bus herum und unauffällig wieder in die neue Formation.

»Hast du auch unterschrieben?«, wurden wir empfangen.

»Ich versteh nur Bahnhof!«, sagte Back leise zu mir.

Wen wir auch fragten, alle sprachen von dem massiven Druck, dem sie ausgesetzt worden waren in dem harmlosen Bus. »Willst du, dass deine Mutter den Bolschewisten in die Hände fällt? Von denen vergewaltigt wird?« – »Willst du als Sklave nach Sibirien verschleppt werden? Oder als Baumwollpflücker nach Amerika wie die Nigger?«, waren sie gefragt worden. Von SS-Offizieren.

Dann hatten sie unterschrieben. Fast alle. Die freiwillige Meldung zur Waffen-SS. Der Okka aus Gladbeck war sogar noch mächtig stolz darauf: »Jedenfalls werde ich kein Brotbeutel! Glaubt bloß nicht, dass ihr noch zur Luftwaffe kommt!« Er meinte Back und mich.

Kurze Zeit später wurde Okka eingezogen. Zur SS. Vorher verteilte er seine Habseligkeiten. Das war üblich. Nach dem »Sieg« würden wir völlig neu und besser ausgerüstet werden. Mit Büchern, auch mit Uniformen. Ich kriegte Okkas Geschichtsatlas. Und Hitlers »Mein Kampf«.

Es war ein warmer Herbst mit ungewöhnlichen Temperaturen. Nur nachts wurde es kalt.

Ehe wir uns abends in unsere MG-Nische zwängten, stellten wir uns auf unseren Bunker und sangen Volkslieder ins Tal. Dreistimmig.

All mein Gedanken, die ich hab,
die sind bei dir.
Du auserwählter, ein'ger Trost, bleib stet bei mir.
Du, du, du sollt an mich gedenken;
hätt' ich aller Wünsch Gewalt,
von dir wollt' ich nicht wenken.

Manchmal mussten wir mitten in einer Strophe aufhören und in unseren Bunker flitzen, wenn der Ami plötzlich schoss. Aber es steckte auch eine gehörige Portion Trotz in unserem Gesang. Liebeslieder gegen die Todesgrüße von drüben.

Woran Back und Julli bei diesen Texten dachten, weiß ich nicht. Wem meine Gefühle galten, für wen ich sang, das wusste ich genau.

Unsere Stellung oben am Berg war wegen des steinigen Bodens noch lange nicht fertig, da hieß es plötzlich: Alle Fronthelfer haben das Gebiet um Schleiden sofort zu räumen! Erst später erfuhren wir den Grund. Genau hier in der Eifel wollte Hitler seinen letzten Angriff starten, die Ardennenoffensive. Mit tausend Panzern die Amis überraschen. Uns Fronthelfer wollten sie aus dem Kampfgebiet herausholen. Drückten uns schnell einen Passierschein in die Hand. »Macht euch mal auf die Socken! Hier geht's bald rund!«

Nach taktischen Umwegen waren wir ruckzuck aus der Eifel wieder raus. Per Anhalter mit Militärfahrzeugen. Ein Stück fuhren wir sogar mit der Eisenbahn.

Auf einer kleinen Station blieben wir hängen. Es war mitten in der Nacht. Nichts ging mehr.

Ich blickte auf das Bahnhofsschild. »Derkum«. An der Bahnlinie Köln-Saarbrücken. Den Namen kannte ich! Wie oft war Ede, ehe er sich endgültig im Ruhrgebiet niederließ, diese Strecke gefahren? Und immer ohne Fahrkarte. Einmal hatten die Franzosen ihn fast am Kanthaken. Um der Festnahme durch die Besatzer zu entgehen, musste er sich hier in Derkum mal eine Nacht um die Ohren schlagen. 1920 war das. Jetzt, fünfundzwanzig Jahre später, war ich an der Reihe. Im selben Wartesaal.

Back und ich sahen uns um. Ein paar Landser und Fronthelfer lümmelten sich auf Stühlen und Bänken. Versuchten, irgendwie den Morgen zu erreichen. Wir beobachteten den Wirt. »Der ist genau so kaputt wie wir!«, flüsterte Back. »Warte mal, dem fallen gleich die Augen zu!«

Back hatte Recht. Der ältere Mann verschwand bald hinter einer Glastür in seinem Raum. Das Licht ließ er an.

Ich zapfte das erste Bier. Selbstbedienung. Dann wollten sie alle eins. Back und ich waren großzügig. Bedienten die ganze Bande. »Das ist nicht in Ordnung, was ihr da macht!«, meinte ein Unteroffizier. – »Hör mal, du Ömmes«, blaffte Back zurück, »jetzt kommt es wohl nicht mehr drauf an. So kurz vor dem Endsieg!«

Mittags waren wir in Bedburg. Unser Ritterschloss war jetzt Lazarett geworden. In unseren Unterrichts- und Arbeitsräumen lagen eng an eng die Verwundeten. Für mich gab es nicht mal ein Bett. Ich schlief mal wieder auf einer Fensterbank.

Am nächsten Tag leisteten wir uns ein richtiges Bad. Nach langer Zeit. Wir beneideten Erich, Günther und die anderen, die hier im Hause bleiben durften. Ein paar Verwundete schleppen bei Fliegeralarm oder von den Sanitätsautos ins Haus! »Ihr habt vielleicht einen lauen Lenz!«

Am anderen Morgen begann unser nächster Einsatz. Diesmal packten sie uns auf Wehrmachtsfahrzeuge. Den feinen Fronthelfersonderzug hatten Tiefflieger auf dem Bedburger Bahnhof zusammengeschossen. Wieder ging es nach Süden. Erneut in die Eifel? Ein Ziel wurde uns ja nie angegeben. Der Soldat darf nicht mehr wissen, als unbedingt nötig. Das galt auch für uns.

Die Lkws stoppten in Brüggen, einem kleinen Nest an der Erft. Hier am Vorgebirge, die »Ville« genannt, sollten wir eine neue Auffangstellung bauen. »Falls die Hauptkampflinie vorübergehend mal zurückgenommen werden sollte!«, meinte der Bannführer, unser Einsatzleiter. Wir verstanden ihn schon richtig: Wenn die deutsche Front zusammenbräche.

Im Radio hörten wir von den amerikanischen Schaufelpanzern. »Die können ganze Bunker zuschaufeln mit Besatzung. Auch die Betonhöckerlinie. Einfach zuschaufeln. Und dann mit ihren Panzern drüberfahren«, meinte Julli. Also war Hitlers Westwall für die Katz. Wozu brauchten die sonst unsere Auffangstellung?

Wenigstens gab es keinen Artilleriebeschuss in Brüggen. Wir hörten das Grummeln der Geschütze nur von Ferne. Fronthinterland waren wir jetzt. Wie in Bedburg. Auch Tiefflieger bedrohten uns hier nicht so wie in Linnich oder Elsdorf. Kurz hinter unserer Stellung bei Türnich begann der Wald. Die Ville, das Vorgebirge. Das war ein gewisser Schutz für uns.

Eines Abends dann die Überraschung. Wir wurden in das Dorfkino befohlen. Alle 400 bis 500 Jungen. Flammende Ansprache irgendeines Bonzen. Es war wohl der Kreisleiter. Der Führer habe zum Angriff befohlen. Die deutsche Wehrmacht sei zur Offensive angetreten. Auf breiter Front! Wir würden wieder weit nach Frankreich vorstoßen. Den Feind einkesseln. Wie früher. Der Ami werde sich wundern! Und ähnliche Töne mehr.

Am Ende der übliche Adolf-Hitler-Schlussschrei:
Siegheil! Siegheil! Siegheil!

Und natürlich das Lied der Waffen-SS, das jetzt immer häufiger zu hören war:

Wenn alle untreu werden,
so bleiben wir doch treu,
dass immer hier auf Erden
für euch ein Fähnlein sei.

Uns wunderte das nicht, denn in den letzten Kriegsmonaten hielten wir den Reichsführer SS, Heinrich Himmler, für den eigentlichen Diktator. Nicht mehr Adolf, der sich nach dem Attentat vom 20. Juli kaum noch in der Öffentlichkeit sehen ließ.

Es war der 16. Dezember. Beginn der Ardennenoffensive. Deshalb also die nächtlichen Truppen- und Panzerbewegungen.

Früher hätten wir vielleicht gejubelt. Diesmal freuten wir uns mehr auf den sofortigen Weihnachtsurlaub. Aber ich glaubte noch einmal an den Sieg.

Deutschlands Sieg.

Die sechste Kriegsweihnacht stand vor der Tür. Zu Hause in Rotthausen empfing mich eine trübe Stimmung. Keine Geschenke in Aussicht. Nichts. Nur magere Mahlzeiten. Auch kein Weihnachtsbaum. – Weihnachten ohne Tannenbaum? Das kam nicht in Frage!

Am nächsten Tag fuhr ich mit dem Fahrrad zu Back nach Bismarck. Backs ständiger Wahlspruch lautete: »Uns kann keener, ooch nich eener, anne Wimpern klimpern!«

»Ohne Christbaum kommen wir nicht zurück!«, verkündeten wir großspurig. Beim Grabenbau in der Eifel hatten wir x-mal kleine Bäume einfach umgelegt, die unserer Spitzhacke im Weg standen, und hier sollten wir es nicht schaffen, einen Tannenbaum zu besorgen? Also machten wir uns auf den Weg. Aber wohin?

Aus den Kinderjahren im Heisinger Strandbad kannte ich den Schellenberger Wald. Doch da gab es nur Laubwald. Ich erinnerte mich an das Asbachtal hinter Kupferdreh. Da müsste es Nadelbäume geben. Die Straßenbahnen fuhren noch.

Es dämmerte bereits, als wir eine Schonung fanden. Mit schönen Edeltannen. Viel zu groß für unsere Zwecke. Und schlauerweise hatten wir weder Säge noch Beil mitgenommen. Back nur sein Taschenmesser. Er kletterte hoch, fing an zu schnitzen. Wir brauchten ja nur die Spitze. Es dauerte eine Ewigkeit.

Als ich endlich den zweiten Baum abbrechen konnte, bellte ein Hund. O weh, der Förster tauchte auf. Wahrscheinlich hatten wir ihn erst durch unser albernes Lachen aufmerksam gemacht. »Was macht ihr denn hier?«

Wir verlegten uns wie immer aufs Reden. Back erklärte, dass wir gerade auf Urlaub wären. Vom Schützengrabenbau an der Westfront, wo wir dauernd Bäume fällen müssten, die im Weg stehen. »Da können wir doch wohl mal so eine Tanne mitnehmen«, bettelte ich.

Der Förster ließ sich nicht erweichen: »Diebstahl ist Diebstahl! Macht bloß, dass ihr verschwindet, sonst hetz ich den Hund auf euch!«

Der Köter kläffte drohend und zerrte an der Leine. Da war jedes Wort überflüssig. Wir machten, dass wir wegkamen.

In der Dunkelheit erkannten wir zwei kleinere Fichten. Rissen sie einfach aus dem Boden. Mit aller Kraft.

»Mickerige Dinger!«, klagte ich in der Straßenbahn. »Und was hatten wir für schöne Bäume!«

Zu Hause freuten sie sich trotzdem. Über den kleinsten Christbaum, den wir je hatten.

Nach den Weihnachtstagen auf der Rückfahrt nach Brüggen hatten wir mehr Glück. In Kettwig war schon Endstation. Bombentreffer auf der Bahnstrecke.

Ein freundlicher Bahnbeamter schrieb auf unsere Passierscheine: »Zielbahnhof Brüggen kann vor dem 2. Januar über diese Strecke nicht erreicht werden wg. Gleistreffer.« Dicker Stempel darunter. Der war Gold wert. Drei Urlaubstage zusätzlich. Auch wenn wir die halbe Zeit im Luftschutzkeller verbrachten.

»Und wenn du jetzt einfach hier bleibst?«, fragte meine Mutter zaghaft. Doch das hätte ich Anfang Januar 45 nicht gewagt. Keiner von uns. Niemand konnte abschätzen, wie lange der Krieg noch dauern würde. Und Deserteure wollten wir nicht sein. Noch nicht.

Verspätet kamen wir in Brüggen an. Hitlers Ardennenoffensive war nach ein paar Tagen stecken geblieben. Der ganze Aufmarsch umsonst. Also musste jetzt die Türnicher Auffangstellung erst recht fertig gestellt werden.

Doch was sollten wir drei dabei tun? An der Arbeitsverteilung kurz nach Weihnachten hatten wir nicht teilgenommen. Wegen des verlängerten Urlaubs. Im allgemeinen Chaos war das keinem aufgefallen.

»Vielleicht hätten wir doch zu Hause bleiben sollen!«, jammerte Julli.

»Da hätten sie dich längst am Arsch!«, meinte Back. »Von unserm Jahrgang ist kein Schwein mehr zu Hause. Alle sind sie beim Barras. Sei froh, dass du hier bist und nicht an der Ostfront, beim Iwan! Wenn du hier noch mal heil rauskommen willst, dann darfst du nicht auffallen, für keine fünf Pfennig!«

Es wunderte niemanden, dass wir zwar regelmäßig in der Türnicher Feldküche erschienen und dort immer mit den BDM-Mädchen schäkerten, ohne aber vorher beim Grabenbau gearbeitet zu haben. Back hatte ein Auge auf die große Blonde geworfen. Gerda hieß sie. Bald gingen wir in deren Baracke ein und aus, bedienten uns im Lagerraum dreist mit allem, was wir so brauchten.

Unser sicheres Auftreten im Türnicher Verpflegungsbereich machte Eindruck. Irgendein hohes Tier entdeckte uns da, fragte nach unserer Aufgabe. Back machte eine zackige, wenn auch nichts sagende Meldung, doch der Bonze hörte nicht genau hin. Verpasste uns aber einen neuen Auftrag: Streifendienst auf den Straßen rings um Türnich.

Oberhalb des Ortes arbeiteten etwa fünfhundert Fronthelfer. Der Ami konnte jeden Tag kommen. Das Stellungssystem für den Abwehrkampf musste rechtzeitig fertig werden. Keiner durfte weglaufen. Dafür sollten wir jetzt sorgen.

Es war saukalt. Auf den Landstraßen wehte ein eisiger Wind. Es waren jene Tage, an denen die Flüchtlingstrecks in Ostpreußen über das zugefrorene Haff zur Ostsee fuhren. Hinter sich die Rote Armee.

Und wir drei froren beim Nichtstun.

Unser schönes Leben hatte ein schnelles Ende, als auf der Landstraße plötzlich ein Wehrmachts-Kübelwagen neben uns hielt. »Was macht ihr denn hier?«, brüllte uns ein Bannführer, also ein hohes Tier der Hitlerjugend an. Der wollte wohl Eindruck machen bei den zwei Offizieren im Auto.

Back, meldete vorschriftsmäßig: »Drei Fronthelfer – Napola Bedburg – beim Streifendienst!«

»Und wer hat euch dazu beauftragt?« Die Frage blieb unbeantwortet. Mit Namen konnten wir nicht dienen. »Wir haben aber den Befehl!«, beharrten wir trotzig.

»Euch haben sie wohl ins Gehirn geschissen! In einer Stunde sehe ich euch in Kerpen. In der Einsatzleitung! Ich werd euch den Arsch aufreißen!«

»Dann wissen wir auch, an wen wir uns zu wenden haben!«, gab ich rotzfrech und in klarem Hochdeutsch zurück. Stellte mir in diesem Augenblick vor, dass der lange Arm der Napola bis hierhin reichen würde. Wir fühlten uns immer noch als etwas Besonderes.

»Ich kann dir auch eine schmieren, dass du da in den Graben fliegst!«, drohte er mir an.

Ein richtig frecher Hund war ich eigentlich nie, aber in diesem Augenblick stach mich der Hafer. Ich drehte mich demonstrativ nach dem Graben um: »Wir werden nicht geschlagen!«, sagte ich selbstbewusst.

Noch eine gebrüllte Drohung. Dann fuhr das Auto weg.

In Kerpen stellte sich heraus, wir hatten es mit Bannführer Fritz zu tun, dem Einsatzleiter aller Fronthelfer im Gau Köln-Aachen. Mit unserem »feinen Lenz« war es natürlich jetzt vorbei. Wütend verpasste er uns den Befehl zum sofortigen Arbeitseinsatz in Türnich. »Morgen früh: Meldung beim Stellungsbauleiter!«

»Jawohl, Bannführer!« Wir schlugen die Hacken zusammen, grüßten etwas nachlässig mit »Heiitler!«. Dann zogen wir ab.

Irgendwie müssten wir ihm aber doch imponiert haben, denn von der Tür rief er Back und mich noch einmal zurück: »Ihr zwei seid doch auf Draht. Ich hab einen Sonderauftrag für euch! Einen Marschbefehl nach Köln. Morgen früh. Ihr besorgt hundert Glühbirnen, sechzig Watt! Klar?«

Zuerst dachten wir, er wollte uns veräppeln. Aber er meinte es ernst. »Kommt bloß nicht ohne Glühbirnen zurück! Hundert Stück, sechzig Watt!«, rief er uns nach.

Back und ich grinsten uns an. »Besser nach Köln fahren, als in der Kälte Gräben ausschachten!«

Aber wie kam man im Januar 45 vom Kerpen nach Köln? Züge fuhren keine mehr linksrheinisch. Die Strecken waren alle bombardiert und die Loks von Tieffliegern zerschossen.

Doch wir hatten längst gelernt, wie man sich im Fronthinterland bewegen musste. Die Fahrer der zahlreichen Wehrmachtsfahrzeuge brauchten immer einen Luftbeobachter. Am besten zwei. Einen vorne auf dem Kotflügel, einen hinten. Wer ohne Lookiman fuhr, konnte sein blaues Wunder erleben, denn in der Fahrerkabine sah man die Tiefflieger immer erst kommen, wenn es zu spät war. Ausgebrannte Fahrzeuge lagen genug am Straßenrand.

Die Landser waren dankbar für erfahrene Mitfahrer. Warfen uns eine Decke zu oder einen zusätzlichen Uniformmantel. Es war lausig kalt im Fahrtwind.

Ob von Köln überhaupt noch etwas übrig sein würde? Von Widdersdorf aus hatten wir vor ein paar Tagen die fliegenden Festungen der Amerikaner beobachtet. Hunderte von Kondensstreifen am blauen Himmel – eigentlich ein faszinierendes Bild. Aber die Bomber brachten Tod und Verderben. Die Erde bebte bis zu uns, als sie ihre Last über der Stadt abluden.

Unser Lkw näherte sich der Kölner Innenstadt. Wir fuhren durch Trümmerhaufen und stehen gebliebene Mauern. Ab und zu ein ausgebranntes Haus. Die hatten ihre Bomben sogar noch in die Ruinenfelder geworfen.

Wir wurden ganz still. Im Frontbereich hatten wir einzelne zerschossene Häuser gesehen. Backs Zuhause in Bismarck war abbruchreif seit dem Großangriff auf Gelsenkirchen am 6. November. Und »unser« Haus in der Achternbergstraße zur Hälfte ausgebrannt. Aber das hier – die reine Katastrophe. Kein Haus war verschont geblieben. Und da kamen wir mit unserem lächerlichen Glühbirnenauftrag.

Der Lkw fuhr durch die Aachener Straße. Die hatte man freigeräumt. Am Dom sprangen wir ab. »Und uns haben sie weisgemacht, wir würden den Krieg noch gewinnen!«, schimpfte Back. Wir kletterten über Trümmerhaufen und fanden mit Mühe die Reste eines Warenhauses. Irgendwo im Keller. Darüber stand noch das Mauergerippe des einstigen Gebäudes.

O Wunder! Vierziger Glühbirnen hätten wir leicht kriegen können. Sogar einen ganzen Karton. Ohne Bezahlung. Alles für die Front. Wir schüttelten den Kopf. Bestanden auf unseren Auftrag: sechziger, nichts anderes! Befehl ist Befehl! Das hatten sie uns eingeimpft, jahrelang. Und wehe, wenn wir nicht genau hinhörten. Die Rechtfertigung »Ich habe aber gedacht« konnte man sich sparen, denn die Antwort war immer die gleiche: Das Denken sollten wir gefälligst den Pferden überlassen. Die hätten größere Köpfe.

Wir dankten im Kellerkaufhaus höflich fürs Angebot. Andere Geschäfte gab es nicht mehr in Köln. Also hielten wir unseren Auftrag für erledigt.

Es war inzwischen Mittag geworden. Back, die lange Latte, hatte ewig Kohldampf. Und ich erst mal!

Die Wehrmachtsbetreuung fanden wir in den Katakomben unter dem Hauptbahnhof. Nette Rotkreuzschwestern. Wir zeigten unseren Marschbefehl. Heiße Erbsensuppe gab es. Ein paar Scherzworte. Back war nicht zu übertreffen. Der konnte es mit allen, legte der Frau am Suppenkessel einfach die Hand auf den Arm, damit die Kelle tiefer eintauchte. Dabei lächelte er so charmant, dass ihm niemand böse sein konnte.

»Seit Tagen haben wir nix Warmes mehr in den Bauch gekriegt«, behauptete er treuherzig, und schon fischte die Schwester noch ein paar Wurststückchen extra heraus.

Wir waren schon draußen, als Back noch mal zurückging. »Warte mal eben!« Als er wieder auftauchte, hatte der Lange ein Päckchen Marschverpflegung bei sich. »Wer weiß, wann wir wieder in Brüggen sind!«, grinste er.

Draußen war herrliches Winterwetter. Blauer Himmel. Die Sonne wärmte sogar ein bisschen. Dazu die heiße Suppe von innen. Ich wollte zum Rhein.

Unweit des Doms setzten wir uns auf eine Ufermauer, teilten wie immer unsere Brote und ließen den lieben Gott einen guten Mann sein. Als ein Bomberverband mit langen Kondensstreifen über Köln weiter nach Osten zog, blieben wir ruhig sitzen. Hier konnten sie nichts mehr kaputtmachen, das war uns klar.

Der Schiffsverkehr auf dem Fluss war längst eingestellt. Doch die Wassermassen des Rheins kamen von Koblenz her. Gisela – wo mochte sie jetzt sein? Vor einem Jahr hatte ich noch mit ihr am deutschen Eck gestanden.

Aber mit Back konnte ich darüber nicht reden. Der war zwar ein guter Kumpel. Der beste, den ich in all den Jahren hatte. Er scheute sich auch nie, ein Mädchen anzusprechen. Verlegenheit war für ihn ein Fremdwort. Doch Back war kein Romantiker.

Ein Güterzug trommelte über die Hohenzollernbrücke, an der wir schon die Sprengladungen erkennen konnten. Allmählich wurde es Zeit für den Rückweg. Irgendwo im Westen der Stadt würden wir auf die Lkw-Sammelstelle stoßen.

Wir drehten eine Runde um den Dom. Ein paar Bombentreffer hatte er abgekriegt. Aber mitten im Kölner Ruinenfeld reckte er immer noch seine Türme in den Himmel.

Auf der Suche nach der Sammelstelle verirrten wir uns. Menschen trafen wir fast keine, und wenn wir welche sahen, konnten sie uns nicht helfen. Also richteten wir uns nach der Sonne. Aber die ging bald unter. Allmählich wurde uns mulmig. Und kalt.

Doch dann half uns der Zufall. In der Dämmerung stießen wir auf einen riesigen Bombentrichter, so breit wie die Straße. Voll mit Wasser. In der Mitte schwamm so etwas wie eine Zeichnung. Mit kleinen Steinchen trieben wir das Ding zum Ufer. Zogen es näher heran. Es war – ein Stadtplan von Köln! Der Rest war kein Problem mehr.

In Kerpen, in der Einsatzleitung, brach natürlich das große Donnerwetter über uns herein. Bannführer Fritz machte uns mächtig zur Sau. Brüllte uns an, dass wir in den Boden hätten versinken müssen. Doch bei so abgebrühten Figuren wie uns stieß auch dieser Schreier schnell an seine Grenzen. Befehl ist Befehl, und der war nun mal heilig. Richtigen

Ärger kriegte nur, wer einen Befehl missachtete. Das aber konnte uns niemand vorwerfen.

Am nächsten Tag standen wir natürlich wieder in der Türnicher Fronthelferkolonne. Arbeiteten an der uneinnehmbaren Stellung. Es regnete. »Scheißarbeit!«

Nach Feierabend wurden wir zusammen mit vielen anderen aus der Gulaschkanone abgefüttert. Keine Extrawurst mehr. Unter den BDM-Helferinnen immer noch die blonde Gerda, Backs Schwarm. Der Junge war vielleicht hartnäckig. Hatte schnell herausgefunden, dass sie die Schwester eines Türnicher Fronthelfers war. Heinz hieß er, ein prima Kerl. Trotz seines Spleens. Er glaubte immer noch an den Sieg. Schwafelte etwas von »Heimat verteidigen«.

Einmal lud er uns zum Kaffeetrinken ein. Bei sich zu Hause. Back, Julli und mich. Gerda goss den Muckefuck ein. Wir sahen uns um. Von der Wand guckte immer noch Adolf. Den besten Eindruck bei der Mutter machte wieder mal Back. Er traf sich auch ein paar Mal mit Gerda zum Schäferstündchen.

Heinz mit dem schönen Kölner Dialekt. Ich sah ihn später noch einmal wieder. Bei Kriegsende. Am 8. Mai 45. Als alles vorbei war. Auf einem Schiff in Duisburg.

Eines Abends, als wir schon auf dem Stroh lagen, tauchte ein Kradmelder auf mit dem Befehl, alle Fronthelfer der Napola hätten sich am nächsten Tag in Bedburg zu melden. Passierscheine vorher in Kerpen abholen! Bei der Bannführung. Also bei unserem »Freund«. Der mit den Glühbirnen.

Jetzt hieß es Abschied nehmen. Back von Gerda. Julli von seiner Flamme in Brüggen. Ich hatte keine. Nur die Erinnerung an Gisela.

Dann machten wir uns auf den Weg. Marschierten zu dritt die Alleen entlang, die wir vom Streifendienst so gut kannten. Über uns blauer Himmel, voll von feindlichen Flugzeugen. Ideales Wetter für die da oben.

Aber die Allee war leer. Auf uns drei allein würden sie schon nicht schießen. Back sang fröhlich vor sich hin:

Wozu ist die Straße da? Zum Marschieren,
zum Marschieren in die weite Welt ...

Aus irgendeinem Rühmann-Film.

»Da kommt einer runner!«, brüllte Julli plötzlich.

Schnell sprangen wir in den Straßengraben, duckten uns tief. Die Geschosse klackerten auf die Straße, schlugen in die Bäume. Dann sauste der Jagdbomber über uns hinweg.

Erst jetzt spürte ich meine kalten Füße. Beim Sprung in den Graben war die Eisdecke gebrochen. Ich stand im scheißkalten Wasser. Wir machten schnell, dass wir aus dem Graben herauskamen. Fluchten wie die Kesselflicker. Die Uniform war versaut. Wir traten uns mühsam den matschigen Lehm von den Schuhen.

»Der kommt wieder zurück!«, brüllte jemand.

Die beiden sprangen schnell wieder in den Graben.

Ich scheute das kalte Wasser, drückte mich stattdessen schnell hinter einen dicken Alleebaum. Ich wusste jetzt, woher der Beschuss kommen würde.

Als er kurz darauf einsetzte, dauerte er nur wenige Sekunden. Aber es waren die längsten meines Lebens. So nah hatte ich noch nie irgendwelche Geschosse pfeifen hören. Direkt an den Ohren vorbei! Mir schlotterten die Knie.

Auch Back und Julli hatten jetzt Schiss. Blieben erst mal in dem eiskalten Wasser stehen. »Der kommt noch mal zurück!«, riefen sie. »Komm lieber in Deckung!« Aber der Killer war nicht mehr zu sehen.

»Für uns drei Männekes kommt der extra runter!« Back konnte sich nicht beruhigen. »So ein Scheißkerl!« Als ich mein Gepäck wieder anfasste, zitterten mir die Hände.

Das Bedburger Ritterschloss stank immer noch nach Lazarett. Im feinen Direktorzimmer stand Schulführer Dr. Ottenbach. Überreichte uns unsere Zeugnisse. Wie im tiefsten

Frieden. Ganz offiziell. Wir kriegten keinen Abschluss, aber immerhin die Versetzung nach Klasse vier. Ein Geschenk des »Führers«, obwohl wir erst im dritten Ausbildungsjahr waren. Erst später wurde uns klar: Dieses Zeugnis würden wir nie irgendwo vorzeigen können.

Der Direktor wünschte uns eine gute »Heimreise«. Dabei wusste er genau, dass linksrheinisch keine Züge mehr fuhren. Wir sollten uns beim Wehrbezirkskommando unserer Heimatstadt melden für den Endkampf. Jetzt erst fiel mir auf: Er trug Zivil und kein Parteiabzeichen.

»Die Napola ist aufgelöst. Jeder ist jetzt für sich selbst verantwortlich!«, sagte er noch

Was wir nötig gebraucht hätten, war ein Marschbefehl nach Hause, einen richtigen Passierschein. Damit könne er uns nicht helfen. Das Büro sei bereits aufgelöst, Stempel und Unterlagen vernichtet.

»Und was ist, wenn wir unterwegs einkassiert werden?«

»Ihr werdet das schon schaffen!«, war das Letzte, was wir von Dr. Ottenbach hörten.

Ein letzte Nacht verbrachten wir noch in unserem Ritterschloss, sprachen abends noch stundenlang mit den Verwundeten. Es war eine andere Stimmung als beim letzten Mal. Die Landser kannten nur ein einziges Thema: »Was wird aus uns, wenn der Ami kommt?« Eine Pistole gab es für fünfzig Zigaretten.

Im Schlafraum war jetzt genug Platz. Erich, Günther und die anderen hatten schon vor uns »die Platte geputzt«. Wir drei waren die letzten Mohikaner, die Bedburg ganz früh am nächsten Morgen verließen.

Gegen 10 Uhr rollten wir vor die Düsseldorfer Südbrücke. In einem großen Flüchtlingsauto. Voll mit Frauen, schreienden Kindern und ein paar alten Männern. »Ihr Jongens, küttemal errum nach hinge!«, riefen ein paar Frauen, als sich unsere Sorgen wegen der Brückenkontrolle herumgesprochen hatten. Sie warfen uns schnell eine Decke zu. »Männer ab 16, unter 60?«, hörten wir eine barsche Stimme rufen. Dann wieder das Kindergeschrei. Eine Frau schimpfte: »Warum fahren wir nicht weiter?«

Schließlich gab der »Kettenhund« die Straße frei. Wir unter der Decke atmeten auf. Freuten uns, je weiter die Südbrücke hinter uns lag.

Düsseldorf war stark zerstört, aber wir wagten nicht, den Hauptbahnhof zu betreten oder was davon übrig war. Da musste man mit Kontrollen rechnen. Also liefen wir erst mal nach Derendorf. An der Station schickten sie mich vor. Ich war inzwischen ein Stück gewachsen, aber immer noch nicht so groß wie die anderen. Die Luft war rein, und – o Wunder – wir kriegten einen Zug nach Essen.

Heulende Sirenen empfingen uns am Hauptbahnhof. Fliegeralarm. Wir kümmerten uns nicht darum, liefen einfach auf den Gleisen bis Kray. Hier war ich zu Hause.

Hastiger Abschied von den Kameraden. Wir waren uns einig: Keiner meldet sich beim Wehrbezirkskommando! Wir verstecken uns, bis der Ami kommt!

Am Bahnhof in Kray sah ich das erste rote Plakat. Unter der Eisenbahnbrücke das zweite:

Meldepflicht für alle Männer von 16-60 Jahren!
Wer diesem Aufruf nicht Folge leistet,
wird standrechtlich erschossen!

Ede baute noch am gleichen Tag im Kohlenkeller einen Unterstand, ein Versteck für mich. Dicke Holzbalken hatte er schon bereitgelegt. »Für alle Fälle!

Ich hab immer gewusst, dass du plötzlich vor der Tür stehst.« Meine Mutter war glücklich. Unsere Familie war wieder zusammen.

»Bald ist der Ami hier. Bis dahin darf ich mich nicht erwischen lassen!«, sagte ich. »Jetzt noch draufgehen? Kommt nicht in Frage!«

Jetzt noch draufgehen?

Edes Unterstand im Kohlenkeller war gut gemeint, aber ich hatte wenig Lust, mich da unten zu verkriechen. Nicht eine Stunde habe ich in dem Verschlag zugebracht.

Mein Problem war nur der ständige Fliegeralarm. Jedes Mal flohen die Hausbewohner wie gewohnt in den Luftschutzkeller. Unten sah man gleich, ob die Familie vollzählig oder wer bei wem gerade zu Besuch war. Um nicht aufzufallen, hätte ich oben in der Wohnung bleiben müssen, was auch nicht ungefährlich war. Da konnte ich mich auch gleich beim Wehrbezirkskommando melden. Also hinein in den Luftschutzkeller!

Resolut verkündete meine Mutter vor den Nachbarn: »Seine Schule wird grad evakuiert. Der Junge bleibt erst mal hier, bis er Bescheid kriegt, wo er hin soll!« Doch niemand fragte weiter nach. Ich trug jetzt nur noch Zivil. Die braune Uniform war längst versteckt. Unter den Kohlen.

Meine Rotthauser Jahrgangskameraden kämpften alle in der großdeutschen Wehrmacht. Egon an der Kurlandfront in Lettland. Herbert irgendwo im Westen. Seit Februar kriegten schon die 29er den Gestellungsbefehl. Als Kanonenfutter für den Endkampf.

Nur ich lief noch frei herum. Hatte mich polizeilich nicht gemeldet und kriegte deshalb auch keine Lebensmittelkarten. Doch das war schon nicht mehr wichtig. Die Geschäfte waren fast alle geschlossen.

Als am 13. März 45 die ersten Zwanzigzentnerbomben bei uns einschlugen, schwankte unser Keller wie ein kleines Boot im Sturm. Wir trauten unseren Augen nicht: Die

Mauern bewegten sich hin und her. Ich saß neben meinem Vater, halb unter ihm hockte meine Mutter. Ein paar Leute beteten. Andere weinten. Ede und ich, wir lachten. Lachten vor Angst. Es pfiff, heulte, rauschte, orgelte, explodierte. Das wollte kein Ende nehmen.

Es hatte nach dem bekannten Muster begonnen. Zuerst kamen ein paar »Pfadfinder« herangeflogen. Zweimotorige Schnellbomber. Die setzten vier »Christbäume« zur Markierung der Zielfläche. Es war so hell, dass wir draußen eine Zeitung hätten lesen können. Mitten in der Nacht.

Das guckten wir uns noch mutig an. Von der Haustür aus. Mit Granatsplittern von oben brauchten wir nicht zu rechnen, denn die Flak hinterm Mechtenberg feuerte keinen einzigen Schuss ab.

Wir wussten, das wir jetzt »dran waren«.

Als das Brummen der viermotorigen Bomber schon in der Ferne zu hören war – die flogen ja ziemlich langsam –, liefen wir schnell noch mal nach oben, um zusätzlich irgendwelche Wertgegenstände in den Keller zu holen. Wichtige Papiere, Fotoalben, unersetzbare Dinge schleppten wir ohnehin jedes Mal runter.

Der Bomberpulk war inzwischen näher gekommen. Brummte immer lauter. Die konnten sich Zeit lassen. Doch für uns wurde es höchste Zeit, in den Keller zu flüchten und die schweren Eisentüren zu schließen. Ob das nun helfen würde oder nicht.

Die nächsten zwanzig Minuten waren die längsten meines Lebens.

Einmal glaubten wir, das wäre es jetzt, unser Haus hätte einen Volltreffer abgekriegt, nachdem so ein Riesenkoffer herangerauscht kam. – Die mussten doch auch mal fertig sein mit der Bombenschmeißerei!

Aber eine wichtige Beobachtung hatten wir noch machen können, ehe wir in den Keller stürzten: Die »Christbäume« hatten sich verschoben. Die »Pfadfinder« hatten den Wind nicht genau berechnet. Vielleicht war er auch stärker geworden, kurz bevor der Bomberverband seine Last ablud. Das Zielfeld jedenfalls, in dem auch unser Haus gelegen hatte, war ein gutes Stück nach Osten abgetrieben. Durch einen gnädigen Wind.

Als die viermotorigen Lancaster ihre Klappen öffneten, blieb Rotthausens Mitte größtenteils verschont. Auch unsere Häuserzeile. Der Bombenteppich fiel hauptsächlich in das freie Feld beim Bauern Hildebrand östlich der Bahn. Das Gebiet wurde sozusagen umgepflügt. Trichter neben Trichter.

Der Schwarzbach wusste vor lauter Einschlägen nicht mehr, wo er hinfließen sollte. Felder und Wiesen blieben jahrelang überschwemmt. Die Brücke, an der ich mich immer mit Gretchen getroffen hatte, sie war weg! Der Mechtenberg mit dem Bismarckturm stand noch, trotz der vielen Bombenkrater.

Der große »Teppich«, mit dem sie uns zudecken wollten, hatte uns nicht erwischt. Nur einzelne Bomben fielen im Bereich der Achternbergstraße. Auch Blindgänger darunter: Pfeifen, Rauschen, wumm! Aber keine Explosion.

Nachdem die Briten alles abgeladen hatten, hörten wir endlich die Flak schießen. Dann war Ruhe.

Vorsichtig stiegen wir aus dem Keller, rechneten mit einem Trümmerhaufen über unseren Köpfen. Für den Fall des Verschüttetseins wäre uns der Durchbruch zum Keller des Nachbarhauses geblieben, den der Karl pflichtgemäß angelegt hatte. Doch unser Haus stand. Es hatte mächtig gewackelt. Hin und her. Aber es stand.

Rings herum gähnten einige Krater. Der nächste nur ein paar Meter weiter schräg vor unserem Haus. Die Bombe hatte die Achternbergstraße einschließlich der Bürgersteige so weit aufgerissen, dass fast ein ganzes Haus hineingepasst hätte. Keiner hätte überlebt, wenn uns dieses Ding getroffen hätte.

In dieser Nacht starben in Rotthausen 139 Menschen. Nach dem Plan des alliierten Bomberkommandos wären es tausende gewesen. Einen militärischen Sinn konnten wir in diesem Angriff nicht erkennen. Die Zeche Dahlbusch hatte die Kohleförderung schon eingestellt. Auch die Kokerei produzierte nicht mehr.

Nach diesem Luftangriff war das Chaos in Rotthausen perfekt. Die Parteibonzen waren vollauf beschäftigt, mussten erst mal eine große Totenfeier vorbereiten. Auch die vielen Bombengeschädigten versorgen. Mit Notwohnungen und Verpflegung.

Jetzt wagte ich mich schon öfter mit dem Fahrrad auf die Straße. Den Blick immer hundert Meter nach vorn gerichtet. Über Schleichwege fuhr ich nach Kray zu Onkel Willi. Der hatte noch Einkellerungskartoffeln und etwas Öl. Das ergab einen großen Reibekuchen für jeden.

»Was machst du, wenn der Krieg alle ist?«, fragte Onkel Willi mich. »Gehst du dann in den Pütt? Wenn du willst, kannst du auf Bonni anfangen. Ich sprech mit dem Alten.« Er meinte den Betriebsführer der Zeche Bonifatius.

Ich kaute an meinem Reibekuchen und wusste keine Antwort.

Wir beide träumten noch ein bisschen vom Frieden, doch zu Hause hatte der Krieg mich schon wieder eingeholt. Sie holten meinen Vater.

Bei Kriegsbeginn war er gerade sechsunddreißig, rechnete fest mit seiner Einberufung zum Wehrdienst, bis er begriff: Als aktiver Bergmann brauchten sie ihn dringender vor Kohle als an der Front. Schließlich konnten sie die kriegsgefangenen Russen nicht alleine in den Schacht fahren lassen. So blieb er vom Kampfeinsatz verschont. Durfte sich allerdings auch keinen Krankentag ohne Genehmigung des Vertrauensarztes leisten. Sofortiger Wehrdienst oder die KZ-Drohung hingen immer in der Luft.

Überhaupt, der Vertrauensarzt! Diese Bezeichnung war ein Witz. Solchen Ärzten vertrauten die Bergarbeiter zu allerletzt. Die hatten nur das Vertrauen der Betriebsführung und schickten Kumpel noch mit einer Grippe in den Schacht.

Nach dem Großangriff vom 13. März wurde mein Vater auf der Zeche nicht mehr gebraucht. Also holten sie ihn zum Volkssturm, Hitlers letztem Aufgebot. Alte, kranke Männer, auch Fünfzehnjährige waren dabei. Sie sollten den übermächtigen Aufmarsch der Amerikaner und Briten aufhalten. Mit der Panzerfaust und ein paar alten Gewehren. »Die Heimat verteidigen bis zum Letzten! Deutschland retten vor dem Untergang!«

Auf dem Zechenplatz von Schacht VIII sammelte sich die Belegschaft zum Abmarsch nach Paderborn. Ede trug einen Rucksack für das Nötigste. Hatte nicht mal ein Gewehr.

Zuerst beobachtete ich die Kolonne aus sicherem Abstand, dann lief ich mit meiner Mutter daneben her, wir wollten uns nicht von Ede trennen. Aber bei Weskamp an der Ecke schickte er uns weg. Meine Mutter weinte, als hätte sie ihn schon verloren.

Seine Abschiedsworte behielt ich im Ohr: »Pass mal auf, Junge, bald bin ich wieder da! Das ist so sicher wie das Amen in der Kirche. Aber lass du dich nicht erwischen, eh der Ami kommt!«

Die Gruppe kam bis Bochum, schlief dort in irgendeiner Schule, fuhr dann mit einem der letzten noch fahrenden Züge bis Welver bei Hamm. Da war der Fahrsteiger schon nicht mehr dabei. Konnte nicht mehr laufen.

Einen Anführer hatten sie also nicht mehr. Nur den Marschbefehl nach Paderborn. Doch die Leute brauchten jemanden, der ihnen sagte, wo es langgeht. Schnell war es wie unter Tage. Ungefragt rutschte Ede in diese Rolle. Aber diesmal wusste auch er keine Lösung. »Kettenhunde« liefen noch überall herum.

Was tun? Er entfernte sich von der Gruppe, sprach einen Wehrmachtsoffizier an und kriegte von dem einen vernünftigen Rat. »Mensch, hauen Sie bloß ab nach Hause! Der Krieg ist bald zu Ende!«

Ede begriff und teilte seine Leute erst mal in Vierergruppen. Wenige Männer fallen nicht so schnell auf wie ein ganzer Trupp, dachte er sich. Die Panzerfäuste und die Gewehre flogen irgendwo ins Gebüsch. Am nächsten Tag marschierten sie über Dortmund und Bochum nach Westen.

Ede glaubte, dass die Amis Rotthausen inzwischen kassiert hätten. Mit einem Kumpel bewegte er sich vorsichtig über das Trichterfeld am Mechtenberg näher heran bis zur Achternbergstraße.

Meine Mutter war glücklich. Wieder mal.

Ede grinste. »Hab ich doch gesagt: So sicher wie das Amen in der Kirche? Und ich dachte, der Ami wär schon bei euch.« Doch der ließ sich Zeit.

So erlebten wir in diesen Tagen einen seltsamen Zustand. Die Nazibonzen waren im Aufbruch oder schon geflohen, die Amerikaner noch nicht da. Und in Hitlers Bunker tief unter dem Garten der Reichskanzlei in Berlin verteilten sie gerade die Giftampullen.

Unsere Wohnung hatten wir beim großen Luftangriff zum Glück behalten. Nur zu essen hatten wir nichts mehr. Unser Schrank war leer, und die Geschäfte waren geschlossen. Für das letzte Brot hatten meine Mutter und ich abwechselnd zwölf Stunden beim Bäcker Labusch in der Schlange gestanden. Dicht gedrängt. Von abends acht bis morgens acht. – Das war vor vierzehn Tagen gewesen.

Also fuhr ich jetzt täglich zum Onkel nach Kray. Doch da gab es nur noch einen halben Reibekuchen. Schließlich gar nichts mehr. Der letzte Tropfen Öl war verbraucht.

In Onkel Willis Wohnung kriegte ich noch einmal weiche Knie. Am 20. oder 21. März muss das gewesen sein, als ich die Meldungen von BBC London hörte. Reingekrochen bin ich fast ins Radio, weil immer noch die Todesstrafe auf das Abhören von Feindsendern stand. Der Sprecher meldete, dass die Panzerspitzen der Alliierten schon auf Borken zustießen. – Borken, das war doch mitten im Münsterland? Wer sollte die jetzt noch aufhalten?

Ich fuhr schnell nach Hause und hörte da noch etwas anderes: Die Gelsenkirchener Nazibonzen waren weg! Kreisleiter Plagemann und all die anderen. Im letzten Augenblick entwischt. Jetzt könnte man sich im großen Verpflegungsbunker am Kanal selbst bedienen. Zwar würde da ein bisschen geschossen. Die amerikanischen Scharfschützen hockten am anderen Ufer in den Industrieanlagen. Ballerten auf jeden, der sich zeigte. Trotzdem, die Leute würden die Butterfässer nur so nach Hause rollen.

Wir machten uns sofort auf den Weg. Ede und ich. Dabei gab es unseren ersten Rollentausch. Der Vater folgte jetzt meinen Anweisungen. Im Frontbereich hatte ich ein paar Erfahrungen mehr.

Schon am Stadtgarten setzte plötzlich Artillerie ein. Ich zog Ede schnell in einen Graben. In einer Feuerpause rannten wir über die Kreuzung, liefen durch die Küppersbuschstraße Richtung Kanal. Nur wenige Landser hielten dort ein paar Häuser besetzt. Der Verpflegungsbunker ragte dunkel in den Himmel.

»Natürlich könnt ihr da rüber. Ihr müsst nur schnell da über die Straße fitschen. Die passen höllisch auf«, grinsten die Landser. »Ein paar von euch liegen schon da!«

Ich zog ihnen eine Fratze, und wir bewegten uns vorsichtig weiter, hockten bald mit drei, vier anderen im Graben vor der Straße. Duckten uns, so gut wir konnten.

Noch war kein Schuss gefallen. Vor uns auf der Straße lagen zwei tote Zivilisten. Auch in den Gärten hatten wir Tote liegen sehen. Die wollten alle mal zu den Butterfässern.

Als die zwei Mutigsten losliefen, peitschten gleich ein paar Schüsse, prallten schräg auf den Asphalt und von dort wieder ab: Querschläger. Schnellfeuergewehre hatten die Amis. Das hörte man gleich.

Ich sprang auf, rannte über die Straße. Zusammen mit einem anderen Jungen. Warf mich die Böschung hinunter. Schüsse peitschten. Geschafft!

Aber bis zum Bunker war es noch ein ganzes Stück. Unter Feindeinsicht. Die zwei Ersten rannten trotzdem los. Sofort ballerten auch die Scharfschützen.

In einer Feuerpause rief Ede von der anderen Straßenseite, ich solle zurückkommen. Es hätte keinen Zweck.

Ich war hin und hergerissen, wollte beweisen, dass ich es schaffte. Mit meinen »Fronterfahrungen«.

Zehn Minuten lag ich da. Oder auch länger. Mein Atem beruhigte sich. Ich fing an nachzudenken. Bis jetzt hatte ich Glück gehabt. Immer nur bei Beerdigungen anderer mitgewirkt. Und jetzt sollte ich mir hier kurz vor Kriegsende noch eine Kugel einfangen? Außerdem hatte ich eine Scheißangst. Jetzt noch draufgehen? Bin ich bescheuert? Ich sprang los. Aber zurück.

Die Querschläger hörte ich erst, als ich wieder neben Ede im Graben lag. Der drängte: »Komm, wir hauen ab!«

Die Landser grinsten, als wir zurückkamen. »Na, Schiss gehabt?« Ede berichtete wortreich von der schnellen Reaktion der Scharfschützen. Und von unserer Angst. Mitleidig schenkten die Soldaten ihm zwei Dosen Schmalzfleisch. Dreist streckte ich auch meine leeren Hände aus, so als ob Ede mir fremd wäre. Waren zusammen schon vier. Dann machten wir, dass wir nach Hause kamen.

Ach ja, morgen war Ostern.

Am nächsten Tag versuchten wir es erneut, blieben aber schon an der Schwarzmühlenstraße stecken. Die Kreuzung lag unter heftigem Beschuss, und wir mussten in einen kleinen Erdbunker flüchten, den sich Dahlbuscher Kumpel in der Nähe gebaut hatten. In der Zechenhalde am Stadtgarten.

Richtig nett sah es hier aus. Bänke, provisorische Betten. Mit dicken Stempeln das Hangende abgestützt. Da waren Fachleute am Werk. Hier hörte man auch keine Granateinschläge mehr. Ede erkannte einen Arbeitskollegen, kam mit dem ins Gespräch. Der war stolz auf den Privatbunker.

Trotzdem wurden wir plötzlich hinausgeworfen. Ziemlich unfreundlich sogar. Wir wussten auch, warum. Seit Tagen hatten wir uns nur von den letzten Resten ernährt, die wir noch irgendwo fanden. Dazu der plötzliche Fettgenuss von gestern aus der Schmalzdose. Die Folgen für die Luftverhältnisse in dem kleinen Bunker waren dramatisch.

»Boh äh!«, sagte einer.

Unsere Entschuldigung half nichts. Wir mussten zurück ins Artilleriefeuer.

Weiße Fahnen

Allmählich kapierte ich, warum sich die Amis seit Tagen am Rhein-Herne-Kanal nicht rührten: Die wollten erst mal den Sack zumachen, in dem wir saßen. Das Ruhrgebiet umzingeln. Ihre Panzer im Münsterland und jene, die über die unversehrte Rheinbrücke in Remagen das Lahntal hinaufdonnerten, würden sich bald treffen. Vielleicht in Kassel oder in Paderborn? Dann wären wir eingekesselt.

Was das bedeutete, militärisch gesehen, wussten wir genau. Begeistert hatten wir die Kesselschlachten der deutschen Wehrmacht in Russland auf der Karte verfolgt, Fähnchen gesteckt und uns gefreut, wenn wieder ein paar hunderttausend Russen in der Falle saßen. Die würden alle für unsern Endsieg arbeiten. Zum Beispiel auf der Zeche Dahlbusch unter Tage.

Immer wenn ich die abgezehrten Gestalten in der Steeler Straße gesehen hatte, wie sie unter Karabinerbewachung in Richtung Schacht VIII marschierten, ganz wohl hatte ich mich nie dabei gefühlt. Der Anblick war mir unangenehm, und ich verdrängte ihn schnell.

Jetzt saßen wir selber im Kessel.

Der Ruhrkessel hatte auch einen Oberbefehlshaber. Einen richtigen Generalfeldmarschall wie 1943 in Stalingrad. Er hieß Model, einer von Hitlers Durchhaltegenerälen. Jetzt sollte er die »Festung Ruhrgebiet« bis zum letzten Stein verteidigen. Die Sprengung der Zechen und der Brücken war an vielen Stellen schon vorbereitet.

Irgendwann muss dem Model eingefallen sein, dass Hitlers Befehl der verbrannten Erde nicht zu verantworten war. Doch was ein richtiger Feldherr ist, der ergibt sich nicht so einfach. Aber musste er sich gleich erschießen wie Adolf?

Damit wir uns nicht allzu sicher fühlten, schickte der Ami jetzt ab und zu ein paar Granaten über den Kanal bis weit nach Gelsenkirchen hinein. Sehr unregelmäßig. Aber Tag und Nacht. »Hinterlandbeschuss« hieß das.

Wir begriffen schnell, was sich geändert hatte. Bei den Luftangriffen, die jetzt hinter uns lagen, war die Gefahr rechtzeitig angekündigt worden. Zuerst vom so genannten Drahtfunk. Da lief so ein Dauergeräusch im Radio wie von einem trabenden Pferd. Nur wenn der Gaul mal eine Pause machte, spitzten wir schnell die Ohren für die Durchsage. »Bomberverbände bei Eindhoven im Anflug aufs Ruhrgebiet!«, hieß es meistens. Also hatten wir noch zwanzig Minuten Zeit. Die »Fliegenden Festungen« der Amerikaner flogen langsam. Kurz danach erfolgte das Geheul der Sirenenwarnung.

Mein Klassenkamerad Helmut wohnte direkt unter der Sirene für Rotthausen-Süd. Im Sommer 39 war er noch mächtig stolz darauf gewesen, eine richtige Sirene auf dem Dach zu haben. Aber bald fiel er bei deren Geheul jedes Mal vor Schreck fast aus dem Bett. Und das zwei-, dreimal pro Nacht. Das macht in sechs Kriegsjahren eine ganze Menge!

Jetzt hatte die Sirene ausgedient. Auch der Drahtfunk war still. Das Pferd trabte nicht mehr. Dafür verpassten sie uns den Artilleriebeschuss ohne Voranmeldung, und so kamen wir aus dem Keller überhaupt nicht mehr heraus.

Als ich mich einmal kurz in unsere Wohnung wagte, schlug prompt eine Granate unten auf dem Gehweg ein. Es gab ein Loch in der Hausfassade. Doch die Außenwand war solide gemauert. Für mich dick genug. Ich hatte beim Einschlag direkt dahinter gelegen. Wieder mal Schwein gehabt!

Welche strategische Bedeutung solche Feuerüberfälle hatten – keine Ahnung. Vermutlich wollte uns der Ami nur zeigen, dass er schon am Kanal stand und bald rüberkommen würde.

Und dann war es plötzlich soweit.

Im Keller, wo die ganze Hausgemeinschaft seit Wochen ziemlich beengt, aber friedlich beieinander hockte, tauchten die tollsten Gerüchte auf. »Wenn bloß die Russen nicht hierher kommen!«, meinte Frau Brosda. »Die schicken uns alle nach Sibirien. Amerikaner sind wenigstens ein zivilisiertes Volk. Die tun uns schon nix!«

Aber alle horchten auf, als Frau Sawatzki aufgeregt meldete: »Unten an der Ecke bei Biedenbach steht ein Panzer, hoffentlich fangen die jetzt nicht an zu schießen!«

Ich rannte nach oben, riskierte einen Blick aus der Haustür: Tatsächlich. Aber dieser Panzer trug einen weißen Stern. Und noch etwas war anders als sonst. Es war so still. Da fehlte irgendwas. Es war die Artillerie, die nicht mehr schoss.

Ich stürmte in den Keller zurück und rief: »Der Ami! Der Ami ist da!«

Ein paar Mutige gingen mit nach oben. Dort erlebten wir eine Überraschung: In unserer Straße hingen einige weiße Fahnen, und es wurden von Minute zu Minute mehr. Ein Meer von Fahnen. Nicht mal an Hitlers Geburtstag hatte es hier so viele gegeben. Wenn auch in anderer Farbe.

Kein Ami konnte das übersehen: Die Achternbergstraße hatte kapituliert.

Vorrichtungen für die Fahnenstangen gab es ja genug. Viele Häuser hatten noch die Halterungen für eine Hakenkreuzfahne. So brauchte nur das Tuch gewechselt zu werden. Auch bei uns. Unser Hauswirt, war ja »inne Pattei« gewesen und in unserem Haus der Einzige, der bei den Nazi-Gedenktagen brav seine Hakenkreuzfahne herausgehängt hatte. Der Karl holte also auch jetzt seine Fahne heraus. Weiß war sie, also farblich unverdächtig.

Auch die »Pfannkuchen« ließ sich nicht lumpen, spendierte ein Bettlaken von ihrer großartigen Aussteuer, und schon konnte sich auch unser Haus ergeben. Wenn ganz Rotthausen kapitulierte, wollten wir nicht fehlen.

Der Goebbels im fernen Berlin mochte all jenen die Todesstrafe androhen, die es wagten, einen »weißen Fetzen« herauszuhängen. Für uns war der Krieg vorbei.

Ohne Endsieg.

Der Panzer mit dem großen weißen Stern an der Ecke bei Biedenbach blieb nicht der einzige. Er war nur der erste. Etwas später kamen einzelne Kampfgruppen vom Friedhof her auf unsere Häusergruppe zu.

Kurz vor ihnen lief – wie ein Ausrufer – ein einzelner deutscher Soldat schreiend auf uns zu: »Die Amis kommen! Habt ihr Zivilzeug für mich?«

Wir winkten ihn herein. Doch während einige Frauen ihn schnell mit Räuberzivil ausstatteten, näherte sich die erste Gruppe amerikanischer Soldaten schon unserem Haus. Die Maschinenpistole im Anschlag. Da hielten wir es für besser, brav in den Keller zu gehen. Auch der Landser im Räuberzivil hatte sich schnell verkrümelt. Zum Garten hinaus, Richtung Kray.

Im Keller wurde es ganz still. Frau Jeromin fing wieder laut an zu beten wie vor vier Wochen, als der Bombenteppich beinahe ganz Rotthausen platt gemacht hatte. Die Luftschutz-Eisentür hatten wir vorsichtshalber geschlossen. Plötzlich wurde sie von außen krachend geöffnet. Im Türrahmen stand ein Ami. Stahlhelm auf dem Kopf. Die Maschinenpistole auf uns gerichtet. »Hands up!«

Gehorsam hoben wir die Arme. Der junge Ami war wohl etwas verdutzt, fünfundzwanzig Leute so brav mit erhobenen Händen in dem Kellerraum sitzen zu sehen.

Seine Frage nach anwesenden deutschen Soldaten konnte ich mit meinem Schulenglisch verstehen und ihn beruhigen. Kaugummi kauend stieß der Soldat noch eine unverständliche Drohung aus. Dann schlug er die Eisentür zu. Wir waren wieder allein und warteten erst mal ab.

Nach einiger Zeit meldete sich wieder unser ganz normales Dauergefühl: der Hunger. Doch der Ami oben an der Kellertür drohte mit seiner Maschinenpistole und scheuchte jeden unbarmherzig zurück, der auch nur den Versuch machte, in seine Wohnung zu kommen.

»Du musst es machen, du kannst doch Englisch!«, meinte Frau Dembeck zu mir. Mein Ansehen im Keller war durch den Wortwechsel mit dem Ami enorm gestiegen.

Andererseits hatte ich keine Lust, bei den Amerikanern groß aufzufallen. Vielleicht würden die mich gleich mitnehmen. In amerikanische Kriegsgefangenschaft womöglich. Draußen an den Hauswänden klebten noch die roten Plakate, nach denen jeder Mann zwischen 16 und 60 erschossen würde, der sich nicht sofort für des Führers Endkampf meldete. Die Amis konnten ja auch lesen. Woher wusste ich, dass sie nicht die ganze Altersgruppe einfach einkassieren würden? Für die Sklavenarbeit auf ihren Baumwollfeldern!

Aber die Leute im Keller rechneten mit mir. Ich also rauf, öffnete vorsichtig die Tür. Saß da der Ami breitbeinig zwischen allerlei Fressalien auf der Flurtreppe und kaute gemütlich vor sich hin. Ein bisschen zuckte er zusammen, als er mich sah, und griff nach seiner Maschinenpistole.

»We are hungry!«, sagte ich schnell. Diesen Satz hatte ich mir schon auf der Treppe zurechtgelegt. »All the people downstairs are very, very hungry!«

Der Ami grinste, bot mir seine Kekse an, später noch eine Zigarette. Er war nicht viel älter als ich. Vielleicht zwei, drei Jahre. Unten im Keller und mit dem Stahlhelm auf dem Kopf hatte er viel gefährlicher ausgesehen.

Ein geistreiches Gespräch wurde das nicht. Wichtiger war, dass er mich nicht zurückgeschickt hatte.

Von draußen und von oben aus dem Haus hörte man jetzt heftiges Gewehrfeuer. Die Amis ballerten aus unseren Fenstern in das freie Feld beim Bauern Brandhoff. Hoffentlich war jener Landser, den wir noch rechtzeitig zum Zivilisten verkleidet hatten, inzwischen über alle Berge.

Auf dem Feld konnten eigentlich keine Feinde sein. Worauf schossen die Amis da eigentlich? Oder hatten sie nur Angst?

In einer Feuerpause hörte ich von oben Musik. Da spielte jemand Akkordeon. Doch nicht etwa auf meinem Instrument? Aber dass ein GI mit solch einem Ding über den großen Teich nach Europa in den Krieg zog, war nicht anzunehmen.

Ich machte also dem Ami klar, dass dies da oben mein Akkordeon sei und dass ich spielen könne. Der Ami kapierte, nahm das massive Sprechfunkgerät, halb so groß wie ein Schuhkarton, zog die Antenne raus und nuschelte etwas hinein. Herunter kam ein baumlanger Schwarzer. »Come along!« – Ich durfte mit.

Sie hatten sich ausgerechnet unsere Wohnung als Gefechtsstand ausgesucht, sich in unserer Küche breit gemacht: Patronenhülsen, Gewehre, Munition jede Menge, ein Maschinengewehr, Zigaretten, Essensreste. Wie Landser so leben. Meine Mutter würde sich wundern.

Die Tür hatten sie einfach eingetreten. Im Krieg wird nicht geklingelt. Das hier war zwar noch unsere Wohnung, aber die Besitzverhältnisse hatten sich total verändert: Sie waren jetzt die Herren.

Einer der Amis lümmelte sich auf unserem Sofa, in Stiefeln. Am Fenster saßen welche und schossen ab und zu in die Gegend. Mitten im Raum hockte ein anderer, spielte ganz versunken auf meinem Akkordeon. Mehr schlecht als recht.

Dann sollte ich spielen. Was spielt man denn Siegern vor? Immerhin, die Amis horchten auf. Der Schwarze fing gleich an zu tanzen. War doch mal etwas anderes: Ein bisschen in der Gegend herumzuballern bei flottem Rhythmus im Hintergrund. Sie boten mir Zigaretten an und wieder ihre Kekse. Die Stimmung wurde besser.

Irgendwann konnte ich den Amis klarmachen, dass meine Leute unten im Keller inzwischen einen Riesenkohldampf hätten. »No problem!«, meinte der Schwarze, der von Anfang an den größten Spaß an meinem Spiel hatte. Verschwand mal kurz und kam mit einer Menge an Lebensmitteln zurück: Eier, Schinken, Brot, alles, was das Herz begehrt. Im Keller großes Hallo, als ich mit den Schätzen auftauchte.

Ob die Janerts von nebenan gleich ihr Eigentum wiedererkannten, weiß ich nicht. Von ihnen kam jedenfalls kein Widerspruch. Vielleicht haben die sich auch ein bisschen geschämt, noch so viele »Fressalien« zu besitzen, wo alle anderen längst am Hungertuch nagten. Die Schätze stammten aus Ostpreußen. Von ihren bäuerlichen Verwandten. Mit deren Hilfe sind die Janerts jedenfalls gut über die Kriegsjahre gekommen. Wie gut, dass sie überhaupt wieder im Hause wohnten. Unser Hauswirt hatte mitten im Kriege noch ihre verbrannte Wohnung wiederherstellen lassen. Der Karl war ja »inne Pattei«!

Im Keller wurde jetzt alles gerecht geteilt. Der farbige Ami hielt uns wohl für eine große Familie oder – mit dem Wortschatz von gestern – für eine richtige Volksgemeinschaft. »Du bist nichts, dein Volk ist alles!« Das hatten sie uns zwölf Jahre lang eingebläut. Wir aber brauchten jetzt erst mal eine Pfanne. Ruckzuck, es fand sich alles im Keller, sogar ein bisschen Fett, und bald gab es für jeden ein Spiegelei auf einer Brotkante.

Wir wurden nicht satt, aber so haben wir ein bisschen den Frieden gefeiert. Am 8. April 1945.

Bei den Amis oben im Hause genoss ich schnell eine Art Narrenfreiheit, durfte mich als Einziger im Hause frei bewegen.

Nach dem Spiegelei, den vielen Ami-Keksen und anderen Leckereien musste ich bald zum Klo. Für gewisse Zwecke hatten wir dort einen Nagel in der Wand. In Augenhöhe. Zum Aufspießen der viereckig klein gerissenen Zeitungsseiten. In sinnvoller Größe, versteht sich.

Ich war immer ein leidenschaftlicher Leser, und solche Ausrisse fanden stets mein Interesse. Diesmal aber zuckte ich zusammen. Aufgespießt auf dem besagten Nagel steckten jede Menge Blätter aus Hitlers »Mein Kampf«. Meine sparsame Mutter hatte schon vor Wochen den Glauben an den Endsieg aufgegeben und die braune Bibel einem sinnvollen Zweck zugeführt. Auch deshalb, weil das weiche Papier des »Führers« viel angenehmer war als die harten Zeitungsausrisse. So eine Art Gesangbuchpapier war das, seidig, geschmeidig und schön dünn.

Das Exemplar der braunen Bibel stammte noch von Okka, meinem Klever Kameraden, den sie im Herbst 44 zur Waffen-SS eingezogen hatten.

Da saß ich nun auf unserem Klo, besagte Blätter in der Hand. Die Feinde in der Küche. Also drückte ich so lange auf die Spülung, bis Adolfs Werk verschwunden war.

Plötzlich gegen Abend packten »unsere« Amis ihre Klamotten zusammen. Der Befehl war über ihr Sprechfunkgerät gekommen.

Ich dachte an mein Akkordeon. Ob sie es mitnehmen würden? Jener Ami, der vorher darauf gespielt hatte, trug es schon auf der Schulter, ließ es dann aber doch stehen, als er meinen bittenden Blick sah. – Eigentlich ganz nett, diese Jungs! Geklaut haben sie trotzdem wie die Raben. Mutters Armband aus Golddoublé war weg. Edes Trauring auch. Jeder im Haus vermisste irgendwas. Besonders auf die Armbanduhren hatten sie es abgesehen. Hätte man sich eigentlich denken können. Die netten Amis in unserer Wohnung trugen an jedem Arm fünf oder sechs.

»Sind eben Frontsoldaten! Die klauen immer. Überall in der Welt!«, meinte Ede.

Die Kampfgruppe war weg. Was jetzt kam, war die reguläre Infanterie. Zu hunderten marschierten sie am Abend von Schonnebeck her die Achternbergstraße hinunter. Alle trugen sie Maschinenpistolen. Jeder Zehnte ein Sprechfunkgerät. Das imponierte Ede am meisten. »Und gegen die wollte Adolf den Krieg gewinnen? Guck dir mal die strammen Ärsche an, die die in der Hose haben. Was müssen die für eine Verpflegung kriegen!«

Der riesige Bombentrichter schräg vor unserem Haus war ein Ärgernis für die Amis. Die Infanteristen kletterten noch brav darum herum, aber die Offiziere kamen mit den Jeeps da nicht durch. Fluchten und mussten umkehren. »Bis morgen Mittag um 12 Uhr ist das Loch hier zu, oder meine Panzer schießen hier alle Häuser zusammen!«, schrie plötzlich ein Leutnant in gutem Deutsch zu uns rüber.

Ob er die Drohung wahrmachen würde, wussten wir nicht. Am nächsten Mittag war das Riesenloch jedenfalls zu. Keiner wollte die Amis unnötig reizen. Alle haben geholfen. Die ganze Achternbergstraße, wie sich das für eine echte Volksgemeinschaft gehört.

Eingeprägt hat sich mir das Bild, wie eine Frau zuletzt noch einen kaputten Kinderwagen in den Trichter schob.

Streuner ohne Hoffnung

Schon am nächsten Tag war von den Amis nicht mehr viel zu sehen. Gestern waren sie noch zu hunderten durch unsere Straße gezogen. Bis an die Zähne bewaffnet, um uns zu erobern. Hatten in jede Wohnung und in jeden Keller geguckt. Heute waren wir schon wieder uninteressant.

Ab und zu ein Jeep, der aber nur anhielt, wenn ein paar deutsche Mädchen in der Nähe waren. Die »girls« hatten schnell kapiert, warum die Amerikaner gerade vor ihnen aufkreuzten. Und bewegten sich entsprechend.

Die Amis protzten bei den »Fräuleins« gern mit Schokolade und den Lucky Strike, warfen die nur halb gerauchten Zigaretten lässig weg. Deutsche Männer bückten sich ohne Scham oder stritten sich um die Kippen – Raucher eben.

Wir Jungs hatten bei den Amis sowieso schlechtere Karten als die Mädchen. Unsereiner wurde allenfalls mal zu Dolmetscherdiensten gebraucht. Für ein paar Zigaretten. Dabei rauchte ich gar nicht. Aber Ede umso mehr.

Die neue Lage war unheimlich. Alle Geschäfte waren geschlossen, die alten Autoritäten wie vom Erdboden verschwunden. Keine Polizei mehr, die Geschäftsstelle der NSDAP-Ortsgruppe in der Steinfurtstraße verlassen. Ortsgruppenleiter Oelberger – eigentlich ganz beliebt in Rotthausen – hatte schon die Platte geputzt, als die Amis in Buer auftauchten. Aber wohin?

Später kam die Wahrheit heraus: Die meisten Gelsenkirchener Goldfasane hatten sich einfach zu ihren evakuierten Frauen ins Lipperland verdrückt. In Zivil und natürlich motorisiert. Wo sollten die Nazis sonst auch hin? Vielleicht zum Endkampf nach Berlin, um Adolfs Leben zu verlängern oder auf die Wunderwaffe im letzten Augenblick zu hoffen?

Stattdessen kämpften vor der Reichskanzlei nur ein paar hundert verblendete Hitlerjungen. Unter hohen Verlusten, aber bis zur letzten Stunde. In den sinnlosen Kampf geschickt vom »Reichsjugendführer« Artur Axmann, dem ranghöchsten HJ-Funktionär in Deutschland. Der sich aus dem Staub machte, kurz bevor Hitler sich erschoss.

Keiner von uns wusste, dass dieser Axmann, der Nachfolger Baldur von Schirachs, nach seiner Flucht ausgerechnet hier bei uns untertauchte und in Gelsenkirchen-Horst bei einer Freundin lebte. Auf dem letzten Foto von Adolf, wo dieser Eiserne Kreuze an die kämpfenden Hitlerjungen verteilt, sieht man Artur Axmann noch schneidig und stolz lächelnd neben seinem »Führer« stehen. Kurz danach ist er dann abgehauen. Verhielt sich in Gelsenkirchen still und unauffällig. Wagte erst ab 1980, seine Geschichte im Fernsehen zu erzählen. – Als ob nichts gewesen wäre.

In Gelsenkirchen herrschte jetzt Anarchie. Keiner sagte uns, was wir durften oder nicht. Auch den Amerikanern ging es zuerst nur darum, dass alle Waffen ordentlich abgegeben wurden.

Was machten wir also? Wir erforschten verlassene Zechengelände, Fabriken, halb zerstörte Gebäude, herrenlose Grundstücke. Irgendwo musste doch ein vergessenes Lager mit Fressalien zu finden sein! Aber wir fanden nichts. Andere waren immer schneller. Doch das kleine Glück, das wir dann doch noch erwischten, war auch nicht zu verachten. Es hat uns eine Zeit lang über Wasser gehalten. Vielleicht eine Woche oder auch zwei.

Auf der Zeche Joachim in Kray fanden wir das Steckrübendepot der russischen Kriegsgefangenen. Schon während der Kriegsjahre hatte sich herumgesprochen, dass die

Russen für ihre schwere Arbeit im Pütt die schlimmsten Hungerrationen erhielten. Fast immer nur Steckrüben.

Jetzt waren die Russen weg. Wo waren die eigentlich geblieben? Fragten sich die Leute. Es waren doch so viele.

Wir wussten etwas mehr darüber, denn eines Nachts kurz vor dem Einmarsch der Amerikaner hatte Ede mich geweckt und leise gesagt: »Hörst du das?« Ein unheimliches Gebrumme war in der Luft. Wie von vielen Menschen. Wir öffneten das Flurfenster: Die ganze Achternbergstraße stand voller Russen. Tausend, zweitausend. Ach, mehr! Dicht an dicht in ihren braunen Uniformmänteln. Alle zehn Meter ein deutscher Soldat mit aufgepflanztem Bajonett. »Wenn die erst mal befreit werden vom Ami, dann gnade uns Gott!«, meinte Ede.

Jetzt – drei Wochen später – zankten wir uns um die zurückgelassenen halb verfaulten Russen-Rüben. Immer wieder wankten wir durch die übel riechende Steckrübenmatsche in das halbdunkle Depot. Irgendwo mussten doch welche sein, die noch nicht ganz verfault waren! Von uns beiden konnte immer nur einer hineintorkeln. Der andere musste neben der beiseite geschafften »Beute« Wache stehen. Immerhin: Zweimal fuhren wir unseren Handwagen nach Hause. Voll mit dem halb verfaulten Zeugs. Der Rest war nicht zu gebrauchen.

Zu Hause spritzten wir die Steckrüben gründlich mit dem Wasserschlauch ab. Dann war Schluss: Kein Wasser mehr in der Leitung! Für solche Notfälle hatten wir unseren Handwagen, stabil und leicht, Edes ganzer Stolz. Er hatte ihn selbst gebaut. Jetzt beluden wir ihn mit Kesseln und Eimern. Im Kleinen Bruch, fast am Schonnebecker Markt, gab es einen Privatbrunnen. Mit einer Pumpe. Da holten wir unser Wasser.

Die Warteschlange an der Pumpe schreckte uns nicht, auch wenn sie vom Garten bis zur Straße reichte. In Dreierreihen.

In den ersten Besatzungswochen tauchten Namen auf wie Auschwitz, Bergen-Belsen, Buchenwald. Wir hatten nie davon gehört und waren entsetzt. Doch geglaubt habe ich die Meldungen sofort und ohne jeden Zweifel, denn es passte alles zu den Ankündigungen Hitlers in seinen Reden. Wir hatten sie nur nicht wörtlich genommen.

Jetzt erinnerte ich mich auch an jene grausamen Einzelheiten aus dem uns verbotenen Londoner Rundfunk, die ich damals, 1943, nicht glauben wollte. »Heinrich, Heinrich, mir graut vor dir!«, hatte der Sprecher gesagt und damit den Himmler gemeint, Reichsführer SS.

Dass die Nazis von Anfang an Konzentrationslager einrichteten für ihre Gegner, Arbeitslager für Kommunisten und Sozis, das wussten wir längst, hatten sie verharmlosend »Konzertlager« genannt. Aber regelrechte Massenvernichtungslager, wo Millionen Menschen hingemordet wurden? Das überstieg unsere Vorstellung.

Nur eines wussten wir: Fast alle hatten mit Hitler in einem Boot gesessen, und jetzt musste bezahlt werden.

Die Typhusfälle in Rotthausen häuften sich. Langsam ging es auch mit der Moral der Leute bergab. Ede und ich, wir waren keine Ausnahme. Gerne hätten wir etwas geklaut. Lebensmittel etwa. Wir wussten nur nicht wo. »Anständig« blieben wir nur aus Mangel an Gelegenheiten.

Schon beim Sprachverfall fing es an. Hunger wurde zu »Kohldampf«, Nahrungsmittel zu »Fressalien«. Ich lernte, was eine »Schore« ist, eigentlich »Sore« geschrieben, nämlich alle irgendwie brauchbaren oder tauschfähigen Gegenstände, die man sich »besorgt«, die man »organisiert«, die man jedenfalls nicht bezahlt hat. Und auf die man ständig aufpassen muss, sonst sind sie weg, weil nämlich auch andere ständig auf der Suche nach solcher »Schore« sind. Dass dieser Begriff aus dem Jiddischen kommt und soviel wie »Diebesgut« bedeutet, wussten wir nicht.

Auch die große Politik spielte für uns keine Rolle mehr. Jahrelang hatten wir die Einzelheiten des Kriegsgeschehens in Zeitung und Radio genau verfolgt. Jetzt interessierte uns weder der Endkampf in Berlin noch Hitlers Schicksal.

Dafür aber die verlassene Flakstellung hinterm Mechtenberg, nachdem die Amis dort die 8,8-cm-Geschütze sofort abtransportiert hatten. Wer weiß, so dachten wir, vielleicht hatten die deutschen Flaksoldaten doch etwas Brauchbares oder sogar Essbares in ihren Behausungen zurückgelassen. Konserven vielleicht. Doch Fehlanzeige, es standen nur noch die nackten Baracken da. Einige Leute hatten schon begonnen, die gut isolierten Fertigteile abzubauen und wegzuschaffen. Na gut, das konnten wir auch.

Über die Besitzverhältnisse machten wir uns keine Gedanken. Die Baracken mochten ja Staatseigentum sein. Aber wer war denn jetzt noch der Staat? Etwa Adolf in seinem Bunker? Wir fackelten nicht lange und machten uns an die Arbeit.

Seit der Steckrübenaktion waren Ede und ich ein eingespieltes Paar. Stinkende Rüben herausholen, die Schore bewachen, sich dabei ohne Murren ablösen. Mit Ede, meinem damals 42-jährigen Vater, konnte man Pferde stehlen. Deshalb habe ich auch hier irgendwann angefangen, von »Ede« zu sprechen, wenn von meinem Vater die Rede war. Ihn direkt so anzureden, hätte ich nie gewagt, aber für mich allein und vor anderen war er immer nur der »Ede«. Zuverlässig und treu. Auch als Bergmann zwangsläufig ein Alleskönner.

Hier in der ehemaligen Flakstellung hinterm Mechtenberg war er in seinem Element. Fachgerecht baute er einige Fertigteile ab, bewachte sie, bis ich mit dem Handwagen kam, und so schafften wir eine ganze Luftwaffenbaracke in die Achternbergstraße. Ob wir die jemals brauchen würden – man konnte nie wissen.

Ein paar Tage später zog eine dunkle Rauchwolke über Rotthausen. Unerklärlich, der Krieg war doch zu Ende! Wenigstens bei uns im Ruhrkessel. Doch diesmal funktionierte die Gerüchteküche schnell: Schulte-Kemna brannte, die Schnapsfabrik Richtung Wattenscheid. Natürlich mussten wir dorthin. Vielleicht könnten wir helfen, Materialien zu bergen und auch für uns etwas beiseite schaffen.

Ede und ich, wir liefen fast im Dauerlauf, im Kopf alle möglichen Fantasien, was da vielleicht zu holen wäre: Weizen, Schnaps? Aber nicht mal einen leeren Sack, nur ein paar leere Flaschen hatten wir mitgenommen.

Schnaps war schon während des Krieges ein begehrtes Tauschobjekt gewesen. Für eine Flasche Alkohol kriegte man jetzt genau ein Pfund Butter. Das war die neue Währung und zugleich der Anfang des schwarzen Marktes.

Schon weit vor der Schnapsfabrik schlug uns heftiger Brandgeruch entgegen. Aus dem Qualm torkelte ein halb verbrannter Mann. Er sah grausam aus. Haut und Kleidung hingen in Fetzen an ihm herunter. Was sollten wir tun? Wir legten ihn erst mal am Straßenrand auf eine Wiese. Seine gotterbarmenden Schreie nach Wasser klingen mir noch heute in den Ohren. Jemand lief gerade los, um welches zu holen, da kam ein Militärkrankenwagen heran und mit ihm die Besatzungspolizei. Wir sahen zu, dass wir wegkamen.

Am nächsten Tag machten wir uns erneut auf die Socken. Richtung Schulte-Kemna. Der Brand war inzwischen gelöscht. Im Hauptgebäude erkannten wir große Flüssigkeitstanks. Das musste der Schnaps sein. An den wollten wir ran. Das offene Tor war nur durch eine Eisenstange versperrt. Direkt dahinter verschmorte Balken und viel verbranntes Zeugs.

Erst als wir schon über das teilweise weiche Material stapften, merkten wir, worauf wir da traten. – Es waren Menschen. Viele durch die Brandhitze klein geschrumpfte Menschen.

Wir waren entsetzt. Jetzt wollten wir keinen Schnaps mehr, und so langsam verstanden wir auch den Ablauf der ganzen Katastrophe: Einige von den befreiten Zwangsarbeitern waren auf die Idee gekommen, sich in der Schnapsfabrik voll laufen zu lassen. Der Alkohol floss in Strömen. Auch auf den Boden. Vermutlich hat sich dann jemand eine Zigarette anstecken wollen. Im Rausch. Der ganze Schnaps entzündete sich im Nu. In kurzer Zeit fingen alle Feuer, brannte alles lichterloh. Brennend liefen die Menschen zum Ausgang. Vor der Eisenstange am Tor kam es zur Panik, zur Katastrophe. Diese Menschen hatten die Zwangsarbeit in Nazi-Deutschland glücklich überstanden. In die ersehnte Heimat kehrten sie trotzdem nicht zurück.

Wie viele Tote es waren? Es stand in keiner Zeitung, denn es gab keine.

Schlechte Zeiten vergehen immer viel zu langsam. Anfang Mai lebten wir gerade mal vier Wochen unter fremder Besatzung. Uns schien es eine Ewigkeit. Und der Krieg war immer noch nicht zu Ende. Die Amis waren inzwischen von den Engländern abgelöst worden. Man sah andere Uniformen und militärische Kennzeichen. Wir hatten jetzt einen britischen Stadtkommandanten. – Der Hunger blieb derselbe. Die herbeigeschaffte Luftwaffenbaracke konnten wir nicht aufessen. Auch die Steckrüben hatten nicht lange vorgehalten, und aus der brennenden Schnapsfabrik hatten wir nichts Essbares mitgebracht.

In der Not machte meine Mutter verzweifelte Bettelgänge. Zuerst zu einer ehemaligen Arbeitskollegin. Der Weg war nicht vergebens. Die Erinnerung an die gemeinsame Arbeit in der Bäckerei Jung erbrachte ein ganzes Graubrot. Auch Bäcker Nolte im Düppel, bei dem wir jahrelang am Brotwagen gekauft hatten, konnte schlecht nein sagen. Ergebnis: zwei Graubrote. Doch in beiden Fällen waren es nur einmalige Geschenke. Wiederholung ausgeschlossen.

Das hatten sie meiner Mutter klargemacht. Gern hätte ich für die Amis wieder Akkordeon gespielt. Schon für ein paar Kekse.

In dieser Lage waren wir empfänglich für alle möglichen Gerüchte. Wir glaubten an alles, was uns nur ein bisschen Hoffnung machte. Anfangs hieß es, bald ginge es zusammen mit Briten und Amerikanern gegen die Russen. Dann wieder wurde erzählt, der Franzose bekäme das ganze linke Rheinufer. Ganz logisch eigentlich, Frankreich war immer schon scharf gewesen aufs Rheinland. In Krefeld, so hieß es, gäbe es schon wieder ganz normale Verhältnisse, die Geschäfte wären voll mit Waren. Das Problem wäre nur der Rhein. Die ließen keinen rüber. Die gesprengten Brücken lägen alle im Wasser. Man käme nicht so einfach auf die andere Seite. Aber einmal drüben, wäre man fein raus. Logisch! Dachten wir.

Am nächsten Tag machten wir uns auf den Weg. Es war der 7. Mai. Mit dem letzten Stück Brot in der Tasche marschierten wir von Gelsenkirchen nach Duisburg. Die Notverpflegung brauchte ja nur bis Krefeld zu reichen. Dann wären wir aus dem Schneider. Bei uns im Hause hatten wir nichts von unserem Plan erzählt. Das Gelobte Land wollten wir erst mal allein betreten.

Unser erstes Ziel war der Duisburger Hafen. Wo große Schiffe liegen, gibt es auch ein paar kleine, dachten wir. Irgendwo würden wir schon ein kleines Ruderboot finden, und dann ab ins Paradies. Zur Not würden wir uns eben ein Floß bauen. Der Ede konnte so was.

Die Sonne schien, und wir waren guter Dinge. Doch bevor wir das Rheinufer erreichten, hatte sich die Idee mit dem Ruderboot schon erledigt, denn so schlau wie wir waren andere schon längst. Durch Mundpropaganda hörten wir von einer geheimnisvollen Fähre. Zehn Leute passten in das Boot. Immer, wenn die Militärpolizei gerade nicht auftauchte, würden zwei Burschen schnell hinüberrudern.

Natürlich nicht für wertloses Geld! Richtige Wertsachen wollten die sehen für ihr Risiko!

Als wir die Anlegestelle erreichten, warteten da schon an die fünfzig Leute. Krefeld musste wirklich das Paradies sein! Deshalb wollten die ja alle rüber! Darunter Flüchtlinge vom linken Niederrhein, die ihre Wohnungen verlassen hatten und über den Rhein geflohen waren. Rechtzeitig vor Beginn der alliierten Frühjahrsoffensive. Jetzt waren sie zu manchem Opfer bereit, um zurück nach Hause zu kommen.

Wir beide, völlig ohne Wertsachen, hatten da kaum eine Chance, mitgenommen zu werden, und jeden Augenblick konnte die Militärpolizei mit ihrem Schnellboot auftauchen. Es war noch Krieg.

Im Durcheinander der Abfahrt stand ich plötzlich auf dem Kahn. Einer der Burschen hatte Interesse an meinem Lederportemonnaie gezeigt. Auch Ede konnte ich hineinziehen. Dann legte das Boot ab. Gespannte Stille auf dem Fluss. Fast niemand sprach ein Wort. Jeder hoffte auf eine erfolgreiche Überfahrt.

Nach quälend langen zwanzig oder dreißig Minuten sprangen wir auf das linke Rheinufer ins Gelobte Land. Hier würde unsere Not ein Ende haben. Vor lauter Neugier liefen wir schneller als sonst und brauchten nur wenige Stunden bis Krefeld. Wir wollten es wissen.

Doch auf das letzte Stück bis zur Stadtmitte hätten wir schon verzichten können. Die Gesichter der befragten Passanten sagten schon alles. Waren voller Spott, manche meinten mitleidig: »Wer hat ösch dat dann jesaat?«

Wir fragten andere Leute. Ungläubig bis zuletzt. Doch die Antwort blieb immer die gleiche. Wo wir denn herkämen? Gelsenkirchen? Hatten die meisten noch nie gehört. Immerhin kannten sie Schalke 04. »So weit seid ihr jeloofe?«

Schließlich machten wir auf dem Absatz kehrt. Ede schimpfte auf diese »Fata Morgana«, dieses »Fiasko«. Er hatte immer schon eine Schwäche für Fremdwörter. Aber langes Nachdenken konnten wir uns nicht leisten. Es war später Nachmittag. Den letzten Brotkanten hatten wir schon am Mittag verschlungen. Dass wir uns hungrig zurück nach Rotthausen schleppen mussten, war klar.

Ede dachte anders. Er war mein Vater und fühlte sich verantwortlich für den Sechzehnjährigen, den er da bei sich hatte. »Warte mal hier!«, meinte er, als ein Haus auftauchte, neben dem ein, zwei landwirtschaftliche Geräte standen.

Was er zu der Frau an der Tür sagte, weiß ich nicht, hat er mir nicht erzählt. Auch später nicht. Ich weiß nur, dass er ziemlich feuchte Augen hatte, als er wieder herauskam und mich zum Eintreten ins Haus aufforderte, wo es einen Riesenteller Milchsuppe gab. Für jeden.

Wir aßen schweigend. Ich merkte ihm an, dass er sich nicht gut fühlte. Ede hatte zum ersten Mal in seinem Leben gebettelt. Und zwar meinetwegen. Er selbst wäre hungrig bis nach Gelsenkirchen gelaufen, statt sich so zu erniedrigen. Ede war jetzt auch nicht in der Stimmung, hier noch um ein Nachtlager zu bitten. Die freundliche Frau hätte uns vielleicht nicht abgewiesen. Aber für die neue Rolle als Bettler waren wir noch nicht abgebrüht genug. Unseren Fehler sollten wir aber bald bereuen

Als wir Friemersdorf erreichten, war es schon Sperrstunde. Wir hatten kein Obdach, keine Bleibe, gingen durch den menschenleeren Ort wie durch eine Geisterstadt und sahen zu unserem Entsetzen, wie am Ende einer etwa zweihundert Meter langen Straße eine britische Patrouille auftauchte. Die Tommys änderten sofort ihre Richtung. Kamen jetzt auf uns zu. Natürlich waren wir verdächtig.

Also machten wir auf dem Absatz kehrt. Bewegten uns möglichst unauffällig im gleichen Tempo wieder dahin, wo wir gerade herkamen. Trotzdem feuerten die Tommys ein paar Warnschüsse ab. Scharf über unsere Köpfe hinweg. Wir hörten die Kugeln pfeifen. Was sollten wir tun? Erst mal brav weitergehen. Was sonst?

Durch die Schüsse war eine zweite Patrouille aufmerksam geworden. Die hatten wir plötzlich vor uns. Hundert Meter vielleicht, und sie kam bedrohlich näher. Jetzt war Hängen im Schacht.

Instinktiv drehten wir uns erneut um die eigene Achse, gingen wieder ein paar Schritte der ersten Gruppe entgegen. Es nützte nichts, wir saßen in der Falle. Ich sah uns schon in Kriegsgefangenschaft. Dämlicherweise hatten wir unsere Wehrpässe bei uns. Andere Ausweise besaßen wir nicht.

In dieser Not und ohne jede Hoffnung fasste ich an den nächsten Haustürgriff. Einfach so, auf gut Glück. Die Tür war grün gestrichen, hatte eine vornehme Messingklinke. Das Wunder geschah. Die Tür gab nach. Wir standen in einem fremden Hausflur, machten schnell die Tür zu. Hoffentlich würden die Tommys uns für verspätete Bewohner dieses Hauses halten und auf eine Durchsuchung verzichten trotz unseres verdächtigen Verhaltens.

Die beiden Patrouillen trafen auch prompt vor unserer Tür zusammen, diskutierten laut und heftig, während wir mit klopfenden Herzen hinter der Tür standen und auf unsere Gefangennahme warteten. Ich verstand zuerst kein Wort. Doch dann konnte ich dem Palaver entnehmen, dass von uns nicht mehr die Rede war. Schwein gehabt!

Wir standen noch angespannt hinter der Haustür, als sich die britischen Patrouillen entfernten. Dann konnten wir das Haus näher in Augenschein nehmen. Es war durch Artilleriebeschuss teilweise zerstört. Ein Zimmer mit zwei Betten war noch halbwegs benutzbar. Richtige Betten sogar.

Am nächsten Morgen erreichten wir schnell den Rhein und fanden auch die Stelle, wo wir gestern noch so begeistert an Land gegangen waren. Hinter uns verschiedene Industriegebäude: das Rheinhausener Stahlwerk.

So an die dreißig, vierzig Leute saßen schon da. Warteten am Abhang des Rheindamms und wollten auf die andere Seite.

Die Sonne schien. Ein friedliches Bild. Wie an einem schönen Sonntag, wenn die Leute sich den Schiffsverkehr ansahen. Doch den gab es nicht mehr. Drüben auf der anderen Seite waren zwei Riesenkähne gestrandet.

Kaum jemand sprach über seine Pläne. Dabei wollten sie alle nur das Eine: rüber auf die andere Seite. Jeder schien so seinen Geheimtipp zu haben. Wir hatten ja auch mal einen. Bis gestern. Krefeld, das Paradies!

Gegen Mittag wurde uns ein besonderes Schauspiel geboten. Die Luftwaffe der Alliierten veranstaltete eine große Parade über dem Strom. Feindliche Bomber hatten wir oft genug gesehen, als sie Tod und Verderben brachten. Jetzt flogen sie zu hunderten friedlich den Rhein entlang. Jemand wusste auch den Grund. Es war der 8. Mai. Deutschland hatte gerade kapituliert. Was wir sahen, war die Siegesparade. Der Krieg war zu Ende.

Uns interessierte das wenig. Auch nicht, was aus Adolf geworden war. Wir wollten nur über den Rhein. Zurück nach Hause.

Aus dem Industriegebäude neben uns schossen britische Soldaten immerzu auf vorbeischwimmende Bretter in der Strommitte. Es hieß, es wären Polen in britischen Uniformen. Ein Volk also, das wenig Grund hatte, uns zu mögen. Und unter deren Augen sollten wir jetzt verbotenerweise den Fluss überqueren! Wie würden die reagieren? Ein bisschen schießen? So zum Spaß Schiffchen versenken?

Ede hatte inzwischen Kontakte geknüpft zu einer jungen Frau mit zwei Kindern, die ihrerseits an männlichem Schutz interessiert schien. Flüchtlinge mit dem Ziel Wuppertal. Von den Butterbroten aus ihrem Rucksack bekamen wir schon mal eins mit. Sozusagen einen Vorschuss. Die Frau hatte keine Ahnung, wie nötig wir das brauchten. In dem verlassenen Haus hatten wir zwar schlafen können, aber außer klarem Wasser nichts für unseren Magen gefunden.

Das Butterbrot blieb nicht die einzige Überraschung. Die Frau wusste auch, dass abends um acht ein Boot rüberfahren würde. Ein Hafenarbeiter wollte den Rhein in der Dämmerung überqueren. Mitfahrt natürlich nur gegen Naturalien. »Rechts da aus der kleinen Bucht heraus, hinter dem Schuppen! Abends schießen die Polen meist nicht mehr!« Und ob wir ihr helfen könnten mit den Kindern beim Einsteigen, fragte die junge Frau. Für unsere Überfahrt würde sie schon sorgen. Wir müssten uns nur rechtzeitig und unauffällig mit ihr aus der Menge verkrümeln. Richtung Schuppen.

Mehr nicht?, dachten wir. Dafür hätten wir ihr die Kinder bis nach Wuppertal vor die Haustür getragen.

Jetzt genossen wir erst mal den Nachmittag in der Sonne. Ede unterhielt sich ausgiebig mit der jungen Frau. Und ich zeigte dem älteren Jungen, wie man Rheinkiesel mehrmals im Wasser auftupfen lässt.

Schließlich wanderten die ersten Leute ab. »Das wird hier nix mehr heute!« Wir stimmten ihnen zu. Je weniger Leute auf dem Damm warteten, umso besser für uns.

Pünktlich um acht saßen wir in dem Boot. Zusammen mit zehn anderen. Die Frau hatte auch für uns die »Gebühr« bezahlt. Ein alter Mann ruderte. Ganz allein. Unsere Hilfe lehnte er ab: »Das könnt ihr nicht!« Wir schämten uns ein bisschen, als er flussabwärts an der wartenden Gruppe vorbeiruderte.

In dem großen Kahn war es still. Das andere Ufer war noch weit, wollte und wollte nicht näherkommen. Als wir in der Flussmitte waren, fiel der erste Schuss. Das Wasser spritzte nur ein paar Handbreit neben uns auf. Jeder duckte sich, so tief er konnte. Der Alte ruderte weiter, gleichmäßig und unbeirrt. Auch als mehrere Schüsse fielen. »Die wollen uns nur ärgern«, sagte jemand. Für einen Spaß pfiffen uns die Kugeln aber etwas zu nah um die Ohren. »Die können ja auch mal daneben treffen!«, flüsterte Ede.

Unsere Gönnerin beugte sich über ihren Kleinen, während ich den größeren Jungen abdeckte. Der Alte ruderte weiter.

Wir waren schon im letzten Drittel der Flussbreite, als ein Geschoss in die Spitze des Bootes einschlug. Uns klopfte das Herz bis zum Hals. Ich hob vorsichtig den Kopf. Das Stück bis zum Ufer war jetzt zu schaffen für einen guten Schwimmer. Auch in Kleidern. Aber nicht für Ede. Den würde ich abschleppen müssen.

Wir hockten tief geduckt in dem Boot, und der Alte ruderte weiter mit kräftigen Schlägen, hoch über uns aufgerichtet dieser Kerl. Schüsse fielen jetzt nur noch vereinzelt.

Sobald wir konnten, sprangen wir aus dem Boot, kriegten natürlich nasse Beine, doch keiner schimpfte, niemand wollte warten, bis der Kahn an Land stieß. Ich hatte den größeren Jungen an der Hand, und wir liefen auf ein großes Rheinschiff zu, das ganz auf dem Trockenen lag. Schnell in Deckung! Raus aus deren Schussfeld! Hinter dem Riesenpott sammelte sich die ganze Gesellschaft. Wir hatten es geschafft!

Am Ende des großen Kohlenschiffes lehnte eine Leiter, da, wo sonst die Schifferfamilie wohnte. Ede und ich kletterten hinauf. Vielleicht konnten wir da übernachten. Doch die enge Wohnung hatten auch schon andere entdeckt. Lässig winkten wir unsere Bootsgenossen herauf. Und so saßen und lagen am Ende etwa dreißig Leute in der klitzekleinen dreistöckigen Wohnung.

Die Stimmung war prima! Sogar etwas Stroh lag auf dem Boden. Nur eine Toilette fand ich nicht. Balancierte deshalb draußen auf dem schmalen Steg neben der Reling entlang. In der Dämmerung sah ich noch »unseren Alten« mit seinem Kahn, wie er weiterruderte. Ich schaute ihm dankbar nach, hielt mich an der Reling fest und benutzte für meine Zwecke einfach den riesigen Laderaum des leeren Schiffes. Unheimlich klingt das!

Die junge Mutter war uns nach der gelungenen Überfahrt herzlich zugetan und zauberte noch weitere Herrlichkeiten aus ihrem Rucksack. Ein kleiner Ofen wurde in Gang gebracht, und jeder kriegte eine heiße Pellkartoffel. Dazu einen Stich Butter. Wir saßen im Dunkeln. Später brannte eine Kerze.

Allen merkte man die Erleichterung an, heil über den Fluss gekommen zu sein. Jeder erzählte seine Geschichte. Wir schämten uns auch nicht, von unserer Pleite in Krefeld zu berichten. Ede wusste unser Erlebnis so spannend darzustellen, dass alle lachten. Natürlich auf unsere Kosten.

Plötzlich hörte ich aus der oberen Etage jemand meinen Namen rufen. Ich fühlte mich nicht angesprochen. Wer sollte mich hier schon kennen?

Aber tatsächlich: Es war der Heinz aus Türnich, mit dem wir im Januar/Februar die Abwehrstellung am Abhang des Vorgebirges gebaut hatten. Der mit der hübschen Schwester. Mit der Gerda. Backs Schwarm. Er hatte mich an meiner Stimme erkannt, kam auf unsere Etage, und es gab ein freudiges Wiedersehen.

Von der jungen Mutter kriegte er noch eine Pellkartoffel. Dann ging's ans Erzählen. Die halbe Nacht lang. Ich wollte natürlich wissen, wie es in Türnich weitergegangen war, nachdem die Fronthelfer der Napola Mitte Februar nach Bedburg zurückgerufen worden waren. Damals arbeiteten noch einige hundert Jungs am Hang des Vorgebirges, um die Stellung fertig zu stellen.

Acht Tage später begann die Offensive der Alliierten. Die verbliebenen Fronthelfer sollten zusammen mit wenigen Soldaten der Wehrmacht die selbst gebaute Abwehrstellung verteidigen.

Den Umgang mit der Panzerfaust hatten sie uns noch rechtzeitig beigebracht. Verteidigung also gegen einen tausendfach überlegenen Feind.

Was machte Heinz?

Kurz bevor er von den Schaufelpanzern in unserer angeblich uneinnehmbaren Stellung zugeschaufelt würde, band er sein Taschentuch an ein Stöckchen und verließ den Graben mit erhobenen Händen.

Auf Umwegen kam er ins Lager nach Rheinberg. Als Fünfzehnjähriger. Gestern hatten sie ihn wegen seiner Jugend entlassen. Aber einen vollen Monat hatte er mit den anderen auf den Wiesen von Rheinberg kampiert. Schutzlos vor Wind und Wetter und bei mieser Verpflegung. In den ersten zwei Wochen ohne jede Versorgung. Ab und zu warf ein mitleidiger Ami eine Büchse Corned Beef über den Zaun. Sogar das Dosenblech war eine Kostbarkeit, um ein Loch damit zu schaufeln oder ganze Unterstände zu bauen zum Schutz gegen Kälte und Regen.

»Rheinberg war die Hölle. Die Landser sind gestorben wie die Fliegen. Sei froh, dass du rechtzeitig aus dem Schlamassel herausgekommen bist!«

Ich rechnete nach. Eine Woche noch, und es wäre auch für mich zu spät gewesen.

Am anderen Morgen löste sich unsere Zufallsgemeinschaft schnell auf. Die junge Mutter marschierte mit ihren Kindern Richtung Düsseldorf. Heinz trug ihren merklich leichter gewordenen Rucksack. Ich versprach ihm einen Besuch in Türnich. »Wenn mal wieder bessere Zeiten sind. Und grüß deine Schwester!«

Es dauerte vierzig Jahre, bis ich wieder nach Türnich kam. Unsere perfekte Abwehrstellung, eine so genannte Igelstellung aus langen Haupt- und Laufgräben, fand ich nicht mehr. Eine Neubausiedlung stand auf dem Gelände.

Und Heinz' Nachnamen hatte ich vergessen.

Bettler auf Roter Erde

Eine letzte Hoffnung hatten wir noch: das Betteln auf dem Lande, nachdem wir in Rheinhausen die erste Hemmschwelle überwunden hatten. Aber es waren überall zu viele Bettler unterwegs. Also mussten wir weiter laufen als bisher. Bis dahin, wo kein Ruhri mehr hinkam oder nur ganz wenige.

Auch die Richtung galt es zu wechseln. Auf nach Norden! Ins Münsterland! Und wenn wir bis Ahaus, Gronau oder Nordhorn laufen müssten. Irgendwo würden wir endlich die einzigen Bettler sein. Ohne die lästige Konkurrenz. »Am besten, wir laufen nahe der holländischen Grenze entlang. Tiefebene, da ist immer fruchtbarer, guter Boden!« Soviel wusste ich aus der Erdkunde. Reiche Bauern musste es da geben.

Ich riss die Westfalenkarte aus dem Atlas, und am nächsten Morgen marschierten wir los. Ede und ich. Sechs kleine Gurken in der Tasche, eingewickelt in gebrauchtes Butterbrotpapier. Für jeden drei.

Die Kanalbrücke bei Schalke lag im Wasser, war gesprengt worden, als der Ami näher kam. Wir hangelten uns am Brückengestänge vorsichtig ans andere Ufer. Beim Dorf Hervest ging es über den Wesel-Datteln-Kanal, dann über die Lippe. Auf Behelfsbrücken. Dann kamen wir durch Wulfen.

Am Abzweig nach Lembeck hörten wir plötzlich Schreie. Waren das nicht Hilferufe einer Frau? Wir liefen schneller. Ein Mann war gerade dabei, einer Frau das Fahrrad zu entreißen. Eine Kostbarkeit damals. Als wir uns einmischen wollten, hatte ein zweiter plötzlich einen Ballermann in der

Hand. Eine riesige Wehrmachtspistole. Damit war die Sache entschieden. Wir machten, dass wir wegkamen.

Die beiden Polen, ehemalige Kriegsgefangene, gehörten zu den tausenden von Zwangsarbeitern, die während der Kriegsjahre im Münsterland auf den Bauernhöfen gearbeitet hatten. Brav und fleißig. Jetzt waren sie frei. Und nicht mehr brav. Jedenfalls nicht alle. Einige hatten sich von irgendwoher Waffen besorgt. Von der Besatzungsmacht kaum daran gehindert. Das ganze Gebiet machten sie unsicher. Manche beschützten ihre ehemaligen Herren, sofern diese gut zu ihnen gewesen waren. Vorher, als sie noch das Sagen hatten. Und das war keine Seltenheit, denn bei gemeinsamer Arbeit auf den Feldern waren sie sich näher gekommen: deutsche Bauern und die Kriegsgefangenen. Während des Krieges hatte auch Ede »seinen« Russen, den Iwan, unter Tage heimlich mitverpflegt, obwohl das streng verboten war.

Weiter ging es in Richtung Lembeck. Die Sperrzeit war inzwischen angebrochen, höchste Zeit, von der Straße zu verschwinden. Nur nicht einer britischen Patrouille in die Arme laufen! Also hinein ins erste Haus. Vornehmer Vorgarten, knirschender Kies auf den Wegen, wir hatten keine Wahl mehr. Es war schon spät.

Auf unser zaghaftes Klopfen: keine Reaktion. Schließlich betraten wir das Haus: große herrschaftliche Diele, breite Treppe, auf der Empore offene Türen, aus denen Licht schimmerte, geschäftiges Treiben oben im Hause, hin und her gehende Personen. Energische Stimmen wie Befehlstöne. Wir standen unten im Halbdunkel. Keiner kümmerte sich um uns.

Ede war nach mir eingetreten, hatte die Situation noch nicht ganz erfasst. Meine geringen Englischkenntnisse reichten aus, und ich kapierte sofort: Das hier war ein britischer Stab, irgendeine Kommandostelle der Besatzungsmacht. Wir steckten mittendrin in der Höhle des Löwen.

Warum die bloß draußen keine Wache stehen hatten? Ich gab Ede schnell ein Zeichen: Weg hier, nix wie weg!

Noch leiser, als wir reingekommen waren, verschwanden wir wieder. Der Kies im Vorgarten knirschte lauter als vorher. Als ich mich kurz umdrehte, sah ich das Schild, das die Briten üblicherweise an beschlagnahmte Gebäuden anbracht hatten. Und den Union Jack, die Fahne der englischen Besatzungstruppen. Wie hatten wir das übersehen können? Schuld waren wohl die Dämmerung und unsere Eile wegen der Sperrstunde.

Wir überquerten die Straße und verschwanden ruckzuck gegenüber im Wald. Schlugen einen großen Bogen um den Ort, kletterten über Zäune, durch Hecken und sprangen über einen Bach. Dann erst wagten wir uns wieder an einen Bauernhof und baten um ein Nachtlager. Doch der Bauer schien überhaupt nicht überrascht: »Kommt mal ruhig rein! Hier sind noch mehr Leute aus dem Ruhrgebiet!«

Wir bekamen zwar nichts zu essen, aber mit etwa zwanzig anderen durften wir auf dem Tennenboden schlafen. Der freundliche Bauer kassierte zwei Reichsmark pro Nase. Für das Stroh auf der platten Erde. Es war nur dünn gestreut. Einige Leute hatten es da weicher. Im Stroh auf der Empore. Ich dachte an fette Ratten und suchte uns lieber unten einen Platz. Ziemlich in der Mitte.

Leise raunte ich Ede ins Ohr: »Hast du eine Ahnung, was die alle hier wollen?« Ob die alle bis zur holländischen Grenze laufen wollten wie wir? Auffällig war: Keiner sprach über seine Pläne.

In der Nacht hörten wir plötzlich ein lautes Rufen. Eine Frau wenige Meter neben uns schrie immerzu: »Nein! Nein! Aufhören, nein, aufhören! So eine Unverschämtheit!« Irgendjemand ließ ein Streichholz aufleuchten. Man sah aber nichts.

Was die Frau dann behauptete, war schon ein starkes Stück. Einer von den auf der Empore schlafenden Männern hätte auf den Tennenboden uriniert. Von oben herunter und im hohen Bogen. Wäre wohl zu faul gewesen, die Leiter hinunterzuklettern in der Dunkelheit. Die getroffene Frau konnte sich am nächsten Morgen immer noch nicht beruhigen. Von den Etagenschläfern wollte es natürlich keiner gewesen sein.

An der Pumpe im Hof durften wir uns mit Wasser erfrischen. Zu essen gab es nichts. »Ihr müsst das verstehen«, meinte der Bauer. »Es kommen so viele aus dem Ruhrgebiet. Wenn ich die alle verpflegen wollte!«

Ich rechnete nach: Jede Nacht so um die vierzig Reichsmark für ein bisschen Stroh und etwas Wasser aus der Pumpe. Auch nicht schlecht.

Es war Sonntag, Pfingstsonntag 1945. Die Sonne schien. Die Glocken der Dorfkirche läuteten. Gut gekleidete Kirchgänger kamen aus der Messe. Wohlgenährt, diese Lembecker Bauern! Auf dem Land müsste man leben! Uns knurrte der Magen. Wir fühlten uns wie Ausgestoßene. Wie Bettler eben.

Ede und ich stellten uns zu den Männern auf dem Kirchplatz. Westfälischer Dialekt rings um uns her. Wir verstanden nur wenig. Worauf warteten die bloß? Sie schienen gar nicht gehen zu wollen. Ganz im Gegensatz zu ihren Frauen, die sofort nach Hause drängten. Schließlich bewegten sich die Kerle langsam in Richtung Dorfkneipe.

Ede und ich trotteten hinter den Frauen her, im Kopf den gleichen Gedanken: Wenn die Bäuerinnen zu Hause den Sonntagsbraten vorbereiteten, die Männer noch in der Kneipe, dann hätten wir einfach bessere Chancen. Frauen können das nicht so gut, einem Bettler die Tür vor der Nase zuschlagen. Also los, ehe die geizigen Ehemänner zu Hause sind!

Unser Vorsprung reichte aus. Fast an jedem zweiten Bauernhof, an dem wir brav unser Sprüchlein aufsagten, gaben sie uns etwas. Gegen Mittag hatten wir in Edes alter Aktentasche genug Butterbrote zusammen. Meistens mit Wurst, auch mal mit Käse. Bauern essen kein trocknes Brot. Auch in diesen Notzeiten nicht. Unsere »Beute« würde für den ganzen Tag reichen. Zur Not auch länger.

Außerdem hatten wir eine neue Erfahrung gemacht. Mit meinem Milchgesicht und den immer noch sechzehn Lenzen erzielte ich ungefähr das doppelte Ergebnis wie Ede. In Zukunft würde ich die meisten Bauernhöfe übernehmen.

Wir legten uns auf eine Wiese an einen Waldrand. Ein schönes, verstecktes Plätzchen. Aßen unsere Knifften und ließen den Herrgott einen guten Mann sein.

Das Münsterland war ein gutes Land. Von jetzt ab würden wir kreuz und quer durch die Gegend wandern, bis mittags betteln, dann faulenzen. Soweit unser Plan.

Es war wunderbar still. Wir hörten die Lerchen singen. Die Sonne schien uns ins Gesicht, wärmte uns, und wir waren wohlig satt.

Mir fiel das Lied von Nikolaus Lenau ein:

Drei Zigeuner fand ich einmal
liegen an einer Weide,
als mein Fuhrwerk mit müder Qual
schlich durch die sandige Heide.

Am Schluss heißt es:

Wie man das Leben verschläft und vergeigt,
und wie man es dreimal verachtet.

So konnte es auch mit uns weitergehen!

Am Ausgang des Dorfes Heiden fanden wir eine nette Bäuerin, die uns ein Nachtlager anbot. Ein schöner Bauernhof. Mit weißen Giebelbrettern und umgeben von hohen Eichen. Für uns hatte sie zwei richtige Betten in der frei gewordenen Knechtekammer! Mit Federkissen. Wir waren so begeistert, dass wir bis abends Holz hackten. Einen beachtlichen Berg.

Dann wurden wir hereingebeten zum Abendessen. Es gab Bratkartoffeln – richtige Bratkartoffeln, fettig und mit einem Spiegelei für jeden. Wahrhaftig, das war ein Leben!

Am nächsten Tag war Ede nicht mehr so ganz dieser Meinung. Er hatte eine furchtbare Nacht hinter sich. Eine ganze Kompanie von Flöhen muss das gewesen sein, die über ihn hergefallen war. Wir hatten sie nicht mitgebracht, also stammten sie vom Vorgänger. Die Flöhe fühlten sich pudelwohl in der Wärme, hatten sich lustig vermehrt und sich dann wie auf Kommando auf den Ede gestürzt und zugebissen. Er zählte über dreißig Stiche, die er tapfer ertrug. – Ich hatte keinen einzigen.

Am Morgen gab es noch ein gutes Frühstück. Wie selbstverständlich. Jetzt wollten wir uns erneut revanchieren. Also wurde der Holzhaufen noch einmal größer, Ehrensache. Dazu erbettelten wir ein paar Kartoffeln. So zehn, fünfzehn Stück, für zu Hause. Da hatten wir ja noch eine Frau. Edes Frau, meine Mutter.

Noch ehe wir das Dorf Heiden verließen, hatten wir eine neue Idee. Wenn wir bis zur holländischen Grenze laufen wollten und hier und da ein paar Kartoffeln bekämen, wäre es ja blödsinnig, sie alle bis nach Ahaus, Gronau oder sonst wohin mitzuschleppen, um sie dann den ganzen Rückweg ein zweites Mal zu tragen. Unnötiger Kalorienverbrauch! Am Ende könnte es vielleicht ein ganzer Zentner sein. Einen richtigen Kartoffelsack besaßen wir schon. Ein Geschenk der netten Bäuerin.

»Wir müssen ein Lager anlegen, ein Depot in jedem Dorf«, schlug ich vor in Erinnerung an das Apfellager von Back und mir im Freudenberger Wald.

Immer, wenn wir jetzt ein paar Kartoffeln erbettelt hatten, suchten wir uns in einer Hecke am Dorfausgang ein Versteck, deckten die drei oder vier Pfund mit Reisig und trocknem Laub zu. In vierzehn Tagen auf dem Rückweg würden wir sie alle wieder einsammeln.

Hinter Heiden marschierten wir lange durch ein Waldgebiet in Richtung Norden. Der Ginster blühte gelb an den Wegen, und ich begann allmählich, dieses Land zu lieben, das so gut zu uns war, sang das einzige Lied vor mich hin, das ich vom Münsterland kannte: »Im Land der Roten Erde ist heller Feuerschein.«

Kurz vor Südlohn übernachteten wir in einem Rübendepot. Es stank nicht so entsetzlich wie damals in dem Steckrübensilo der Russen. Hauptsache, wir hatten ein Dach über dem Kopf und waren gegen die Nachtkälte geschützt.

Stadtlohn war der erste größere Ort seit Gelsenkirchen. Die Stadt ein Trümmerfeld. Ein ganzer Bombenteppich musste das gewesen sein, denn Zerstörungen durch Artilleriebeschuss sahen anders aus. Mit Räumpanzern hatten die Briten breite Wege durch die Trümmer geschaufelt. Für ihre Militärfahrzeuge. Hier war für uns nichts zu holen. In den Ruinen hausten ebensolche Hungerleider wie wir. Enttäuscht kühlten wir unsere heißen Füße in der Berkel, einem kleinen Flüsschen mitten im Ort.

Kurz vor Gronau hatten wir dann die Nase voll, trafen kaum noch Ruhris. Aber die Leute aus den Kleinstädten Ahaus, Gronau oder Stadtlohn hatten hier alles abgegrast. Was die Nächstenliebe so hergab.

Der Kartoffelsack würde jetzt rappelvoll werden, wenn alle unsere Verstecke geleert wären. Also machten wir uns auf den Rückweg.

Um es gleich zu sagen, unser Plan funktionierte nicht so ganz. Als wir eine Woche später das Dorf Heiden wieder erreichten, die gleiche Bäuerin, der gleiche Holzhaufen, auch das gleiche Flohbett, da hatten wir etliche Verstecke nicht mehr wiedergefunden. Trotzdem, der Kartoffelsack konnte nur noch abwechselnd getragen werden: Zweihundert Meter Ede, zweihundert ich.

Das ließ sich genau einhalten, nachdem wir bei Borken die Eisenbahnstrecke nach Dorsten erreicht hatten. Wir blieben einfach auf dem Bahndamm, benutzten den Trampelweg direkt neben den Gleisen, wo die Reichsbahn ihre weißen Entfernungssteine aufgestellt hatte: alle zweihundert Meter ein neuer Stein. Beim fünften war der Kilometer voll. Umwege konnten wir uns mit der schweren Last nicht mehr leisten. Ab Borken waren es noch siebzig Kilometer bis nach Hause.

Der Eisenbahndamm war nicht nur der kürzeste Weg, er war auch weniger gefährlich, weil die ehemaligen polnischen Kriegsgefangenen meist an den Straßen lauerten, um den Leuten die mühsam zusammengetauschte Hamsterware wieder abzunehmen. Einen Zugverkehr gab es nicht.

Andererseits war der Bahndamm ein gut funktionierender Nachrichtenstrom. Leute, die uns entgegenkamen, warnten uns schon viele Kilometer vorher, dass wir keine Chance hätten, mit unserem Kartoffelsack in Dorsten über den Kanal und die Lippe zu kommen. Genau zwischen beiden befände sich ein Polenlager. Die ehemaligen Zwangsarbeiter hätten da eine Sperre errichtet, brauchten nur »einzukassieren«, was die Hamsterer aus dem ganzen Münsterland heranschleppten. An denen käme keiner vorbei.

Egal, wir hatten noch viele Kilometer Zeit, darüber nachzudenken, und marschierten stur weiter. »Wir lassen uns die Schore nicht abnehmen!«, meinte Ede. »Ich schlepp doch nicht für lau den ganzen Zentner Kartoffeln durchs ganze Münsterland!«

Doch Dorsten kam immer näher. Schneller, als wir dachten. Was sollten wir tun? Anfangs wollte ich mehrmals durch die Lippe schwimmen. Immer hin und her. Jedes Mal mit der Aktentasche voll Kartoffeln. Aber zwei entgegenkommende Ruhris zogen mir schnell diesen Zahn: »Die Lippe ist ein Abwasserfluss! In der Emscher kannst du ja auch nicht schwimmen!«

Kurz vor der Behelfsbrücke in Dorsten fanden wir ein allein stehendes Haus mit einer ehrlich aussehenden Frau. Wir vertrauten ihr unseren Kartoffelsack an und machten uns ohne Schore auf den Weg. Erst mal die Lage peilen. Alte Landserweisheit. Mitgenommen haben wir nur die Aktentasche, gefüllt mit Kartoffeln und unseren zwei letzten Broten. Sollten wir die verlieren, so war noch nicht alles verloren.

Angstvoll passierten wir das Polenlager zwischen Kanal und Lippe, sahen auch einige der ehemaligen Zwangsarbeiter, wie sie auf einer Mauer saßen oder mit Karabinern auf Dosen und Flaschen schossen. Andere diskutierten heftig miteinander. Die waren wohl satt, hatten kein Auge für uns.

So erreichten wir unbehelligt den Kanal. Den Wesel-Datteln-Kanal. Die Amerikaner hatten ihn an einer Stelle einfach zugeschüttet für ihre Fahrzeuge. Die Altstadt von Dorsten war völlig zerstört. Auch hier hatten die Räumpanzer breite Schneisen frei geschaufelt. Für ihren Verkehr.

Ede und ich hatten verabredet, er solle als erster zurückgehen, um die Aktentasche ein zweites Mal zu füllen. Dann wäre ich an der Reihe. Am Abend würden wir alle Kartoffeln herübergeschafft haben, wenn alles gut ging.

Gleich auf den ersten Haustrümmern fanden wir einen Platz für unser provisorisches Kartoffellager. Ich setzte mich daneben und beobachtete den regen Verkehr der Besatzer: zahlreiche Lkws, Panzer, Jeeps. Ich verstand das nicht. Der Krieg war zu Ende! Was sollte das hier bedeuten? Wollten die Amis doch noch gegen Russland marschieren, wie Goebbels immer prophezeit hatte? Deutsche Fahrzeuge sah man kaum.

Schließlich kam Ede. Ich sah ihn schon von weitem. Mir blieb fast das Herz stehen. Auf dem Rücken trug er den ganzen Kartoffelsack. Er setzte den Sack ab und grinste.

Als wir durch das zerstörte Dorsten gingen, erzählte er genauer. Die Polen hätten wohl irgendein Problem gehabt.

Draußen sei keiner mehr zu sehen gewesen. Jetzt oder nie, habe er gedacht. Im Dauerlauf sei er zu unserer Kartoffelfrau gelaufen. Wollte keine Zeit verlieren. Als er sich dem Lager näherte, den vollen Sack auf dem Rücken, immer noch kein Pole zu sehen. Mit großen Schritten sei er dann Richtung Kanal und Altstadt gelaufen. Schwein gehabt!

Hinter der Stadt fanden wir links von der Reichsstraße 224 eine verlassene Flakstellung. Leere Munitionsbunker mit Stroh. Genau das Richtige für uns. Also krochen wir hinein. Ede schlief sofort ein.

Ich las im schwachen Licht der Dämmerung die Liebesbriefe eines Mädchens an einen der Flakhelfer. Zurückgelassen beim eiligen Abmarsch in die Gefangenschaft. Der Junge war in meinem Alter. Eher noch ein Jahr jünger.

Ich dachte an Giselas Briefe, von denen ich nach dem Volltreffer auf unsere Baracke in Schleiden nicht einen Fetzen wiedergefunden hatte. Nur einige Sätze kannte ich auswendig.

Die Briefe dieses fremden Mädchens las ich so lange, bis ich nichts mehr sehen konnte. Sie berührten mich auf seltsame Weise. Zwischen den Zeilen spürte ich wieder diese Angst, den anderen zu verlieren in einer gefährlichen Zeit, ein Gefühl, das ich gut kannte.

In der Nacht träumte ich von Gisela.

Morgens weckte uns die Kälte. Wir machten uns auf den Weg. Dreißig Kilometer noch bis nach Hause. Die würden wir schon schaffen. Auch ohne Frühstück. An der Allee nahmen wir unser gewohntes Wechselspiel wieder auf. Jedem seine zweihundert Meter.

Auf der Straße war es ziemlich still. Drei Wochen nach Kriegsende auch keine Jagdbomber mehr in der Luft. Stattdessen hörten wir plötzlich ein anderes Geräusch hinter uns, ein Lkw. Ein deutscher Lkw sogar, und er hielt direkt neben uns. »Wie kommt man hier nach Gelsenkirchen?«, wurden wir gefragt. »Gelsenkirchen ist groß«, sagten wir vorsichtig. »Wo wollt ihr denn da hin?« Die Antwort versetzte uns in einen Freudentaumel: »Rotthausen!« Jetzt nur nichts anmerken lassen! »Den Weg können wir euch gern zeigen.«

Ruckzuck waren wir per Räuberleiter auf dem Lkw. Mit dem Kartoffelsack und der Aktentasche. Die Reihenfolge war klar: zuerst Ede, dann der Kartoffelsack, dann ich. Den Sack zuerst auf das Auto zu hieven, wäre nie in Frage gekommen. Wussten wir, ob der Fahrer nicht plötzlich Gas geben und mit unserer Schore verschwinden würde? Wir trauten keinem mehr. Auf dem Auto war kaum Platz: vor lauter – Spinat, Kisten mit Spinat.

Zuerst dirigierten wir den Lkw durch Buer zum Rhein-Herne-Kanal. Dass die Brücke zerstört war, wussten wir. Auf dem Hinweg, als Fußgänger, hatten wir uns über das Brückengestänge hangeln können. Doch was macht man mit einem ganzen Lkw?

Eine intakte Brücke fanden wir endlich in Herne. Der einzige Kanalübergang in der ganzen Gegend. Von da bugsierten wir das Spinatauto nach Gelsenkirchen.

In Rotthausen hielten wir vor einem Lebensmittelgeschäft. Schräg gegenüber vom Rosenhof. In diesem Laden wurde wie überall seit Wochen nichts mehr verkauft, weil keine Ware mehr vorhanden war und neue nicht geliefert wurde. So hieß es jedenfalls.

Der Spinat-Lkw gehörte einem Münsterländer Bauern, der alte Geschäftsbeziehungen zum Ruhrgebiet wieder aufnehmen wollte. Kaum dass die beiden Fahrer ausgestiegen waren, bildete sich die übliche Menschenschlange. Endlich gibt es wieder was zu kaufen, dachten die Leute. Und wenn es nur Spinat ist.

Ede und ich, hellwach für solche Situationen, sahen gleich unsere Chance, halfen ganz unschuldig beim Abladen der Kisten, als gehörten wir zu Lkw-Mannschaft. Den zwei Fahrern war es recht. Was sollten sie dagegen haben, wenn die beiden Anhalter sich ein bisschen nützlich machten?

Unseren Kartoffelsack hatte Ede inzwischen auf dem Hof in Sicherheit gebracht. Jemand hatte ihm den firmeneigenen Schuppen aufgeschlossen. Dahin stellten wir auch die zwei Kisten Spinat, die wir den Lkw-Fahrern schon mal abgekauft hatten. Wer zuerst kommt, mahlt zuerst.

Die Menschenschlange wartete geduldig.

Inzwischen hatte die Ladeninhaberin den Tisch gedeckt. Solche Geschäftsbeziehungen musste man schließlich pflegen. »Wenn Sie fertig sind, kommen Sie doch kurz herein. Eine kleine Erfrischung wird Ihnen gut tun nach der weiten Fahrt!«, rief sie uns zu.

Ede und ich hatten keine Mühe, die Einladung auch auf uns zu beziehen. Ehe die Bauernjungs groß protestieren konnten, saßen wir im Wohnzimmer am reichlich gedeckten Tisch, erzählten selbstsicher und ausführlich von der Irrfahrt »unseres« Lkw. Und wie schwierig es doch gewesen sei, den Kanal zu überqueren. Ede war der beste Erzähler, den ich je kannte. Aus der Strecke von Dorsten nach Rotthausen machte er eine kleine Weltreise, spannend und abenteuerlich.

Die beiden Fahrer hörten sich aufmerksam seine Geschichte an, schienen sogar ein bisschen stolz darauf, was sie alles erlebt hatten. Dass wir ganz gewöhnliche Ruhrgebietsbettler waren, die sie erst vor ein paar Stunden bei Dorsten aufgegabelt hatten, darüber verloren sie kein Wort. Prima Kerle.

Die Ladeninhaberin bediente uns freundlich, ohne Hast. Die fünfzig Leute da draußen, die konnten warten. Jetzt hätten wir erst mal ein kleines Frühstück verdient.

Kleines Frühstück war kaum die richtige Bezeichnung für die Herrlichkeiten auf dem gedeckten Tisch. Es begann mit einer leckeren Suppe, dann sahen wir Wurstsorten, die wir nicht mal aus der Vorkriegszeit kannten. Dazu kalten Braten, Schinken, eingekochte Leberwurst, richtige Butter und Käse. Wir waren baff.

Ede und ich beteiligten uns von jetzt an kaum noch am Gespräch. Jedes Wort zu viel würde uns beim Essen nur hindern. Wussten wir, wie lange die wohlgenährten Fahrer noch am Tisch sitzen bleiben würden?

Zum Glück mussten dann alle noch eine rauchen. Ede konnte es nicht lassen, er lehnte die angebotene Zigarette nicht ab. Doch ich aß weiter. Gezielt, beharrlich, schnell. Am Ende fühlte ich mich wie damals, als ich in der Napola Kleve neun Teller Brotsuppe leer gegessen hatte.

Schließlich wurde die Tafel aufgehoben. Während vorne im Geschäft endlich der Verkauf an die wartende Menschenschlange begann, holten wir in aller Ruhe unsere Schore aus dem Schuppen: zwei Zentner Kartoffeln und zwei Kisten Spinat. Wer das zu zweit mit einem Mal wegtragen muss, der schafft es auch. Wenn auch nur bis zur nächsten Straßenecke bei Weskamp. »Nur weg hier von dem Laden!«, zischte Ede.

Der Rest ist schnell erzählt: Der Schuppen, in dem er bei der Ankunft unsere Schore abstellen durfte, entpuppte sich als Vorratsstall. Auch Kartoffelsäcke standen darin. Beim Aufbruch meinte Ede, wir müssten jetzt »unsere beiden Säcke« holen. Er hatte kurzerhand die entsprechende »Zuordnung« vorgenommen, als er von dem reich gedeckten Tisch mal austreten musste. Da liefen wir uns Blasen im Münsterland für einen Sack Kartoffeln. Und jetzt hatten wir plötzlich zwei. Es war wie in der Bibel: eine Art wunderbare Brotvermehrung.

Ein schlechtes Gewissen hatten wir nicht. Spätestens bei der eingekochten Leberwurst dämmerte uns, wie gut man als Ladeninhaber durch schlechte Zeiten kommt.

Außer Sichtweite des Lebensmittelgeschäftes bewachte ich unsere Schore in einer Hauseinfahrt, während Ede den

Handwagen von zu Hause holte. Meine Mutter war mitgekommen, und wir zogen zu dritt die Achternbergstraße hinauf. Jetzt hatten wir wieder etwas zu beißen.

Zu Hause gab es inzwischen auch wieder Lebensmittelkarten. Äußerlich sahen sie genauso aus wie bei den Nazis. Nur ohne Hoheitsadler und Hakenkreuz. Nicht mal die Farben waren verändert: Die Brotkarte blieb rot, die Fleischkarte blau. Einziger Unterschied:

Die Rationen waren halbiert.

Knecht – aber satt

Also machte ich mich zwei Wochen später wieder auf den Weg. Diesmal ohne Ede. Die Zeche Dahlbusch sollte bald wieder mit der Förderung beginnen. Die Besatzer brauchten die Kohle von der Ruhr. Back kam als Begleiter nicht in Frage. Der lebte bei seinen evakuierten Eltern im Lipperland. Und Günther arbeitete auf einem Bauernhof bei Vlotho an der Weser. So wurde Julli mein Kumpel.

Mit unseren Fahrrädern fuhren wir diesmal ins östliche Münsterland. In Erwitte erwischten wir sogar einen deutschen Lkw, der uns mitnahm. In Ruhe konnte ich den Rest einer englischen Zeitung lesen, die ein Tommy weggeworfen hatte. Titelbild: der an den Füßen aufgehängte Mussolini, ehemals italienischer Diktator. Des »Führers Freund«. Neben ihm seine Geliebte Clara Petacci. Von Hitlers Ende kein Wort.

Kurz vor Paderborn wurde unser Lkw von einer britischen Patrouille gestoppt. Militärpolizei! Ausweiskontrolle! Der Lkw fuhr weiter ohne uns.

Julli und ich dolmetschten ein wenig. Den radebrechenden Tommys gefiel das. Trotz unserer bescheidenen Englischkenntnisse. Bald boten sie uns Zigaretten an. Ich, als Nichtraucher, knipste sie aber kurz nach dem Anzünden unauffällig wieder aus und steckte sie in die Tasche. Für Ede. Bald stiegen die Briten in ihr Auto, palaverten und rauchten. Überließen uns die Kontrolle.

Da standen also am Kontrollpunkt der Reichsstraße I bei Paderborn zwei Halbwüchsige, deutsche Wehrmachtsmützen auf dem Kopf, und stoppten mit der Kelle der britischen Militärpolizei alle ankommenden Fahrzeuge. Wir hielten sie alle an, Zivilisten und durchziehende deutsche Landser, machten ein ernstes Gesicht und ließen uns die Papiere zeigen. Die Tommys stiegen höchstens mal aus ihrem Jeep, wenn wir gerade ein paar Mädchen angehalten hatten.

»Das würde mir gefallen, als Dolmetscher bei den Tommys«, meinte Julli. »Besser als Unkrauthacken auf dem Bauernhof!« Wir gaben uns große Mühe, wollten die Briten beeindrucken, ihnen die Arbeit abnehmen. Vielleicht nähmen sie uns ja mit. Als wir aber den Jungs einen entsprechenden Vorschlag machten, grinsten die nur. »Jetzt müsste man ein Mädchen sein!«, schimpfte Julli.

Also warfen wir unsere Fahrräder auf einen Lkw, den wir gerade noch selbst gestoppt hatten, und fuhren durch das platt gebombte Paderborn. In der Trümmerwüste erkannte man gerade noch den Dom.

Hinter der Stadt bog der Fahrer ab. Doch diese Richtung gefiel uns nicht. Wir klopften an die Scheibe. Julli sprang ab, und ich reichte ihm die Fahrräder hinunter. Bald schoben wir sie einen Waldweg hinauf über den Höhenzug des Teutoburger Waldes.

Ein kleines Stück wurden wir noch einmal von einem Lkw mitgenommen, der gerade aus Berlin kam. Ein paar ehemalige Hitlerjungen hockten obendrauf. Müde, abgekämpft. »Wie seid ihr denn da rausgekommen?«, wollten wir wissen. »Der Iwan hat uns laufen lassen«, grinste einer, der den Unterarm verloren hatte. Er trug einen blutigen Verband. War aber jünger als wir. Wie die anderen. Jahrgang 29 oder 30.

Stolz erzählten sie vom Endkampf um die Reichskanzlei. Mit Artur Axmann, dem Reichsjugendführer. Einer holte aus der Tasche ein Eisernes Kreuz. »Vom Führer!«, sagte er stolz. »Danach ist er dann gefallen.« Von Hitlers wirklichem Ende wussten sie nichts.

Dann saßen wir wieder auf unseren Rädern. Als es auf den Abend zuging, suchten wir uns in der Gegend von

Blomberg eine Schlafstelle. Freundlich wurden wir ins Haus gebeten, durften uns an einen Tisch setzen, wurden bedient von zwei hübschen Mädchen, die verlegen kicherten, wenn sie sich von unserem Tisch entfernten.

Am anderen Morgen winkten sie uns noch lange nach. Fast Abschiedsstimmung empfanden wir, als wir zurückwinkten. Auch Julli spürte, dass wir einen Fehler machten.

Irgendwann bogen wir von der Hauptstraße ab, versuchten unser Glück in dem kleinen Dorf Stirpe. Fette Weiden sahen wir und Obstbäume an der Landstraße. »Hier könnten wir gut satt werden«, meinte Julli.

Mitten im Ort sprachen wir mit einem Bauern, pochten selbstbewusst auf unsere »langjährigen landwirtschaftlichen Erfahrungen«, und das war nicht mal geflunkert: Wir meinten den zweistündigen täglichen Arbeitseinsatz in Kleve. »Mal sehen, was ihr könnt«, meinte der Bauer.

Der Scholkenhof hatte hundert Morgen und war der größte im Dorf. Wir gaben uns Mühe und lernten schnell. Den Umgang mit der Sense, das Packen eines Heuwagens. Doch was macht man, wenn die blöde Mähmaschine immer wieder stehen bleibt? Solange dieser so genannte Selbstbinder normal funktionierte, gezogen von zwei, drei Gäulen, wurde das Getreide schön sauber geschnitten, die Bündel seitlich herausgeworfen. Dann kam das Aufstellen der Garben. Kein Vergnügen, weil man immer voll in die Disteln griff. Blieb der Selbstbinder aber stehen, dann war Holland in Not. Julli oder ich, einer musste nach Lippstadt zu Jannek, ehemals geschätzter polnischer Kriegsgefangener auf dem Scholkenhof. Der wartete jetzt auf die Rückkehr nach Polen. Und Jannek kam und half.

Nach erfolgter Reparatur des Kornmähers wurde Jannek von uns nach Lippstadt zurückgefahren. Hochherrschaftlich mit der Kutsche.

Einmal wollte er einen Blick in unseren Schlafraum werfen. Wir wohnten, nein, wir hausten in dieser feuchtkalten

Knechtsbude in der Nebenscheune. »Hier ich fünf Jahre geschlafen! Mit Kamerad.« Jannek grinste mich an. »Jetzt du Knecht!« Er zeigte auf mich.

Bei den Stirper Mädchen hatten wir gute Chancen. Vielleicht, weil wir aus der Großstadt kamen. Julli war jeden Abend unterwegs. Auch ich hatte so viele Rendezvous, dass ich schon mal die Termine verwechselte. Doch ich war nie so ganz bei der Sache. Dachte immer noch an Gisela.

Manchmal ging ich abends mit Maria über die Felder. Maria aus Lippstadt. Sie war zwar hübsch, aber wir sprachen nicht über die Liebe. Hatten immer andere Themen. Sie war ein eigenartiges Mädchen, ehemalige BDM-Führerin, trauerte immer noch der Nazizeit hinterher. »Glaube und Schönheit.«; »Unsere Ehre heißt Treue.«; »Dass wir diese große Zeit erleben durften.« Für sie war Adolf immer noch »der Führer«.

Aber ich spürte bald, dass sie mir etwas verschwieg. Erst als ich ihr vertraulich erzählte, dass Julli und ich auf einer NS-Anstalt gewesen waren, packte sie aus. Erzählte von der Werwolfgruppe in Lippstadt. Sie hätten Telefonkabel zerschnitten an der britischen Kaserne, den Engländern schon manchen Ärger bereitet. Wir müssten unbedingt mitmachen. Umso eher würde die nationalsozialistische Bewegung wieder auferstehen. Großdeutschland wieder befreit. Ich sprach mit Julli darüber, und wir waren uns einig: nicht mit uns.

Die Besatzer gaben sich im Sommer 45 wenig Mühe, uns zu Demokraten zu erziehen. Zeitungen gab es nicht. Nur ab und zu bekamen wir ein Informationsblatt der Amerikaner in die Hand, lasen von Gräueln in den Konzentrationslagern, hörten von der Atombombe in Japan. Aber es berührte uns wenig. Wir waren mit uns selbst beschäftigt.

Von Zeit zu Zeit kriegten wir Besuch. Unsere Väter wollten nach uns sehen. Und auch abholen, was wir bis dahin zusammengeklaut hatten.

Der Rapshaufen über der Knechtsbude verkleinerte sich von Mal zu Mal. Aber nicht allein durch uns. Auch die Ratten waren beteiligt. Wir hörten sie nachts über unseren Köpfen krabbeln und pfeifen. Unsere Eltern waren trotzdem glücklich über den Raps, obwohl sie zu Hause erst mal die Rattenköttel herausfischen mussten, um den Rest durch die Ölmühle zu drehen. Rapsöl war kostbar.

Unsere Schätze, die wir im Laufe der Zeit »organisiert« hatten, versteckten wir nachts im Rohr eines Straßengrabens außerhalb des Dorfes. Auf dem Heimweg zum Bahnhof Lippstadt kamen die beiden Väter an unserem Depot vorbei, und voll beladen zogen die beiden jedes Mal ab. So brachten wir unsere Eltern durch das Hungerjahr 1945.

Die größte Freude konnten wir den beiden Vätern machen, wenn wir ein paar Zigaretten bei den Tommys geschnorrt hatten. Fürs Dolmetschen bei den Kontaktversuchen mit den »nice german girls«. Aber großzügig waren die Briten nicht gerade. Da rückten die Amis schon mehr heraus.

Also mussten wir die kleinen Tabakfelder heimsuchen, die sich die Stirper Bauern angelegt hatten. Wohlweislich nahe bei ihren Höfen. Doch wir waren fair. Klauten bei jedem höchstens zwanzig Blätter. Ich hab noch das Knacken im Ohr. Tabakblätter machen nachts einen ziemlichen Lärm, wenn man sie abbricht.

Einmal bat ich den Bauern um ein paar freie Tage. Ich müsste unbedingt mal nach Hause, erklärte ich. Der Scholkenbauer war nicht begeistert, guckte mich misstrauisch an, brummte ein bisschen herum. Immerhin, ich kriegte ein kleines Brot mit und ein Stück Wurst. Dauerwurst.

Keiner wusste, was ich wirklich vorhatte. Ich wollte Gisela wiedersehen. Seit unserem letzten Treffen war mehr als ein Jahr vergangen. Meine Sehnsucht war riesengroß. Ich träumte immer noch von ihr.

Die Post funktionierte im Sommer 45 kaum oder gar nicht. Züge fuhren nur in Ausnahmefällen. Fahrpläne gab es nicht. Zwischen dem Ruhrgebiet und Koblenz lag die Zonengrenze. Schon hinter Bonn begann französisches Besatzungsgebiet. Wie man hörte, ließen die Franzosen keine Maus durch. Ohne Entlassungsschein aus der Kriegsgefangenschaft konnte jeder Mann »einkassiert« werden. Zur Arbeit in französischen Kohlezechen.

Zwei Stunden Fußweg nach Lippstadt. Stundenlanges Warten am Bahnhof. Ich hatte Glück. Am nächsten Abend war ich schon in Düsseldorf. Wenn auch im offenen Güterwagen.

Die Nacht auf dem verschmutzten Fußboden des riesigen Wartesaals. Dicht gedrängt mit Massen von Flüchtlingen. Ganz Deutschland schien unterwegs zu sein. Dazwischen unsereiner mit der dauernden Angst im Nacken vor einer Tommy-Kontrolle.

Am nächsten Tag in einem Zug Richtung Zonengrenze hatte ich Anschluss gesucht und auch gefunden bei einer größeren Flüchtlingsfamilie, die sich in ein Abteil gepfercht hatte. Bei denen fühlte ich mich etwas sicherer. Wir hockten und standen eng gedrängt wie die Heringe. Zwei kleinere Kinder schrien oben im Gepäcknetz. Doch die Stimmung war nicht schlecht.

Bei der Kontrolle der Passierscheine waren die französischen Militärpolizisten zuerst noch ziemlich genau. Fragten bei jedem Einzelnen penibel nach. Dann schienen sie keine Lust mehr zu haben. Bei dem Kindergeschrei! Von mir sahen sie sowieso nur ein braves, unverdächtiges Milchgesicht im Hintergrund.

Irgendwo vor Koblenz blieb der Zug auf freier Strecke stehen. Das kannten wir. Der würde schon irgendwann weiterfahren. Aber diesmal wurde nichts daraus. Nach ein, zwei Stunden vergeblicher Warterei liefen wir auf Schusters Rappen weiter. Abends erreichte unsere Gruppe über eine notdürftig geflickte Moselbrücke die ziemlich zerstörte Stadt. Alle wollten zum Bahnhof. Möglichst schnell. Einmal wegen der nahen Sperrstunde und zum anderen wegen der Hoffnung auf eine Flüchtlingssuppe beim Roten Kreuz. Ich wusste nicht wohin und trottete erst mal hinter den anderen her.

Der Koblenzer Bahnhof war fast ganz zerstört, doch irgendwo gab es für uns ein Dach überm Kopf, auch wenn wir auf schmutzigem Fußboden kampieren mussten. Vorher kriegten wir eine heiße, undefinierbare Suppe. So konnte ich meine eiserne Ration sparen. Die musste noch für den Rückweg reichen. Gisela würde mich wohl kaum verpflegen können.

Am anderen Morgen versuchte ich, bei den Bahnhofsschwestern noch ein bisschen gut Wetter zu machen. Nach fast dreijährigen Küchendienst-Erfahrungen in verschiedenen Lagern und Anstalten wusste ich inzwischen, worauf es ankam. Ich half beim Spülen, Abtrocknen, Kartoffelschälen und kriegte am Ende zum Muckefuck noch ein Butterbrot extra.

Doch wie sah Koblenz jetzt aus, die schöne Stadt meiner ersten Liebe? In der Dämmerung hatte ich nicht den richtigen Blick dafür gehabt, jetzt begriff ich das ganze Ausmaß der Zerstörung. Ein verheerender Brandbomben-Angriff musste das gewesen sein im Herbst 44. Die meisten Häuser der Altstadt standen zwar noch, das heißt: ihre rohen Mauern. Nur die Wohnungen darin, die gab es nicht mehr. Bis auf ein paar verkohlte Balken. Irgendwo hing eine Badewanne schräg in der Wand.

Das Haus Eltzerhofstraße 8 war ausgebrannt. Aber nur teilweise. Es wohnten sogar noch Leute drin im rechten Gebäudeteil. Aus einem behelfsmäßigen Ofenrohr qualmte es. Auch Giselas Familie lebte hier. So stand es jedenfalls in der Nische des Hauseingangs. Mit Kreide geschrieben.

Dieser Eingang! Wie oft hatten wir dort gestanden, Gisela und ich, die letzten Augenblicke unseres Zusammenseins genossen, die allerletzte Berührung gespürt und dann doch den stärkeren Zwängen nachgegeben.

Ich beobachtete das Haus aus sicherer Entfernung. Eine Stunde, waren es zwei? Kein Mensch, den man ansprechen konnte. Die sonst so lebendige Stadt schien wie tot.

Enttäuscht ging ich den kurzen Weg hinunter zum Deutschen Eck. Den Kaiser hatte es erwischt. Ross und Reiter waren verschwunden. Volltreffer. Auch der Sockel hatte was abgekriegt. Vorn an der Spitze flossen Rhein und Mosel zusammen wie eh und je. Das Wasser, dem wir unsere Wünsche und Träume anvertraut hatten. Immer noch die gleiche Richtung. Nur mein Mädchen hatte ich nicht gefunden.

Wo war Gisela? Sie muss doch spüren, dass ich hier in ihrer Nähe bin, dachte ich und versuchte es mit der Konzentration, die uns früher gedanklich zusammengeführt hatte. Unter dem Standbild Wilhelms des Ersten. Hungrig verschlang ich den Rest meines Brotes. Es war hart.

Dann ging ich zurück zur Eltzerhofstraße. Diesmal musste ich nicht lange warten. Eine ältere Frau kam aus der Tür. »Wohnt hier vielleicht eine Familie soundso?« Ich hatte mir schnell einen Namen ausgedacht. Damals suchten viele Menschen in Deutschland nach Angehörigen, Bekannten oder Freunden.

Vielleicht tat ich ihr ein bisschen Leid, weil sie mir nicht helfen konnte. Sie sah meinen verlorenen Blick, und wir kamen ein bisschen ins Gespräch. Ich fragte harmlos weiter, wer denn noch in diesem Hause wohne.

Am Ende wusste ich alles: Giselas Familie hatte einen Teil ihrer Wohnung behalten. Der Vater wäre aus Frankreich zurück, aber Gisela arbeitete irgendwo in der amerikanischen Zone als Dolmetscherin. Einmal in Fahrt, begann die Frau, auch von anderen Hausbewohnern zu erzählen, die ihre ganze Habe verloren hätten. Der Angriff im September, das wäre furchtbar gewesen. Überall hätte es gebrannt. In der ganzen Altstadt. Das mochte sehr traurig sein, doch ich verstand nur eines: Gisela ist nicht da. Die ganze Strapaze umsonst.

Und jetzt eine Vorstellung oben bei der Stiefmutter? Nie im Leben hätte ich das gewagt. Wäre auch taktisch unklug gewesen. Ich kannte ihre Einstellung mir gegenüber aus Giselas Erzählungen.

Ich ging ans Rheinufer, wollte zu der Stelle, wo voriges Jahr die Schiffsbrücke gewesen war. Die Fluten des Rheins wälzten sich flussabwärts. Ab und zu ein schwimmender Balken. Kein Schiffsverkehr, nichts. Es war ziemlich still am Rhein im Vergleich zu damals, als die Schiffssirenen brummten. Die vielen Menschen an der Schiffsbrücke, das laute Leben am Fluss, die »Brotbeutel«, die mich ärgern wollten – wo war das alles geblieben?

Ich weiß nicht, was mich nach der Enttäuschung in der Eltzerhofstraße auf die andere Rheinseite zog. Warum ich unsere ehemalige Anstalt in Vallendar wiedersehen wollte. Es waren immerhin zwölf Kilometer bis dahin.

Die Straßenbrücke über den Rhein war gesprengt und lag im Wasser. Auf der anderen Seite in Ehrenbreitstein suchte ich lange nach der Spedition, die angeblich von der Insel Niederwerth schon wieder Obst und Gemüse holte. Aber der Lkw fuhr erst gegen Abend. Also hieß es warten.

Ich setzte mich erneut an den Rhein. Jetzt das Panorama der zerstörten Stadt vor mir. Ein Trauerbild. Ich sah das Kino, wo sie uns damals nicht haben wollten. Es war zerstört. Dachte an »Das schwarze Schaf«, den harmlosen Film, den ich mit Gisela nicht sehen durfte.

Kurz vor der Sperrstunde war ich in Vallendar. Es dämmerte schon. Wo sollte ich bleiben? Bauernhöfe zum Betteln hatte ich unterwegs keine gesehen. Da konnte ich auch gleich zur ehemaligen NS-Anstalt, also zum »Kloster« gehen. Die Pallottiner waren bestimmt wieder zurück. Nur: Was sollte ich den Mönchen erzählen? Dass ich in ihrem Hause schon mal gewohnt hätte, im Braunhemd der Nutznießer ihrer Vertreibung war? Die würden sich kaum freuen über einen wie mich.

Kurz vor dem Gebäude verließ mich der Mut. Ich hockte mich im Wald unterhalb des Klosters an einen Baum, lief ein bisschen herum, wenn mir kalt wurde, hockte mich wieder hin, schlief vor lauter Müdigkeit ein in dieser Stellung, fing schließlich an zu frieren und lief solange herum, bis mir wieder warm wurde. Irgendwann – die Nacht wollte kein Ende nehmen – nach vielen Stunden graute der Morgen. Ich war wie erschlagen.

Aus dem Hause hörte ich Geräusche. Geklapper von Töpfen und Geschirr. Ich wusste genau, wo die Küche war. Einmal hatten sie uns dort einen Riesentopf Grießsuppe mit Kirschen übrig gelassen, als wir von irgendeiner Veranstaltung verspätet zurückkamen. Die Küchenfrauen hatten es gut gemeint. Wir hatten uns nicht nur satt gegessen, sondern den Topf noch mit auf den Schlafsaal geschleppt, dort nach Zapfenstreich weitergegessen und ihn schließlich unter mein Bett geschoben. Am anderen Morgen, als die Suppe steif geworden war, aßen wir sie noch als Pudding, Grießpudding. Jetzt knurrte mir der Magen.

Ich ging auf den Eingang des Gebäudes zu und sagte einfach zu einem freundlichen Menschen – war's ein Pater oder ein Bruder –, dass ich wahnsinnigen Hunger hätte. Ich wäre auf der Fahrt nach Hause ins Ruhrgebiet, hätte im Wald geschlafen, und kalt wäre mir auch. Überraschendes Ergebnis: Ich wurde freundlich hereingebeten. Durfte in »unserem« alten Essraum Platz nehmen. Kriegte heißen Muckefuck. Und zwei Butterbrote.

Mein Blick fiel auf ein großes Marienbild. Genau darunter hatte Reick gesessen, Sturmbannführer Reick. Damals unter einer riesigen Hakenkreuzfahne. Jetzt stand an der Stelle ein Lesepult. Ob die Mönche auch irgendwelche Sprüche vorgelesen kriegten, über die sie dann beim Essen nachdenken sollten. So wie wir? Aber Stiefelgetrampel und laute Befehle? Nichts mehr davon! Stattdessen die totale Stille. Das Gebäude schien menschenleer.

Ich bedankte mich artig. Durfte auch den Waschraum benutzen. Durch ein Fenster sah ich auf unseren ehemaligen Appellplatz. An der Stelle des Fahnenmastes stand jetzt eine Marienstatue. Aus Stein.

Die Mönche waren ausgesprochen nett zu mir. Immer dieses Lächeln im Gesicht. Ob ihnen abends die Gesichtsmuskeln wehtaten? Sicher hätte ich eine weitere Nacht bleiben können. In einem richtigen Bett. Wenn ich gefragt hätte.

Wenn von Niederwerth aus schon wieder Gemüse transportiert wird nach Koblenz, so dachte ich, warum nicht auch in meine Richtung, nach Köln oder Düsseldorf? Die Überlegung war richtig.

In einem voll beladenen Gemüse-Lkw durfte ich mitfahren, baute mir unter den Kisten einen richtigen Unterstand. Die Aussicht war gleich Null, aber dafür überstand ich in meinem Loch alle Kontrollen, hatte Kohlrabi zu beißen und war schon am Nachmittag in Großenbaum. Lief zwei Stunden zu Fuß zum halbwegs erhaltenen Duisburger Bahnhof und sprang auf einen fahrenden Güterzug Richtung Oberhausen. Spät abends war ich in Gelsenkirchen.

Die Sperrstunde hatte längst begonnen. Aber wozu kannte ich in Rotthausen alle Schleichwege, die nie ein Tommy betrat?

Mein Problem: Was sollte ich bloß zu Hause sagen? Von Gisela hatte ich nie ein Wort erzählt. Am besten die Wahrheit. Meine Mutter, ängstlich wie immer: »Wenn dich der Bauer bloß wieder aufnimmt!« Mein Vater: »Du verrückter Kerl, bis nach Koblenz! Alles für ein Mädchen! Und wenn die Franzosen dich einkassiert hätten?« Doch ich glaube, der Ede verstand mich.

Auf dem Scholkenhof ging die Erntezeit allmählich zu Ende. Ein paar Tage lang stand noch die Dreschmaschine auf der Tenne, das eingefahrene Korn wurde gedroschen und der Staub klebte uns auf der schwitzenden Haut. Ächzend und mit zitternden Knien trug ich die Doppelzentnersäcke die Stiege hinauf auf den Getreideboden. Dann brauchten wir nur noch die Rüben vom Feld zu holen. Die tägliche Arbeit wurde weniger, die Tage kürzer und morgens lag dichter Nebel auf den Wiesen.

Wir zwei dachten jetzt nur noch an unseren Lohn. Und dass sie uns dabei nicht übers Ohr hauten. Julli und ich waren uns einig: Dieser Handel war eine Nummer zu groß für uns. Unsere Väter mussten her.

In Scholkens Wohnzimmer, das wir noch nie von innen gesehen hatten, wurde verhandelt. Ede setzte sich durch: sieben Zentner Kartoffeln, zwei Säcke Roggen, einer mit Weizen und einer mit Raps. Natürlich für jeden. Ein kleines Vermögen zur damaligen Zeit. Mit Geld nicht zu bezahlen.

Eine Woche später brachte ein Lkw die ganze Fuhre nach Gelsenkirchen. Im Tausch gegen ein paar Zentner Kohlen. Wir selbst fuhren mit dem Zug ab Lippstadt in Richtung Ruhrgebiet. Aus meinem Rucksack guckte ein Fasan, den ich während der Feldarbeit mit der Hand gefangen und monatelang gefüttert hatte.

»Ist ja nicht viel dran an deinem Tucktuck, aber ne leckere Soße gibt es bestimmt!«, sagte jemand.

Jahre – endlos

In Gelsenkirchen fiel uns ein Stein vom Herzen. Niemand, der als Jugendlicher das braune Hemd getragen hatte, wurde von den Besatzern bestraft. Auch nicht die Schüler der NS-Anstalten. Andererseits gab es nicht viel, worauf wir etwa hätten stolz sein können. Die deutsche Wirtschaft lag total brach. Auf uns, die »Zukunft des Dritten Reiches«, wartete keiner.

Also gingen wir erst mal zum Arbeitsamt. Zu dritt, denn auch Günther wohnte inzwischen wieder in Bismarck. Der hatte eine bessere Zeit hinter sich als wir in Stirpe.

Das Amt auf der Hindenburgstraße, sie hieß jetzt Husemannstraße, wusste mit uns nichts anzufangen, schickte uns nach Düsseldorf, wo gerade die neue Schulbehörde entstand. Im roten Sandsteingebäude des Stahlhofs. In diesem Gebäude hatte Hitler den Industriebaronen an Rhein und Ruhr versprochen: »Wenn wir erst die Macht haben, wird es in Deutschland keinen Streik mehr geben! In den nächsten hundert Jahren nicht!« Das war 1932. Daraufhin hatten die Herren die Scheckbücher gezückt und ihm die fehlenden Millionen für den Wahlkampf gegeben.

Jetzt im Herbst 45 standen wir drei in dem gewaltigen Bau, hätten gern gewusst, was unsere Napola-Ausbildung noch wert war. Wir hörten nur den einzigen Rat: »Abitur müsst ihr machen! An einem Gymnasium!« Sonst wäre alles für die Katz.

Wir standen noch ratlos auf dem Flur, da erlebten wir schon die nächste Überraschung. Unerwartet stand plötzlich Dr. Riechling vor uns, der einst so gefürchtete Direktor der Napola Kleve. Vor Schreck wollten wir schon die

Hacken zusammenschlagen und »Heil Hitler, Schulführer!« rufen, obwohl er jetzt natürlich Zivil trug.

»Daddy« musste so etwas befürchtet haben. Kam ganz nahe an uns heran. Seine sonst schneidend laute Stimme war gedämpft, als er loslegte, loszischte, als sollte es niemand hören: »Diese Nazibande, wie sie uns doch belogen und betrogen haben! Jetzt liegt Deutschland in Trümmern!« Eine Studienratsstelle als Englischlehrer hätte er in Aussicht, sagte er noch. Dann war er weg.

Sprachlos standen wir auf dem Flur mit den vielen provisorischen Büros. Log »Daddy« nun bewusst, oder hatte er alles schon verdrängt: die lupenreine Nazilehre, die er uns in Kleve verkündet hatte? All die nazistischen Ideale von der »Herrenrasse« und »dem größten Führer aller Zeiten«? Den unmenschlichen Erziehungsstil, seine Strafen, seine Schläge? – Alles vergessen?

Sturmbannführer Reick, mein Albtraum in Vallendar, der hatte sich immerhin erschossen bei Kriegsende, auch Riechlings Nachfolger in Kleve, Sturmbannführer Lücke. Doch »unser Daddy« lief bei den neuen Behörden herum, als ob er in der Nazizeit nur Unkraut gezupft hätte!

Drei Jahre also noch bis zum Abitur? Wer sollte das bloß bezahlen? Als Zehnjährige waren wir von unseren Eltern nicht zum Gymnasium geschickt worden. Wegen der Kosten. Unsere einzige Chance war die Napola gewesen. Da gab es alles umsonst: Ausbildung, Verpflegung, die Uniform, sogar das Taschengeld wurde uns gezahlt. Wie würden unsere Eltern jetzt reagieren?

»Eine solche Verpflichtung so lange vor der Brust?«, meinte Ede und schüttelte den Kopf. Er fühlte sich nicht stark genug dafür. Wir kannten auch niemanden, der uns das vorgemacht hätte. Im Bunkenviertel gab es keine Gymnasiasten, kannte keiner das Abitur und auch nicht den langen Weg dahin.

Was sollte ich tun? Das Ruhrgebiet war größtenteils zerstört. Arbeitsstellen gab es kaum – außer im Pütt. Ich müsste auf Dahlbusch anfangen. Von mir aus als Grubenschlosser. Also doch »auf Zeche«!

Zu Hause sagte ich noch nichts.

Meine Bismarcker Freunde waren zu Hause erfolgreicher. Julli hatte eine Oma, die den letzten Pfennig für ihr »Jürgelein« opfern würde, Günther eine liebevolle große Schwester. Das erleichterte den Eltern die Entscheidung.

»Wir sind schon eingeschrieben am Grillo-Gymnasium in Gelsenkirchen!«, überraschten sie mich, als ich zwei Tage nach unserer Fahrt zur Düsseldorfer Schulbehörde bei ihnen auftauchte. Der Schulbetrieb würde im März beginnen. Einzige Bedingung: voll ausreichende Leistungen im Fach Latein innerhalb von drei Monaten. Denn von Latein hatten wir keinen blassen Schimmer. Die neuen Mitschüler würden einen Vorsprung von drei Jahren haben. In Englisch sogar vier. Julli und Günter hatten nicht nur die Zustimmung der Eltern für die dreijährige Schulzeit bekommen, sondern auch schon einen evangelischen Pfarrer gefunden, der sie ab sofort in Latein unterrichten würde. Über dessen Bezahlung verloren sie kein Wort.

Am nächsten Vormittag verließ ich das Haus, ohne zu sagen, wohin ich ging. Ich wollte noch einen Versuch machen. Am Steeler Gymnasium. Gerne würde ich dort zur Schule gehen. Die Straßenbahnlinie vier fuhr inzwischen wieder bis Steele, wo wir früher unsere Strandbad-Sonntage verbracht hatten.

Vor dem Schulleiterbüro wartete ein zweiter Napolaner mit seiner Mutter. Dem Auftreten und der Sprache nach eine »feine« Dame. Kein Ruhrgebietsdeutsch. Die beiden wurden hereingerufen, hereingebeten. Nach einer knappen halben Stunde kamen sie heraus. Der Junge grinste mir zu: »Bin angenommen! Bis morgen!«

Hoffnungsvoll betrat ich das holzgetäfelte Direktorzimmer, wurde nach meinen Personalien gefragt, Beruf des Vaters, das Übliche. Doch nach wenigen Minuten war ich auch schon wieder draußen. Die Klassen wären überfüllt. Ich hätte nicht die richtigen Voraussetzungen. Als ich mich aufs Bitten verlegte, lächelte er kalt, der Direktor. Er diskutierte nicht.

Zu Hause erzählte ich nichts davon.

Wenige Tage später, als ich abends zu Fuß von Bismarck zurückkam und im Dunkeln durch »die Steinfurt« ging, die Straße meiner Kindheit, hörte ich Musik, Akkordeonmusik und Gelächter. Da war wohl etwas los auf unserem alten Hof.

Ungesehen drückte ich mich an der Wand entlang näher an das Geschehen heran. Unvergesslich das Bild: Eine Art Walpurgisnacht-Stimmung lag über dem Spielplatz meiner Kindheit. Ausgelassene Paare tanzten wie wild auf dem platt getretenen Boden, wo wir »Pinneken gekloppt« und »geknickert« hatten. Die Zuschauer sangen, lachten, riefen, klatschten. Es war Mitte Oktober. Aber allen war heiß.

Seit Jahren durfte in Deutschland nicht mehr getanzt werden. Alle Vergnügungen waren von Goebbels untersagt worden, solange die Soldaten an der Front kämpften. Jetzt war das Verbot vergessen. Auch die Sperrstunde der britischen Besatzungsmacht gerade aufgehoben.

Ich stand im Schatten. Erkannte einige Mädchen, mit denen ich als Kind gespielt hatte. Siebzehn mussten die jetzt sein. Auch ein paar von den Lipinski-Mädchen waren dabei. Sollte ich mich zu erkennen geben? In den Schein der Karbidlampe treten? Seit Jahren hatte ich mich hier nicht mehr blicken lassen. Die Fine war hübsch geworden. Auch die Irmgard.

Noch mehr als Fine und Irmgard interessierte mich aber der Akkordeonspieler. Etwas erhöht stand er da mit seinem

Instrument, brachte alle in Schwung, peitschte sie ein und genoss den Beifall. Aber den kenne ich doch! Das ist doch der Erwin, dachte ich. Der spielte damals schon den »Fliegermarsch« und »Wien bleibt Wien«. Auf den Veranstaltungen der Hitlerjugend.

Als jemand mit dem Hut herumging und Geld einsammelte für den Musiker, machte ich mich davon. Aber das Bild ließ mich nicht mehr los: Klar, tanzen wollten die Leute, waren alle ganz scharf drauf. Doch es gab zu wenig Spieler so kurz nach dem Krieg. Viele waren noch in Gefangenschaft, ihre Instrumente verbrannt oder verschüttet. Neue gab es nicht zu kaufen. Das war die Chance für einen wie Erwin. Vielleicht auch meine? Ich sah mich schon als Tanzmusiker, der morgens zum Gymnasium geht und sich abends in Bars und Kneipen den Schulbesuch verdient. Vielleicht sogar bis zum Abitur. Dabei waren meine Künste nur mäßig. Viel zu wenig für diesen Traum. Dem Erwin konnte ich das Wasser nicht reichen.

Schon am nächsten Tag war ich wieder in Bismarck. Günther und ich hatten schon vor Wochen angefangen, unser dickes Mathematikbuch durchzuarbeiten. Noch mal ganz von vorn. Täglich zwei, drei Stunden. »Bring morgen deine Geige mit und die Klarinette!«, sagte ich.

Zu zweit hörte sich unsere Musik dann schon besser an, und auch Ede gefiel sie. Danach verkündete ich selbstbewusst: »Bis die Schule anfängt, haben wir unsere Tanzkapelle zusammen! Und soviel besser als wir ist der Erwin auch nicht!« Von da ab übte ich wie besessen. Täglich. Stundenlang.

Über das Gymnasium wurde zu Hause nicht mehr gesprochen. Jedenfalls nicht in meiner Gegenwart. Bis Ede ein paar Tage später so nebenbei sagte: »Kannst dich anmelden!«

Ich verstand ihn sofort.

Damit ihm die Zustimmung leichter fallen würde, hatte ich einfach ein Jahr unterschlagen. Das Abitur also in zwei Jahren. Irgendwann später wollte ich ihm dann das dritte Jahr beichten. Wo meine neue Schule lag, wussten sie zu Hause nicht.

Günther und ich paukten fleißig weiter in diesem ersten Nachkriegswinter. Algebra und Geometrie. Arbeiteten penibel nach, was wir in Kleve gelernt hatten. Gleichzeitig wuchs unser tanzmusikalisches Repertoire. Noch spielten wir ausschließlich nach Noten. Von freiem Jazz keine Spur. Günther machte große Fortschritte auf der Klarinette. Ohne Unterricht natürlich.

Nach der Anmeldung am »Grillo« musste ich noch mein Lateinproblem lösen. Ging einfach zur katholischen Kirche. Nicht etwa hinein. Der christliche Glaube war mir in Kleve verloren gegangen, ausgetrieben und lächerlich gemacht worden.

Am Sonntagmorgen nach der letzten Messe stellte ich mich vor die Sakristei. Ein Kaplan in langer, schwarzer Soutane hörte sich freundlich mein Problem an und schickte mich zu »Wilhelm«, Wilhelm Kersting. »Den kennst du doch aus der Jugend!« Er meinte die katholische. Ich kannte nur die andere, die Hitlerjugend. Doch ich nickte eifrig.

Kerstings waren eine siebenköpfige, sehr gläubige Familie. Wilhelm, der älteste Sohn, nicht mal in der Hitlerjugend gewesen! Wie der das bloß geschafft hatte? Vermutlich als einziger Junge in ganz Rotthausen. Kerstings besaßen ein Reihenhaus und ein Klavier. Wohnten auch nicht im Bunkenviertel. Sondern im feinen Rotthauser Norden.

Dass jemand überhaupt nicht zur Kirche ging, lag außerhalb ihrer Vorstellung. Auch dass man auf ihrem Klavier Schlager hämmern könnte oder Jazz – undenkbar und fast anrüchig. Ich versuchte es erst gar nicht. Aber Wilhelm, seine Mutter, seine Geschwister, alle waren sie ausgesprochen nett zu mir. Wie zu einem alten Freund der Familie.

Ließen mich nie spüren, was mir fehlte. Ich hatte kein Latein und kaum die richtigen Manieren. Sprach Deutsch – na ja, wie im Bunkenviertel eben.

Wilhelm gab sich große Mühe mit mir. Musste selber noch das Abitur machen. Der ihm geschenkte so genannte »Reifevermerk« wegen des Wehrdienstes wie auch meine Versetzung in die vierte Klasse der Napola, alles Schnee von gestern. Über ein Entgelt sprach er nie. Irgendwann kippte ich einen Handwagen Kohlen vor Kerstings Reihenhaus. Sie bedankten sich überschwänglich. Hatten nicht damit gerechnet.

Im Briefkasten dann eine Überraschung. Nein, kein Brief von Gisela. Das konnte nicht sein. Meine letzte Adresse an der Westfront hatte sich erledigt, und die Gelsenkirchener Anschrift hatte ich ihr nie gegeben.

Stattdessen hielt ich den Einberufungsbefehl zur großdeutschen Wehrmacht in den Händen. Im Februar 1946. Ausgestellt vom Wehrbezirkskommando Köln III, verlegt nach Weil im Bergischen Land. Gestempelt mit Hoheitsadler und Hakenkreuz. Mit einjähriger Verspätung und fast ein ganzes Jahr nach Kriegsende. Ich empfand eine diebische Freude. Sie hatten mich nicht gekriegt.

Nachdem also die Post wieder funktionierte, schrieb ich sofort nach Koblenz, zur Eltzerhofstraße 8. Wohin sonst? Gisela würde hoffentlich wieder in Koblenz sein. Es waren herzzerreißende Briefe. Voller Sehnsucht und Zärtlichkeit. Es kam keine Antwort – nie. Aber meine Briefe kamen auch nicht zurück. Etwa mit dem Hinweis »Absender unbekannt«. War es nun die Stiefmutter, die meine Briefe verschwinden ließ wie 1944 schon einmal, oder hatte Gisela eine neue Liebe gefunden?

Das Grillo-Gymnasium öffnete Anfang März 46. Vor dem Schultor fuhr mir noch einmal der Schreck in die Glieder.

Unter den wartenden Schülern standen Julli und Günther. Beide im graubraunen Mantel der Napola. Die Rangabzeichen abgetrennt, doch wo die Hakenkreuzbinde angenäht war, sah jeder die helle Stelle. »Seid ihr wahnsinnig?«, schimpfte ich leise. Aber sie lachten: »Nun hab mal kein Schiss!«

Der Unterricht war lückenhaft und meist schlecht. Die Schule fiel häufig aus. Doch das erleichterte unseren Start. Dass uns vier Jahre Englischunterricht und drei in Latein fehlten, fiel zuerst kaum auf. Und das war gut so, denn Günther und ich mussten dringend unsere mäßigen Instrumentalkünste verbessern. Die Tanzkapelle sollte bald stehen.

Der Karl, unser Hauswirt, hatte sich vom braunen Zellenleiter inzwischen in den Rotthauser Schwarzmarktkönig verwandelt. Steckte seine Finger in alle möglichen meist verbotenen Geschäfte. Besaß natürlich auch ein Schnapsdestillationsgerät. Verkaufte literweise den heimlich hergestellten Alkohol.

Jeden Abend füllte sich seine kleine Wohnung mit spielsüchtigen Schwarzhändlern. Da wurde die ganze Nacht über gezockt und auch manches Geschäft besprochen. Und es ging nicht um Pfennige. Tausende von Reichsmark wechselten hier beim Glücksspiel den Besitzer. Doch alles bei gedämpfter Lautstärke. Auffallen wollte keiner. Nur der Zigarettenqualm stieg durch die Holzdecke in unsere Wohnung.

Der Karl selbst spielte nie mit. Er war voll damit beschäftigt, seine Gäste mit knusprigen Reibekuchen zu versorgen. Das Stück für zwanzig, drei Stück zu fünfzig Reichsmark. Zu gleicher Zeit schuftete Ede längst wieder im Pütt. Verdiente siebenhundert Mark im Monat. Also nicht mal drei Reibekuchen pro Schicht.

Der Karl hatte die Maloche auf Dahlbusch längst aufgegeben. Schon während des Krieges. Trotz der Gefahr, die ihm damit drohte. Er ging nicht auf den Pütt und auch nicht an die Front. Wer ihn nach Einzelheiten fragte, den grinste er nur freundlich an und zeigte auf sein Bein, »seinen Knochen«, der einfach nicht zuheilen wollte. In Rotthausen ging längst das Gerücht, dass er die Wunde jahrelang mit Trick siebzehn offen gehalten hatte. Allen Vertrauensärzten zum Trotz.

Einmal hielt die grüne Minna bei uns. Fünf, sechs Polizisten durchsuchten das ganze Haus. Irgendjemand musste den Schwarzmarktkönig verpfiffen haben. Aber auch wir hatten jetzt das Hemd am Flattern. Ein Polizist stellte sich mit seinen Schuhen auf unseren Klodeckel, übersah aber unsere Kornsäcke aus Stirpe, die wir im Entlüftungsschacht versteckt hielten. Schwein gehabt!

Nach dem schlimmen Winter 45/46 waren unsere Vorräte schnell verbraucht. Das Kohldampfschieben ging wieder los. Mit Ede unternahm ich deshalb weite Fahrten. Meist bis nach Emden. Ede machte einfach auf Dahlbusch drei Tage blau. Wehrdienst oder KZ musste er nicht mehr fürchten. Und ich schwänzte einfach die Schule.

Das Münsterland, das wir im Mai 45 durchwandert hatten, war inzwischen für unsere Hamsterfahrten ungeeignet. Total abgegrast. Wer jetzt noch was Essbares nach Hause bringen wollte, musste schon weiter fahren. Durfte auch nicht mit leeren Händen bei den Bauern anklopfen. Richtige Händler waren wir geworden, na ja, nur kleine Schwarzhändler. Dem Karl konnten wir das Wasser nicht reichen.

Auf unsere Fahrten nahmen wir meistens Schnaps als Tauschobjekt mit oder schwarzen Tee. Beides kriegte Ede auf Dahlbusch als Schwerstarbeiterzulage. Briten und Franzosen brauchten dringend die deutsche Steinkohle.

Manche Kumpel verkauften ihren Schnaps schon am Zechentor für zweihundert Mark. Wir hatten eine bessere Idee. Brachten den Schnaps und auch den Tee dorthin, wo die Leute richtig scharf darauf waren. An der Nordseeküste. Im Tausch gegen Heringe.

Mit einem der wenigen Züge fuhren wir erst mal bis Rheine, schliefen dort auf dem Boden des Wartesaals. Am nächsten Tag ging es weiter nach Norden. Den Tee verwahrten wir in Briefumschlägen, den Schnaps ganz seriös in unserer alten Aktentasche. Immer die Augen auf wegen möglicher Razzien.

Schon bald hatten wir unsere festen Abnehmer an der Küste, brauchten kaum noch um den Preis zu feilschen. Für unser Teebriefchen kriegten wir einen ganzen Eimer voll mit Heringen. Hundert Stück passten da hinein!

Einmal verhandelten wir gerade in einer Hausruine in Emden mit einem Schwarzhändler. Es ging um die mitgebrachte Schnapsflasche. Als die Polizei erschien. Der ortskundige Mann verschwand ruckzuck in den Ruinen. Mit unserer Flasche. Die Polizisten sahen ihn nur noch von hinten. Uns erwischten sie natürlich, kontrollierten enttäuscht unsere leere Aktentasche und waren wütend. Blickten in unsere Ausweise und wussten genau, mit welchen Absichten wir in das zerstörte Emden gekommen waren. »Wir kriegen Sie noch! Warten Sie mal ab!«, drohten sie uns, als sie uns laufen ließen. Wir kapierten schnell, was sie meinten. Die brauchten nur, wenn abends der einzige Zug in Richtung Ruhrgebiet fuhr, eine kleine Razzia am Emdener Bahnhof zu veranstalten. Uns grinsend alles abnehmen, wofür Ede lange gearbeitet hatte.

Nachdem wir unsere Tauschgeschäfte abgewickelt hatten, ließen wir uns von unserem »Geschäftspartner« auf Schleichwegen durch das Hafengelände auf die Landstraße führen, die nach Süden führte. Wir wollten den Emdener Bahnhof umgehen und erst an der nächsten Station in den Zug steigen. So der Polizei ein Schnippchen schlagen. Dazu mussten wir allerdings die sieben Kilometer laufen und die ganze Schore schleppen.

Anfangs war ich noch mächtig stolz auf diesen Plan. Doch die Nacht war schwarz, und wir hatten eine Menge zu tragen. Einen Zentner Kartoffeln und zweihundert Heringe. Mit dünnen Eisendrähten an den Eimern. Nur ein Taschentuch darumgewickelt. Bald kriegten wir Blasen an den Händen. Also wechselten wir die Last. Ede trug den Kartoffelsack. Ich die beiden Eimer. Nach zweihundert Metern umgekehrt.

Irgendwann kamen wir durch ein Dorf. Hier musste doch irgendwo die Bahnstation sein! War sie auch. Aber wir wussten nicht wo. Als wir aus der Ferne einen Zug hörten, klopften wir verzweifelt an die Fensterläden der Häuser. Wir wollten nur wissen, wo der Bahnhof ist. Aber niemand öffnete.

Wir liefen weiter. Sahen kaum die Hand vor den Augen. Irgendwann merkten wir, dass wir den Bahnhof verpasst hatten. »Dann laufen wir eben weiter bis zum nächsten! Ist auch sicherer!«, trösteten wir uns.

Unsere Kräfte ließen langsam nach. Zuerst wechselten wir die Last nach zweihundert, dann nach hundert, schließlich schon nach fünfzig Metern. Wenn ich meine Strecke geschafft hatte, ließ ich die Kartoffeln einfach von der Schulter fallen, warf mich wie ein nasser Sack in das Gras neben der Straße. War völlig erledigt. Dann ging es mit den zwei schweren Eimern weiter. Die ganze Nacht. Fünfundzwanzig Kilometer. Menschen trafen wir nicht.

Als es dämmerte und wir allmählich die Landschaft um uns herum wahrnehmen konnten, sahen wir noch immer keinen Bahnhof. Später kam ein Bauernwagen vorbei. Wir luden einfach unsere Schore auf. Dann erst baten wir um Erlaubnis. Abzulehnen wagte der Bauer nicht. Er sah, dass wir kaum noch konnten. Mit hängenden Schultern trabten wir nebenher.

Als der Bahnhof endlich erreicht war, luden wir schnell unsere Schore ab, und ich ging zunächst allein und mit leeren Händen ins Gebäude, um die Lage zu peilen. Warf einen kritischen Blick auf den Bahnsteig. Jetzt noch alles durch eine Razzia verlieren?

Auch in Rheine galt es noch mal aufzupassen. Da filzten sie gerne die erfolgreichen Ruhris, die von Norden kamen. Später in Dorsten mussten wir unsere ganze Habe noch ein paar Kilometer schleppen. Über Kanal und Lippe. Die Eisenbahnbrücken lagen noch im Wasser.

Wenn wir auf unseren Fahrten mal Glück hatten, einen Sitzplatz im Zug erwischten und entspannt vor uns hindösten, dachte ich meist an Gisela. Meine Briefe, die ich seit Kriegsende an ihre Koblenzer Adresse geschickt hatte, hatte sie nicht beantwortet. Aber das passte nicht zu ihr. Nicht zu dem Mädchen, das ich kannte.

Achtzehn war ich inzwischen. Doch ich weigerte mich, von meinen Gefühlen für Gisela zu lassen. Und im Zug beim gleichmäßigen Rattern der Räder kam alles wieder in mir hoch: Koblenz, die Schiffsbrücke, das Deutsche Eck.

Als es einmal wochenlang regnete, im Winter 46/47, fuhr ich mit der Straßenbahn nach Steele. Meine besorgte Mutter verstand nicht, was ich denn bei »dem Wetter« da wollte. »So eine Schnapsidee!«

Als ich auf der Ruhrbrücke stand und auf die weithin überschwemmten Flusswiesen blickte, wälzten sich riesige Wassermassen flussabwärts. Ich stellte mir vor, wie sie bei Duisburg in den Rhein flossen, der von Koblenz herkam.

Zu Hause schrieb ich an Gisela. Zum letzten Mal. – Wieder keine Antwort.

Günther und Julli hatten längst feste Freundinnen. »Was ist mit dir? Sollen wir dir eine besorgen?«, fragte Günther. Sie sprachen mit mir wie mit einem kranken Pferd.

»Hab schon eine in Steele«, redete ich mich heraus. Als sie Einzelheiten wissen wollten, beschrieb ich Gisela.

Unsere Fahrten waren nicht immer so strapaziös wie in der durchschleppten Nacht. Manchmal gab es auch etwas zu lachen unterwegs.

Als wir wieder einmal im dunklen Zugabteil vor uns hindösten – die Glühbirnen waren alle längst geklaut –, schrie plötzlich eine Frau auf eine unnachahmliche Weise. Ich dachte sofort an die Nacht in jener Scheune, als jemand von oben einer ahnungslosen Schläferin ins Gesicht gepinkelt hatte. Doch über uns lag niemand im Gepäcknetz. Nur unsere Schore. Die Frau schrie trotzdem, irgendetwas käme von oben.

Erst, als jemand eins von seinen kostbaren Streichhölzern opferte, sahen wir die Bescherung: Im Gepäcknetz lagen nicht nur unsere Fische. Zur Schore eines Mitreisenden gehörte ein Eimer mit Rübenkraut, also »Jojo-Wurst«.

Der Eimer war umgekippt. Genau über der Frau. Der Deckel aufgesprungen, die klebrige Masse in ihr Haar geflossen. Langsam, aber immer mehr.

Im Schein des Streichholzlichtes ein unvergessliches Bild: Das dunkle, zähe Zeug hing ihr nicht nur in den langen Haaren. Es lief auch über Gesicht und Kleidung. Für unsere Scherze, dass sie jetzt alles ablecken könne und ob wir ihr dabei helfen dürften, hatte sie kein Verständnis.

Zu Hause machte unsere Tanzmusik gute Fortschritte. Seit Tinny, ein Bismarcker Mädchen, als Pianistin zu uns gestoßen war, dachten wir an den ersten Auftritt. Es fehlte nur noch der Schlagzeuger. Wir hatten auch schon einen Namen für die Band: »Die vier Tinnys«.

Plötzlich stieg Günther aus. Hatte sich abwerben lassen. Klarinettisten waren selten. Akkordeonspieler gab es schon eher. Ein, zwei Proletenklaviere hörte man früher in jeder Straße.

Wieder stand ich allein. Diesmal half Onkel Willi. Der mit den Reibekuchen. Er kannte einen Berufsmusiker, der

Saxophon und Klarinette spielte in Kiskers Kneipe. Gleich bei mir um die Ecke. Dreimal die Woche. Am Piano saß eine richtige Klavierlehrerin. Mit feuerroten Haaren. Sie suchten den »fünften Mann«.

Natürlich konnte ich denen das Wasser nicht reichen. Versaute regelmäßig das Akkordeon-Solo beim Tango »Ole Guapa«, unserer Paradenummer. Aber ich war fleißig, nahm jeden Abend mein Instrument mit nach Hause und übte die schwierigen Stellen. Bis ich sie konnte.

Die anderen Musiker mussten jetzt ihre Gage mit mir teilen. Mit dem Anfänger, diesem jungen Spund. Aber sie wussten sich zu helfen. Schickten in der Pause den Schlagzeuger mit dem Hut herum. Der sammelte für den »fünften Mann«. Ich hätte im Boden versinken können. Auf der Tanzfläche tummelte sich meine halbe Schulklasse aus der Volksschule, und jetzt wurde hier für mich gesammelt. Auch noch mit einem Hut! Wie für einen Bettler.

Die freundlichen Kollegen speisten mich ab mit zwanzig Mark. Pro Abend. Im Hut lag aber immer mehr. Selbst den Rest verteilten sie noch unter sich. Ich hatte eine Wut im Bauch, biss aber die Zähne zusammen und wurde allmählich sicherer bei den schwierigen Passagen. Abends zu Hause legte ich meine Gage stolz auf den Küchenschrank.

Bei den Mädchen auf der Tanzfläche sah man auffällig viele rote Kleider. Knallrot. Jeder wusste, woraus sie geschneidert waren. Hakenkreuzfahnen wurden ja nicht mehr gebraucht.

Viele Mädchen kamen aus der Steinfurtstraße. Manche sehr hübsch geworden und »alles dran«. Ich sah einige von den Lipinski-Mädchen, auch den Alfons, meinen Freund aus Kindheitstagen. Abends brachte ich mal die Wally, mal die Ria nach Hause. Ein Küsschen zum Abschied, das war's. Die Haustüren waren jetzt immer abgeschlossen.

Auch Gretchens Zwillingsbruder traf ich wieder. »Schade, dass du nicht mein Schwager geblieben bist«, meinte er. Gretchen sei verheiratet, erzählte er, aber total unglücklich in ihrer Ehe, wohne in Stadthagen.

Als wir kurz vor Weihnachten 46 abends die Instrumente einpackten, verabschiedete ich mich für immer. Ich hatte genug gelernt. Doch das kam den anderen jetzt zu plötzlich. Auf einmal wollten sie freiwillig meine Gage erhöhen. Ich hätte mich doch prima gemacht in dem halben Jahr. Würde so gut zu ihnen passen.

»Reisende soll man nicht aufhalten«, sagte ich und spielte bald in einer anderen Band. Aber als gleichberechtigtes Mitglied.

Die Tanzwut der Deutschen war ungebrochen. Gespielt wurde meist dreimal pro Woche. Von fünf bis zwölf. Wir tingelten durch Ückendorf, Schonnebeck, Rotthausen, Stoppenberg, Bulmke. Manchmal spielten wir täglich. Dann verdiente ich über 800 Mark. – Reichsmark. Mehr als Ede unter Tage.

Anfang 48 gingen wir schon seit zwei Jahren aufs Gymnasium. Die Rückstände in Latein und Englisch machten uns dreien immer noch zu schaffen, auch Französisch war hinzugekommen. Für die Lehrer waren wir längst keine ehemaligen »Napolaner« mehr. Proletenkinder blieben wir immer.

Unsere Zeugnisnoten waren mal gut, mal befriedigend. Selten ausreichend. Julli hatte es einfacher als Günther und ich. Brauchte sich nur auf die Schule zu konzentrieren. Er schlief längst, wenn wir um eins oder zwei nach Hause kamen. Nicht immer kriegte ich spätabends die letzte Straßenbahn. Dann lief ich einsam durch die dunkle Stadt nach Rotthausen. Eine Stunde, manchmal zwei.

Der Unterricht im Gymnasium war meistens schlecht. Wir sprachen kaum Englisch, Französisch noch weniger, lasen immer nur Texte und mussten sie am nächsten Tag übersetzen können.

In Mathematik schrieb Studienrat Steinbach den gesamten Unterrichtsstoff in rasantem Tempo an die Tafel, ob wir ihn nun verstanden hatten oder nicht. »Bravo« nannten wir ihn wegen seiner Angewohnheit, auf jede falsche Antwort mit einem höhnischen »Na bravo!« zu reagieren.

Sie packten uns mit Hausaufgaben voll bis zur Halskrause. Fünf Stunden täglich hätte ich dafür arbeiten müssen. Weil ich mich aber meist schon gegen vier Uhr nachmittags auf die Socken machte zu irgendeinem Tanzlokal, blieb vieles unerledigt.

Und die riesige Stofffülle in Mathematik, Physik und Chemie, die »Bravo« Steinbach mit Ironie und Verachtung in uns hineinpresste? Seinen ganzen Formelkram habe ich später schnell wieder vergessen.

Mehr Freude als die Schule machte natürlich die Tanzmusik. Wenn der Schuppen proppenvoll war, wussten wir, dass wir gut waren.

Eines Abends sprach mich in der Spielpause ein Gleichaltriger an. Bernie wohnte direkt hinter dem Stahlwerk an der Ückendorfer Straße, kannte alle Kneipen in der Gegend. »Du passt doch gar nicht in diese zickige Kapelle! Hast doch viel mehr drauf!« Ob ich nicht Lust hätte, mit ihm zusammen eine neue Band aufzumachen. »Jazz machen«, sagte er. »Richtigen Jazz!«

Bernie ließ nicht locker. Schließlich sagte ich zu, spielte zwar noch in der alten Kapelle weiter. Aber heimlich übten wir schon mit der neuen Besetzung.

Den Saxophonisten besorgte Ede. Charlie war gerade aus amerikanischer Kriegsgefangenschaft, aus Kalifornien gekommen. Mit einem vergoldeten Saxophon. Arbeitete mit Ede auf Dahlbusch vor Kohle.

Dann kam Werner. Bernie hatte ihn mitgebracht. Werner setzte sich ans Klavier, und wir wussten sofort: Das ist der Richtige. Werner war eine ganze Klasse besser als wir.

Und außerdem ein prima Kerl. Auch viel älter. Schon siebenundzwanzig. Wir machten ihn gleich zum Bandleader.

Wir vier wurden bald ein richtiges Team. Meine Mutter nähte uns schicke weiße Jacken mit schwarzen Aufschlägen. Werner besorgte lackierte Notenpunkte. Bernie brachte immer die neuesten amerikanischen Schlager mit. Von seinem Bruder, der in Berlin als Pianist mit dem Jazzstar Evelyn Künneke auftrat. Werner setzte alle Melodien sofort fürs Klavier um. Die Arrangements für Klarinette, Sax und Akkordeon waren dann meine Sache. Ich lernte bald, die Noten für unterschiedliche Instrumente zu schreiben. Zu transponieren.

Für die Schule blieb immer weniger Zeit, je näher wir dem Abitur kamen. Die Lehrer merkten nichts von dem Doppelleben, das ich führte, interessierten sich nicht die Bohne für unsereinen. Dass sich jemand das Gymnasium erst mal verdienen musste, täglich bis in die Nacht hinein, lag außerhalb ihrer Vorstellung.

Einmal entdeckte ich einen jungen Lehrer vom »Grillo« in unserem Tanzschuppen. Vom Musikpodest aus hatte man ja einen guten Überblick. Er ignorierte mich, obwohl er mich erkannte. Sprach mich auch später nie darauf an.

Heftig sehnte ich den Tag des Abiturs herbei, den Tag, an dem ich endlich diesen verdammten Schein in der Hand halten würde, das so genannte Zeugnis der Reife. Doch zu Ostern 48 kriegten wir erst mal einen neuen Deutschlehrer: Dr. Karl Haas, gefürchtet, kritisch und pingelig. – Für mich ein Glücksfall.

Bei »Kalla« hatten wir fast täglich einen Aufsatz, eine Nacherzählung oder Ähnliches zu schreiben. Doch er ließ sich diese Arbeiten nie am nächsten Tag vorlegen. »Ich halte Sie für erwachsene Menschen, die ihre Pflicht tun. Auch ohne tägliche Kontrolle!«, pflegte er zu sagen.

Ich war inzwischen neunzehn, und ich mochte den Deutschunterricht. Aber wann sollte ich Kallas Aufsätze schreiben? Dr. Haas kannte mein Doppelleben genauso wenig wie die anderen Lehrer. Trotzdem war ich froh über seine Regelung. Konnte erst mal einen Teil der Hausaufgaben verschieben. – Leider nicht auf die lange Bank.

»Meine Herren, in drei Tagen möchte ich ihre Kladden haben mit den schriftlichen Ausarbeitungen des vergangenen Tertials!«, pflegte er dann zu sagen. Immer vor den Oster-, Sommer- oder Weihnachtsferien.

An den nächsten zwei Tagen machte ich dann einfach blau. Schrieb zwei Tage und zwei Nächte lang.

Pünktlich zum Termin übergab ich meine Kladden. »Ein durchgehend guter Schreibstil!«, lobte Dr. Haas.

Die anderen grinsten. Denn Kalla hatte Recht. Alles war in einem Zug geschrieben worden.

1948 wurde die Oberprima, also die Klasse dreizehn, wieder eingeführt. Die Nazis hatten sie abgeschafft. Wegen des Wehrdienstes.

Ede war ärgerlich. Kurz vorher hatte ich ihm das unterschlagene Jahr gebeichtet. Die anfänglich genannten zwei Jahre hatten sich also verdoppelt.

Aber richtige Probleme miteinander kriegten wir oft aus einem anderen Grund. Wenn ich mich etwa für ein klassisches Drama begeisterte, wollte ich ihn teilhaben lassen, las ihm einige Stellen vor. Auch meine Aufsatztexte, denn Ede war immer interessiert. Er las selber viel. Doch die hehren Ziele einer humanistischen Weltsicht konnte er nur schlecht mit der Arbeitswelt unter Tage in Einklang bringen. »Edel sei der Mensch, hilfreich und gut?« Dafür hatte er nur ein höhnisches Lachen.

Unsere Gespräche führten somit schnell zu heißen Diskussionen, in denen ich die Werte der klassischen Dichtung verteidigte. Er die Realität.

Ede diskutierte für sein Leben gern. Wenn er nach der Arbeit ausgeschlafen hatte, überfiel er mich sofort mit irgendeinem Thema. Ruckzuck steckten wir in einer heftigen Debatte. Meine Hausaufgaben blieben erst mal liegen.

Wohin sollte ich ausweichen in unserer Zweizimmerwohnung? Geheizt wurde nur in einem Raum. Ein Königreich für ein eigenes Zimmer! Oder für die Dachbude in der Steinfurtstraße. Manchmal sehnte ich mich sogar nach Kleve zurück, wo wir eisern die »Arbeitsruhe« eingehalten hatten.

Am Neujahrstag 48 trat unsere neue Band erstmalig auf und war gleich erfolgreich. Charlie und ich spielten uns immer besser aufeinander ein. Verstanden uns mit wenigen Blicken oder Kopfbewegungen.

Bernie war begeistert. Jubelte oft dazwischen: »Jaaaah Leute, das ist Jazz!« Als Schlagzeuger war er eine Naturbegabung, hatte eine schöne Stimme, und er war auch wirklich ein hübscher Junge. Viele Mädchen kamen nur seinetwegen. Wir wunderten uns allerdings über seinen Geschmack. Bernie liebte die Quantität.

Oft gab es auf dem Musikpodium eine Seitentür. Dahinter verschlossen wir abends unsere Instrumente. Aber bei plötzlichen Kontrollen des Jugendamtes flüchteten auch die minderjährigen »Damen« gern zu uns. Baten ängstlichen Blickes um Zutritt zum Versteck. Erstaunlich, wer da von den aufgeputzten Schönheiten noch nicht das vorgeschriebene Alter von achtzehn Jahren hatte. Für uns ergaben sich ungeahnte Möglichkeiten.

Ab und zu kam Ede. Nicht etwa zum Tanzen. Fünfundvierzig war er damals. »Denk an Zimmer eins!«, sagte er nur, wenn ein Mädchen mir schöne Augen machte oder auffällig oft unter meinem Notenpult stand, um einen bestimmten Schlager zu bestellen. Was er meinte, war klar: Wer ein Mädchen geschwängert hatte, konnte kein Abitur mehr machen. Dem blieb nur die Anmeldung auf der Zeche Dahlbusch. Beim »Alten«, dem Betriebsführer. – Und der saß auf »Zimmer eins«. Manchmal hielt Ede nur den Daumen hoch. Grinste dabei freundlich.

Ich hatte nie Hemmungen Mädchen gegenüber, war aber voller Ängste, was die Sexualität betraf. Von sicherer Verhütung wusste ich nur eins: dass es sie nicht gab.

Manchmal fragte ich mich, wie Schlagzeuger Bernie es bloß machte. Der studierte gerade Bauwesen. Wollte Architekt werden. Bernie kannte keine Hemmungen. Nicht mal im Kabuff neben dem Podium. Und ein »Unfall« passierte ihm auch nicht!

Eines Abends fiel mir ein ausgesprochen hübsches Mädchen auf, eine richtige Schönheit. Nie hätte ich gewagt, sie anzusprechen. Umso erstaunter war ich, als sie plötzlich unter meinem Notenpult stand, mich anlächelte und etwas beleidigt tat, weil ich sie nicht sofort erkannte.

Es war Lenchen Reichert, die als Kind immer an meinem Salmiakstern lecken durfte. Damals in der Steinfurtstraße. Marlene hieß sie jetzt.

Ich sah sie öfter auf der Tanzfläche in jener Kneipe »Am Treppchen« vor dem Stahlwerk an der Ückendorfer Straße. Versuchte auch ein bisschen mit ihr zu flirten, aber ich merkte bald, dass sie schon in festen Händen war.

Ein paar Monate später spielte unsere Band bei ihrer Hochzeit. Vater Reichert nahm mich beim Abschied zur Seite: »Weißt du noch, wie wir uns damals gezankt haben! Grüß deine Eltern!«

Je mehr Musiker aus dem Kriege heimkehrten, umso größer wurde auch die Konkurrenz.

Die Berufsmusiker wandten sich an ihre Gewerkschaft, um der lästigen Konkurrenz die Auftritte zu verbieten. Jenen, die es doch gar nicht so nötig hätten. Außerdem wären die jungen Spunde längst nicht so gut wie die gelernten Musiker. Und sie hätten schließlich Musik studiert!

So kam es zu einer Prüfung für alle, die keine Ausbildung am Konservatorium nachweisen konnten. Doch wir traten selbstbewusst vor die Musikerkommission und bestanden mit Glanz und Gloria. Für das Zeugnis, das sie uns ausstellten, musste ich einen Künstlernamen angeben: Fredosé. Natürlich wurde das mein Spitzname in der Klasse.

Eine Musikzensur kriegte ich auch in der Schule. Der Lehrer fackelte nicht lange bei der Notengebung, ließ einfach jeden Schüler ein Lied vorsingen. Als ich dabei meine Nähe zu Schlager und Jazz nicht ganz verleugnen konnte, schüttelte er nur den Kopf und verpasste mir eine Vier.

Die Klassenkameraden bogen sich vor Lachen.

Alle zwei Monate traten wir in einem neuen Tanzschuppen auf. Manchmal blieben wir auch länger. Am Eingang hing vergrößert unser Bild. Vier muntere, nette Jungs. Je nach Publikum spielten wir vorwiegend deutschen Schmus oder gepflegten Jazz. Unsere Vorliebe galt aber den Amerikanern. Die machten einfach bessere Musik. Schräger. Und mit mehr Harmonien.

Unsere Geschäfte hießen »Engagements«, und Bernie entwickelte sich zum ausgebufften Manager. Immer neue Adressen machte er ausfindig. Tanzlokale mit immer anspruchsvollerem Publikum. Lange Zeit spielten wir in Steele, im »Hotel zur Post« am Grendplatz. Die Band um zwei Saxophone erweitert. Und eine Trompete. Das war ein Klang! »Sound« sagten wir.

Werner saß am Flügel, und ich spielte zusätzlich Gitarre. Die hatte ich mir geleistet. Für 800 Piepen. Die wichtigsten Akkordgriffe beherrschte ich nach vierzehn Tagen. Auch die Verminderten. Alles, was man für die Rhythmusgitarre braucht.

Doch seitdem ich Werner kannte, bewunderte ich dessen Musikalität. Am Klavier spielte er einfach alles. Und immer auswendig. Der brauchte nie ein Notenblatt wie Charlie oder ich. Je länger ich seine Akkorde hörte und seine Fingerfertigkeit bewunderte, desto fester wurde mein Entschluss: Ich wollte noch Pianist werden, obwohl ich schon neunzehn war. Und wenn ich hundertmal kein eigenes Instrument hatte! Und auch nicht die Zeit dafür.

Eine Klavierlehrerin brauchte ich nicht lange zu suchen. Zu Kerstings kam immer eine ins Haus. Der jüngste Sohn sollte Musiklehrer werden. Kriegte einmal pro Woche Unterricht. Danach kam ich an die Reihe. Bezahlte die Dame mit Heringen aus Emden.

Fünf Stück für eine Klavierstunde.

Im Hungerwinter 1947 erkrankte ich plötzlich und lag drei Wochen mit hohem Fieber im Bett. Der Arzt sprach kein Wort zu mir. Auch nicht, als er die großen Flecken an meinem Körper sah.

In der Küche soll er dann gesagt haben: »Wenn Sie den Jungen behalten wollen, besorgen Sie was Richtiges zum Essen. Aber schnell! Der hat nix mehr auffe Rippen. Speck braucht der, richtigen Speck!« Ede verstand.

Seitdem es auf Dahlbusch keinen Tee mehr gab, war unsere Emdener Quelle versiegt. Doch da hing noch mein Kommunionanzug. Kaum benutzt. Ede packte ihn ein. Fuhr bis Kreiensen bei Göttingen. Von meiner Mutter hatte er sich zwei große Innentaschen in den Mantel nähen lassen. Für zwei Speckseiten. Wegen der Razzien.

In den Dörfern um Kreiensen verhandelte Ede knochenhart mit den Bauern: »Hab nichts zu verschenken. Zu Hause stirbt mir der Junge, wenn ich zu wenig mitbringe!« Am Ende war er erfolgreich, denn kurz vor dem Weißen Sonntag war mancher scharf auf den Bleyle-Anzug.

Auf dem Rückweg überstand Ede zwei Razzien. Ging einfach als Dicker ohne Gepäck durch die Kontrollen und brachte die kostbare Schore heil nach Gelsenkirchen.

Langsam kam ich wieder auf die Beine.

Am 20. Juni 1948 gab es die neue Währung, die D-Mark. Auf diesen Tag hin hatte ich gerackert. Für das neue Geld wollte ich gut sein auf meinem Instrument, denn jetzt wurde es ernst.

Erste Folge des neuen Geldes: Unsere Gage wurde mehr als halbiert. Statt 800 RM im Monat rückte der Wirt, nur noch 240 Mark heraus. Aber es war die harte Deutsche Mark.

Die Ladenfenster der Geschäfte waren über Nacht gefüllt mit Waren, die wir jahrelang nicht gesehen hatten. Als ich am nächsten Tag aus der Schule kam, sah ich eine Torte im Schaufenster einer Konditorei. Eine richtige Buttercremetorte für nur fünf Mark! Auf dem Fahrrad balancierte ich sie mit der Linken nach Hause. Danach wurde ich vorsichtiger mit dem Geld, denn wir spielten jetzt nur noch dreimal pro Woche zum Tanz, nahmen alle Geschäfte an, die wir kriegen konnten. In feinen Lokalen und auch in den allerletzten Kneipen. Hauptsache, die Gage stimmte.

Der Abiturtermin rückte näher, und Dr. Haas bedachte mich mit einer Extraaufgabe.

1949 war das Goethe-Jahr. Jedes Gelsenkirchener Gymnasium sollte etwas zur gemeinsamen Feier beitragen. »Kalla« hatte sich in den Kopf gesetzt, dass ich Goethes unvollendetes Drama »Proserpina« zu Ende schreiben sollte. In griechischem Versmaß. Dabei konnte ich gar nicht dichten. Und in Versen schon gar nicht. Aber ich war ehrgeizig. Wollte es schaffen. Ich opferte die ganzen Sommerferien. Musste mich wochenlang einlesen. Dann erst konnte ich schreiben.

Ob Dr. Haas mit meinem »Kunstwerk« zufrieden war? Gelobt wurden wir fast nie. Immerhin sollten wir das Stück aufführen. Günther und ich. In Kostümen aus dem Fundus der städtischen Bühnen.

Es war ein Zweipersonenstück. Hier die Anfangszeilen:

Götterbote Hermes (im Orkus):
Unendliche Trauer,
wie lastet dein Schatten!
Ja, wahrlich,
anderer Hauch weht hier
als droben,
wo jeder Baum, jedes Blatt
erstrahlt in der Sonne Glanz.

Die Aufführung im Oktober 49 war ein Erfolg. Der Beifall außergewöhnlich. Der Direktor bedankte sich per Handschlag.

Noch am gleichen Tag brach ich zusammen. Totaler Kollaps. Mit dem Krankenwagen brachten sie mich ins Marienhospital. »Es ist die Hungerkrankheit!«, sagte der Arzt. »Das kann dauern. Ein Jahr. Oder zwei.« – »Und das Abitur?«, fragte ich. Er zuckte mit den Schultern.

Ich konnte es nicht fassen. Meine Zulassung zur Prüfung lag bereits vor. Die »Schriftliche« sollte im Januar beginnen. Drei Monate vor dem Ziel hatte es mich erwischt.

Ich beschrieb Ede den Weg zum Gymnasium und schickte ihn zum Direktor. Ob sie mich nicht am Krankenbett prüfen könnten. Von einem ähnlichen Fall hatte ich in der Zeitung gelesen. Mein Zeugnis konnte sich sehen lassen.

»Lassen Sie den Jungen erst mal richtig gesund werden! Was ist schon ein Jahr?«, redete sich der Schulleiter heraus. In seinen Kreisen mochte es auf ein Studienjahr mehr oder weniger nicht ankommen. Doch was ein zusätzliches Jahr für mich bedeutete, welche Klimmzüge ich hinter mir hatte, konnte er sich nicht vorstellen. Er drückte Ede einen Hundertmarkschein in die Hand. Gegen Quittung.

Dann kam Weihnachten. Günther dirigierte auf dem Krankenhausflur »Stille Nacht«. Vierstimmig. Die ganze Klasse war erschienen. Ich saß im Rollstuhl davor. Heulte Rotz und Wasser. Die Kameraden verschwanden verlegen.

Im Krankenzimmer lagen wir zu acht. Abends, wenn sie mich schlafend glaubten, diskutierten sie, wie lange ich es noch machen würde. Gaben mir noch drei Wochen. »Wartet mal ab«, rief ich plötzlich dazwischen, »wer hier länger lebt!« Da wollten sie es doch nicht so gemeint haben.

Dabei hatten sie gute Gründe für ihre Einschätzung. Kurz nach der Einlieferung brach ich den bestehenden Fieberrekord von 42 Grad! »Gibt es nicht bei lebenden Menschen«, meinte der Stationsarzt.

In der Silvesternacht 49 stand ich neben Ede am Fenster, und wir blickten auf das bescheidene Feuerwerk über der Ringstraße. »Bald gibt es neue Medikamente«, versuchte er mich zu trösten. »Warte mal ab! Es steht in der Zeitung.«

Ede kam jeden Tag. Nach der Arbeit auf Dahlbusch. Saß nächtelang an meinem Bett. Auch Werner kam, unser Pianist. »Du fehlst uns. Ohne dich ist die Band nur noch die Hälfte wert.« Ich schenkte ihm alle meine Noten. Glaubte, es wäre alles zu Ende.

Günther und Julli besuchten mich, als sie gerade das Abitur in der Tasche hatten. Die hatten gut lachen! Ich lag hilflos im Bett, hatte die Prüfung verpasst. »Ein paar Tage nur, und ich hätte doch mitmachen können!«, sagte ich trotzig. Danach heulte ich vor Wut in mein Kopfkissen. Und ein schlimmer Verdacht kam in mir hoch: Sie hätten mich nicht ein ganzes Jahr warten lassen! Wäre ich anderer Leute Kind gewesen.

Auf unserer Station starben die Menschen wie die Fliegen. Meistens an Typhus. Der Pfarrer machte mich bald zu seinem Assistenten. Ließ mich bei der letzten Ölung helfen und die Sterbegebete sprechen. Wozu hatte ich Latein gelernt?

»Hier wird nicht gestorben, Kleiner!«, sagte die Stationsschwester zu mir. Sie war eine Nonne von den »Armen Dienstmägden Jesu Christi«.

Nach dem Krankenhausaufenthalt kam ich in eine Erholungskur. Einundzwanzig war ich inzwischen. Immer noch Schüler. Also steckten sie mich in ein Heim für Jugendliche. Im Münsterland.

Bei meiner Ankunft in Selle ließ ich auf dem Weg vom Bahnhof den sandigen Boden durch meine Hand rieseln und dachte an die Betteltour durchs Land der Roten Erde. Damals mit Ede. Irgendwie gehörte alles zusammen: der Scheißkrieg, die Hungerjahre, das Krankenhaus, das verpasste Abitur und auch die verlorene erste Liebe. Denn Gisela hatte ich nie vergessen

Hier in Selle, in der Gemeinschaft Gleichaltriger, lebte ich richtig auf. Weinte auf den einsamen Waldwegen noch ein paar Tränen vor Wut, weil mich das Schicksal so plötzlich aus dem Verkehr gezogen hatte, besonders, wenn ich mir vorstellte, was meine Klassenkameraden jetzt gerade machten oder unsere Band.

Mit der ganzen Belegschaft des Kurheimes schwärmte ich heftig für Schwester Gerta. Einmal, als sie mich frühmorgens zum Fiebermessen weckte, hielt ich ihre Hand fest. Einfach so. Sie lächelte und ließ es geschehen. Jedes Mal ein bisschen länger. Wunderbar, den Arm einer Frau zu streicheln, in die man sich gerade verliebt! Früh um vier lag ich schon wach. Hörte die Vögel singen. Wartete auf Gerta.

Einmal löste sie die Schwesternhaube. Nur für mich. Lange braune Haare fielen voll über ihre Schultern. Eine völlig andere Frau als unter der strengen Haube! Ich war hingerissen. Sie beugte sich über mich, und ihr Mund berührte kurz meine Lippen. Die beiden Zimmergenossen schliefen fest.

Als sie Nachtdienst hatte, wollte ich sie im Schwesternzimmer besuchen. Drüben im Kindertrakt. Das hatten wir verabredet. Doch ich konnte es nicht erwarten, lief unüberlegt einfach hinter ihr her, als sie abends uns allen eine gute Nacht wünschte und das Licht ausmachte. Angeblich brauchte ich dringend noch irgendeine Tablette.

Aber aus dem erhofften Schäferstündchen wurde nichts. Ein paar Jungen bauten sich im Verbindungsflur auf, ahnten wohl etwas. Jedenfalls dachten sie, mir den Rückweg abzuschneiden. Vielleicht wollten sie auch nur wissen, wie lange ich drüben im Schwesternzimmer blieb. Da konnten sie lange warten.

Nach kurzer, heftiger Umarmung mit Gerta kletterte ich aus dem Fenster, rannte durch den angrenzenden Wald, stieg an meinem Trakt wieder ins Gebäude ein und lag brav in meinem Bett, als ob ich kein Wässerchen trüben könnte. Die anderen waren wütend, als sie ihren Reinfall bemerkten. Doch ich war gewarnt. Brauchte eine andere Strategie.

Ich wartete zwei Tage ab, verschob das Schäferstündchen bis weit nach Mitternacht, wenn alle schliefen. Erst gegen eins schlich ich leise durch den großen Schlafsaal in den Kindertrakt, drückte vorsichtig die Klinke des Dienstzimmers herunter. Es war nicht verschlossen.

Einige Augenblicke vergingen, bis ich in dem dunklen Raum jemanden auf der Bettkante sitzen sah. Gerta sprach kein Wort, aber sie war hellwach. Ich küsste sie wieder und wieder, spürte ihren weichen Trainingsanzug und auch mehr. Draußen sang noch ein Vogel. Wir flüsterten nur wenig.

Irgendwann führte sie meine Hände dahin, wo sie noch nie bei einem Mädchen waren und ließ mich Dinge tun, von denen ich bis dahin kaum etwas wusste. Dazwischen blitzte für Sekunden Edes Bild vor mir auf, wie er mich in der Tanzkneipe zur Vorsicht gemahnt hatte: Zimmer eins!

Als ich später aufgewühlt in meinem Bett lag, war mir klar, dass Gerta dies so nicht zum ersten Mal erlebt haben konnte. Sie war zehn Jahre älter als ich. Aber ich verscheuchte den Gedanken und besuchte sie von jetzt an jede

Nacht, wenn sie Dienst hatte. Eine Uhr besaß ich nicht, doch unsere Zeit verpasste ich nie.

Erst wenn der Morgen graute, schlich ich zurück und legte mich brav in mein Bett. Wenn sie dann kurze Zeit später in Schwesterntracht zum Fiebermessen in unser Zimmer kam, hatte ich immer noch einen verdächtig schnellen Puls und nie eine normale Temperatur. Gerta schüttelte dann besorgt den Kopf und fragte laut vor den anderen, was mir denn fehle. »So können wir Sie aber nicht entlassen, junger Mann«, drohte sie schon mal, und ich beklagte mich, alles läge nur an ihr. Sie wecke uns eben zu früh.

Bei Gerta spürte ich die Nähe zu einem Menschen, wie ich es noch nie erlebt hatte. Gerta war von einer betörenden Ausstrahlung. Eine äußerst weibliche Frau.

In den letzten Kriegswochen war sie aus Ostpreußen geflohen. Begeistert las ich jetzt Ernst Wiechert, den Dichter aus Masuren. Das Buch »Die Jerominkinder« war gerade erschienen. Gerta schenkte es mir. Ich las es wieder und wieder, sah in ihren Augen die Dunkelheit der ostpreußischen Wälder.

Wenn sie nachmittags dienstfrei hatte, verschwand ich unauffällig aus dem Kurheim und rannte zu einer verborgenen kleinen Waldlichtung. Dort waren wir ungestört, blickten in den blauen Himmel über uns, atmeten den Duft der jungen Kiefern und ahnten etwas vom Glück des Augenblicks. Niemand wusste von uns. Wochenlang.

Bis mich Schwester Christine ansprach. Gertas Zimmergenossin. Mir leise gratulierte zu dieser »großartigen Frau«. Uns beiden von Herzen eine gemeinsame Zukunft wünschte. Ob ich wisse, dass Gertas Verlobter zu Besuch käme? — Ich wusste es.

Hannes war ein 35-jähriger Ingenieur, Deutschrumäne. Er wohnte ein paar Tage im Gästezimmer. Doch als Gerta Nachtdienst hatte, war ich schon wieder bei ihr. Wie sollte das weitergehen?

Im Radio hörte ich vom großen Grubenunglück auf Zeche Dahlbusch in Gelsenkirchen-Rotthausen. 78 Tote durch schlagende Wetter. Gasexplosionen bei der Morgenschicht.

Ede liebte es, früh aufzustehen. »Dann habe ich wenigstens noch etwas vom Tag!«, sagte er immer, obwohl er fast immer den Nachmittag verschlief vor Müdigkeit. Ich war beunruhigt. Es konnte auch ihn erwischt haben.

Ein Telefon hatten wir nicht zu Hause. Im Büro des Erholungsheimes verbanden sie mich mit dem Lebensmittelgeschäft in der Saarbrücker Straße.

Ede lebte. Ich war glücklich. Sie hatten ihn kurzfristig in der Mittagschicht eingesetzt. So war er der Katastrophe im Westfeld von Dahlbusch entgangen. Bei der Beerdigung trug er die Särge seiner toten Kumpel. Zwei meiner Klassenkameraden waren unter den Opfern. Auch Alfons, der mit den Papiertieren im Unterricht bei Knacker Chmiel.

Es war heiß. Auch Theodor Heuss, der erste Bundespräsident, schwitzte, als er zu Fuß hinter den Särgen herging.

Von Schacht VIII bis zum Rotthauser Friedhof.

Mitte August war meine Zeit in Selle zu Ende. Kurz vorher hatte auch Gerta ihren Urlaub genommen, um ihren Bruder in Recklinghausen zu besuchen. Fast drei Stunden hatte sie am Herner Bahnhof auf mich gewartet. Wir fielen uns in die Arme. Sie hatte gewusst, dass ich doch noch kommen würde.

In Herne kannte uns niemand. Gerta trug keine Schwesterntracht. Dafür einen Rock nach der neuen Mode. Und eine hübsche Bluse. Ich war hingerissen. Den Altersunterschied sah man nicht. Interessierte mich auch nicht. Warum sollte ich Gerta nicht gleich mitnehmen und zu Hause vorstellen? Meiner Mutter und Ede? Also fuhren wir mit der Straßenbahn nach Rotthausen.

Meine Eltern waren entsetzt. »Was willst du mit so einer alten Frau?«, zischte Ede mir zu. Doch sie blieben höflich.

Abends brachte ich Gerta zum Bahnhof. »Deine Mutter hat etwas gegen mich, das spüre ich«, meinte sie. Ich nickte. Drei-, viermal trafen wir uns noch an den nächsten Tagen, versicherten uns gegenseitig unsere immer währende Liebe. Am Bahnhof in Steele sah ich sie zum letzten Mal. Hörte danach lange nichts mehr von ihr.

Inzwischen ging ich wieder aufs Grillo-Gymnasium. Musste mich voll konzentrieren. Das geforderte Leistungsniveau lag wesentlich höher als im Vorjahr. Meine neuen Klassenkameraden waren entweder intelligenter, hatten bessere Lehrer gehabt oder weniger unter dem Krieg gelitten, weil sie jünger waren.

In der Tanzmusik hatte ich den Anschluss verloren. Unsere Band war auseinander gefallen. Es gab nur Auftritte mit fremden Musikern.

Ein paar Tage vor dem ersehnten Abitur, erhielt ich einen Brief mit eigenartigem Absender. Beim Lesen dämmerte mir, es war ein Junge aus dem Erholungsheim, dessen Nachname mir kaum noch geläufig war. Einer von Gertas Verehrern.

Sie hatte ihm geschrieben. Einen Brief für mich dazugelegt. Gerta arbeitete inzwischen in einem Münchener Krankenhaus. Sie war ihrem Hannes gefolgt. Fühlte sich aber todunglücklich: »Ich werde dich immer lieben. Doch das Leben hat anders entschieden. Ich muss bei Hannes bleiben!« Ihre früheren Briefe hatten mich nicht erreicht. Ich kannte das.

»Sollten wir dich mit offenen Augen in dein Unglück rennen lassen?«, schimpfte Ede, als ich ihm Vorwürfe machte wegen der unterschlagenen Briefe. »Die Frau ist doch viel zu alt für dich! Du hast doch gar keine Ahnung vom Leben!«

Das Abitur bestand ich im Februar 51. Zweiundzwanzig war ich inzwischen. Das Ergebnis vor zwölf Monaten wäre besser gewesen. Ich sah immer noch keinen Sinn in der Wiederholung dieses Schuljahres, schrieb den Klassenkameraden einen Sketch für den Abschiedsabend mit den Lehrern. Aber ich selbst ging nicht hin.

Als ich mein Zeugnis in den Händen hielt, war ich so glücklich, dass ich drei Tage lang wie betäubt herumlief. Konnte es kaum fassen. Zwei Jahre hatte ich meinen Eltern abgerungen. Fünf waren daraus geworden. Endlich konnte ich diese Schule verlassen, in der mir die Jahre endlos lang geworden waren. Ich hatte das Gefühl, zu spät ins Leben zu kommen

Nie mehr wieder hat mich eine Prüfung so erregt. Nachts träumte ich davon, dass ich alles noch vor mir hätte. Der Traum wiederholte sich. Mein Leben lang. Heute weiß ich, warum. Es war die ständig wiederkehrende Angst, mit der sie uns jahrelang traktierten. Seit dem ersten Schuljahr hatte mich nie mehr ein Lehrer beim Vornamen genannt.

Meine Lebensfreude haben sie nicht kaputtgekriegt. Auch nicht meine Lust am Lernen. Doch ich habe begreifen müssen, dass es auf das Wollen und Können allein nicht ankommt. Und warum ich einen weiteren Weg gehen musste als andere.

Von da, wo ich herkam.

Ein Leben lang

Es dauerte lange, bis ich mich ernsthaft wieder für ein Mädchen interessierte. Meine Gedanken kehrten jetzt immer häufiger zu Gisela zurück, und ich träumte auch von ihr, aber es war mir längst klar, dass ich auch sie, meine erste Liebe, endgültig verloren hatte. Gern wäre ich mal nach Koblenz gefahren, aber es ergab sich nicht.

Viele Jahre vergingen, bis es endlich soweit war. Der Autobus machte eine kurze Pause am Deutschen Eck. Also schnell in die Eltzerhofstraße! Das Haus Nr. 8 war leer, stand wohl vor dem Abriss. Ich blätterte im Koblenzer Telefonbuch. Den Namen des Vaters fand ich, doch von Gisela keine Spur. Logisch, sie hatte geheiratet. Warum sollte ein hübsches Mädchen wie Gisela auch alleine bleiben? Der Gedanke gab mir einen Stich. Immer noch. Völlig klar, sie hatte bei ihrer Heirat einen anderen Namen angenommen. Da konnte ich lange suchen.

Beim nächsten Mal dauerte es zwölf Jahre, bis ich erneut nach Koblenz kam. Ich hatte eine dienstliche Fahrt nach Darmstadt auf der Rückfahrt unterbrochen. Fast fünfzig war ich inzwischen. Mit neuen Schuhen an den Füßen, viel zu eng, quälte ich mich durch die Stadt, wollte es immer noch wissen: Was war aus Gisela geworden? Ich gönnte ihr ja alles Glück der Welt. – Im Telefonbuch immer noch der Name des Vaters. Schließlich stand ich vor seiner Wohnung, unweit des Koblenzer Bahnhofs. Warum nicht einfach anklingeln und sagen: »Ich war Giselas Jugendfreund, wo kann ich sie finden?« Aber mein Zug ging bald, ach Unsinn, das war nur eine Ausrede. Die Wahrheit war: Trotz meines reifen Alters – ich traute mich nicht. Vielleicht würde ja Giselas Stiefmutter die Tür öffnen, jene Frau, die 46/47 meine herzzerreißenden Briefe einfach hatte verschwinden lassen. Und mich jetzt höhnisch abweisen.

Anfang der neunziger Jahre tauchte in Deutschland ein reicher Amerikaner auf. Theisen hieß er. Der wollte unbedingt den alten Kaiser Wilhelm wieder auf seinen Sockel stellen. Am deutschen Eck in Koblenz. Als Originalkopie und größtenteils auf eigene Kosten. Der Rest sollte durch Spenden aufgebracht werden. Viele hielten das für eine Marotte. – Ich nicht.

Die Presse berichtete ausführlich. Über den Widerstand der Behörden und in der Bevölkerung. Die Leute hatten sich an die schwarzrotgoldene Bundesfahne gewöhnt, die seit Jahrzehnten das Reiterstandbild am Deutschen Eck ersetzte. Viele wollten dort gar keinen Kaiser mehr. Es gab heftige Diskussionen. Ich las es mit Interesse.

In meinem Leben war ich alles andere als ein Monarchist. Aber jetzt war ich für den Kaiser. Von mir aus sollte er doch wieder reiten. Auf seinem Sockel am Deutschen Eck. – Unserem Sockel.

Ein Jahr später dann die Ankündigung der feierlichen Enthüllung des erneuerten Denkmals. Mit großem Volksfest. Da hatte ich plötzlich eine verrückte Vorstellung. Mitten in der Menschenmenge sah ich Gisela, die mich sucht. Für sie musste dieses Denkmal die gleiche Bedeutung haben wie für mich! Es konnte nicht anders sein. Vielleicht lebte sie hier in Koblenz oder in der Umgebung, hatte auch die Zeitungsmeldungen gelesen. Dann müsste sie hoffen, mich ebenfalls dort zu sehen.

Um es kurz zu machen: Unter den tausenden, die am 25. September 1992 das Deutsche Eck bevölkerten, sah man einen weißhaarigen älteren Herrn mit einem selbst gefertigten Plakat, der sich geduldig durch die Menge bewegte:

Gisela Schlima bitte melden!

Die neugierigen Blicke, manche mitleidig, störten ihn nicht. –

Abends stieg ich wieder in mein Auto. Enttäuscht. Sollte sie mich tatsächlich vergessen haben? Dann wieder der tröstende Gedanke: So viele Erlebnisse passen gar nicht in ein Menschenleben, als dass Gisela ihre erste Liebe darüber hätte vergessen können! Ich habe sie ja auch nicht vergessen! Trotz eines reichen Lebens.

Seit einigen Wochen weiß ich wieder mehr von meiner ersten Liebe. Wenn auch nur ein bisschen. Nach fast sechzig Jahren. Zumindest weiß ich jetzt, warum ich sie nicht mehr wiedergefunden habe. Trotz aller Sehnsucht im Herzen. Nicht 1965, nicht 1977 und auch nicht im Herbst 92. Bei der Enthüllung des erneuerten Kaiserdenkmals.

Der Grund ist eine kleine dünne Scheibe von zwölf Zentimetern Durchmesser, die ich in meinen Computer steckte. Preis: fünf Euro. Eine Adressen-CD. Auf meine alten Tage habe ich noch gelernt, damit umzugehen.

Wenn ich jetzt irgendeinen Namen in die Tastatur eintippe, habe ich diesen gleich auf dem Bildschirm. Dazu die Telefonnummer, die Adresse und sogar den entsprechenden Stadtplan-Ausschnitt. Muss ich sagen, welchen Namen ich zuerst in die Tasten hämmerte? Aber Fehlanzeige! Giselas Zunamen gab es in ganz Deutschland nicht mehr.

Das war vor zwei Jahren. Ich versuchte es im nächsten Jahr. Wieder nichts. Eine verheiratete Frau, die ihren Mädchennamen aufgegeben hat, bleibt eben unauffindbar in Deutschland.

Vor ein paar Tagen versuchte ich es erneut. Mit einer neuen CD. Ohne jede Hoffnung. Ich gebe zu, dass mein Herz klopfte, als ich ihren Zunamen plötzlich auf dem Bildschirm hatte: Den Namen »Schlima« gab es jetzt zweimal in der Republik. In einer kleinen Stadt bei Hamburg wurde ich fündig.

Eine Frauenstimme meldete sich am Telefon: »Gisela Schlima? Ja, die gibt es. Warten Sie mal, ich hole besser meinen Mann!« – »Da ist ein Jugendfreund von Gisela«, hörte ich sie im Hintergrund sagen.

Ralf Schlima entpuppte sich als Giselas Halbbruder. Jahrgang 46. Wohl ein Sohn der besagten Stiefmutter. Gisela stammte aus der ersten Ehe des Vaters. Die Auskunft war freundlich, aber kurz: »Gisela hat schon 1948 einen amerikanischen Offizier, einen Berufssoldaten, geheiratet. Ist im gleichen Jahr mit ihm in die USA gegangen.« Die Kontakte zu ihr seien aber recht spärlich gewesen. »Wissen Sie, Giselas Bindungen zu meiner Mutter waren nie sehr stark.« – »Ich weiß!«, sagte ich.

Als junger Mann, so jener Ralf, sei er mal rübergeflogen. Um sie zu besuchen. Das war 1969. Ich rechnete nach: Anfang vierzig muss sie damals gewesen sein.

Danach wollte Gisela selbst nach Deutschland kommen. Beim Abschied am Flughafen habe sie es fest versprochen: »Im nächsten Jahr, bestimmt!«

»Sie wollte auch ihren Jugendfreund besuchen in, in ...« Er zögerte. »Von wo aus rufen sie an?« – »Früher habe ich in Gelsenkirchen gewohnt«, sagte ich schnell. – »Ja, richtig, da wollte sie hin«, meinte er. »Sie ist auch da geboren.«

»Wissen Sie«, fügte er nach einer kleinen Pause hinzu, »eigentlich habe ich immer mal mit Ihrem Anruf gerechnet. Die ganzen Jahre. Irgendwann, sagte Gisela damals zu mir, irgendwann wird er anfangen, mich zu suchen. I'm sure!«

Er müsse mich aber enttäuschen. An eine Kontaktaufnahme mit Gisela sei nicht zu denken. Er habe keine Adresse mehr. Der Briefwechsel mit seiner Halbschwester sei »eingeschlafen«, wie er sich ausdrückte. Schon vor vielen Jahren. Er wisse nur noch, dass ihr Ehemann zuletzt zu einem großen Truppenübungsplatz bei Dallas abkommandiert worden sei. Später habe er sich wegen der Adresse sogar an die US-Army gewandt. »Doch die verweigert jede Auskunft.« So habe er ihre Spur verloren. »In den USA gibt es keine Meldepflicht. Keine Chance, da überhaupt jemanden zu finden. Auch Sie werden da kein Glück haben!«

Das Gespräch war zu Ende.

Ich legte auf und dachte zurück: Koblenz 1944. In Gedanken sah ich mich unter den wartenden Menschen auf der Schiffsbrücke. Gisela auf der anderen Seite. Winkend. Da wusste ich, warum ich sie immer wieder gesucht hatte. Eigentlich ein Leben lang. Und was ich sie fragen wollte.

Nachwort

Ede, mein Vater, wurde trotz eines schweren Arbeitslebens noch dreiundachtzig Jahre alt. Unsere Freundschaft hielt unvermindert an. Er starb mit einem Lächeln im Gesicht.

Dass meine Mutter in diesem Buch so selten erwähnt wird, hat mich nachdenklich gemacht, denn ich habe sie sehr geliebt. Aber mehr gemeinsame Erlebnisse hatte ich mit Ede.

Mit Paul, der mit mir die Zeit in der Klever Nazianstalt überstand, bin ich bis heute befreundet. Oft sprechen wir von Erich, der, damals spindeldürr und klein, so beachtlichen Mut zeigte. Günther bläst wieder Saxophon, und ich übe neuerdings fleißig auf dem Klavier. Vielleicht gründen wir eine Rentnerband.

Gisela, meine erste Liebe, lebt seit einem halben Jahrhundert in den Vereinigten Staaten. Meine Suche nach ihr blieb lange vergeblich. Und dass sie dieses Buch eines Tages lesen würde, war nicht mehr zu erwarten.

Doch plötzlich, vor ein paar Wochen erschien ihr Bild auf meinem Monitor. Es war jenes Foto, Gisela siebzehnjährig, das mir im Krieg verloren gegangen war. Durch den Volltreffer der amerikanischen Artillerie auf unsere Baracke in der Eifel.

Wie aber kam dieses Bild in meinen PC?

Ein Freund hatte mein Manuskript gelesen und Gisela übers Internet in Texas gefunden. Und vor ein paar Tagen habe ich mit ihr telefoniert. Lange.